Michael Jentzsch, Jahrgang 1975, ist Lehrer und lebt mit seiner Familie bei Bremen. Ben und er sind bis heute befreundet, schreiben und besuchen sich. Benjamin Kwato Zahn wurde 1973 in Nimba geboren. Er ist verheiratet und hat inzwischen vier Kinder. Er lebt fast ausschließlich von der Landwirtschaft und Ziegenzucht, seine Frau Debbie besitzt eine Nähmaschine und verdient als geschickte Schneiderin Geld zum Unterhalt der Familie hinzu.

Michael Jentzsch · Benjamin Kwato Zahn

BLUTSBRÜDER

Unsere Freundschaft in Liberia

BASTEI
LÜBBE
TASCHENBUCH

BASTEI LÜBBE TASCHENBUCH
Band 61656

1. + 2. Auflage: September 2009
3. Auflage: Ferbruar 2010

Das vorliegende Buch beruht auf Tatsachen.
Zum Schutz der Persönlichkeitsrechte wurden
Namen und Details verändert.

Bastei Lübbe Taschenbuch in der Bastei Lübbe GmbH & Co. KG

Originalausgabe

Text in Zusammenarbeit mit Sylivia Gredig, Köln
Lektorat: Ann-Kathrin Schwarz
Textredaktion: Josefine Janert
Umschlaggestaltung: Gisela Kullowatz
Titelbild: © getty-images/VEER Haddon und
© shutterstock/Monkey Business Images
Autorenfotos: © Julika Jentzsch (Michael Jentzsch)
© Corinna Ambrass (Benjamin Kwato Zahn)
Alle Fotos im Tafelteil: © Heinz und Erika Jentzsch
Gesetzt aus der Stempel Garamond
Druck und Verarbeitung: GGP Media GmbH, Pößneck
Printed in Germany
ISBN 978-3-404-61656-5

Unseren Frauen und Kindern,
die uns auf unserer Suche treu begleitet haben.
Follow your dreams, pikings!

VORWORT

Blutsbrüder ist die Geschichte einer Freundschaft, die auch heute noch aktuell ist: 2008 rückte durch den Beginn des Prozesses gegen den Diktator Charles Taylor, der Liberia ins Unglück stürzte, um seine Machtansprüche durchzusetzen, dieses afrikanische Land wieder in den Blickpunkt der Europäer.

Als ich Michael Jentzsch im Sommer 2005 kennenlernte, war ich Bildungssenator in Bremen. Damals ahnte ich noch nichts von seiner Lebensgeschichte, von der Vergangenheit in Afrika. Ich sah einfach einen engagierten jungen Lehrer, der ehrenamtlich ein Schulbasketballprojekt auf die Beine gestellt hatte, das ich nur zu gern unterstützte. Seine Sportbegeisterung war mitreißend, und ich merkte rasch, dass er in der Lage war, andere für die gute Sache zu motivieren. Woher diese Fähigkeit kam, wusste ich zu diesem Zeitpunkt noch nicht. Erst als Michael Jentzsch mir später erzählte, dass sein Vater als Missionar in Afrika gearbeitet hatte und dass er selbst viel von der Motivationsfähigkeit seines Vaters und die gesammelte internationale Erfahrung mit in den Unterricht nahm, wurde mir klar, was ihn antrieb. Seine Lebensgeschichte und sein daraus resultierendes Engagement haben mich enorm beeindruckt.

Insgesamt starben in diesem brutalen Konflikt über eine Viertelmillion Menschen, eine Million Menschen wurden in Nachbarländer vertrieben, tausende Kinder wurden zu

Soldaten und mussten töten. In meiner jetzigen Position als UN-Berater engagiere ich mich besonders in Afrika, und es liegen mir auch die Kindersoldaten dieses Kontinents und ihre Rettung und Reintegration in die Gesellschaft sehr am Herzen. Wie rettet man ein Kind aus solch einer Vergangenheit? Nur durch echte Anteilnahme und praktische Hilfe. Die Freundschaft zwischen zwei Menschen so unterschiedlicher Herkunft wie Benjamin Kwato Zahn aus Liberia und Michael Jentzsch aus Deutschland ist ein Beispiel dafür, wie sehr wir uns gegenseitig bereichern und unterstützen können und dass es keine Unterschiede zwischen den Menschen unserer Welt gibt, die nicht überwunden werden können. Es braucht Lehrer wie Michael Jentzsch und Freundschaften wie die zwischen ihm und Ben, um gerade bei jungen Menschen das Interesse für andere Kulturen zu wecken und die Bereitschaft, sich auf andere einzulassen und ihre Sorgen und Nöte ernst zu nehmen. Deswegen fördere ich, wo immer es geht, Patenschaften zwischen Schulen in Deutschland und Afrika.

Ich bin überzeugt davon, dass jeder von uns einen Beitrag für mehr Verständnis und eine sicherere und friedlichere Welt leisten kann. Eine kleine Chance, dies zu verwirklichen, bietet der Sport. Der faire sportliche Wettstreit hat eine friedens- und toleranzfördernde Wirkung. Michael Jentzsch bringt diese Möglichkeit als Sportlehrer in seinen Unterricht ein. Wie er bin ich der Ansicht, dass Sport und Leistungsbereitschaft zwei wichtige Faktoren für eine Veränderung im Kleinen wie im Großen sind. Die Zukunft unserer Welt sind die Kinder. Ich glaube fest daran, dass sie gefordert werden wollen und müssen. Auf faire Weise einen Wettkampf zu gewinnen, eigene Fähigkeiten zu entdecken und Teil einer Mannschaft zu sein, schafft persönliche Stärke und ein inneres Gleichgewicht. Es hilft, Konflikte ohne Gewalt zu lösen. Das Einhalten sportlicher Fairness und sportlicher Regeln in sozialen Gefügen ist äußerst wichtig für das menschliche Zusammenleben.

Sicher ist nicht jeder Konflikt damit zu lösen. Aber die Veränderung muss in den Köpfen geschehen, und wir müssen uns bewusst werden, dass sich etwas ändern muss.

Afrika ist der Kontinent der verlorenen Hoffnung, ein oft vergessener Kontinent. Doch wenn jeder von uns ein wenig dazu beiträgt, können wir diesem Teil der Welt und seinen Kindern helfen. Nicht nur mit Spenden, sondern mit Respekt, Fairness, Menschlichkeit, und vor allem – mit echter Freundschaft.

Senator a.D. Willi Lemke
Sonderberater des UN-Generalsekretärs für Sport im Dienst von Entwicklung und Frieden

TODESANGST

Ben läuft vor mir zwischen den Palmen hindurch. »Hey, warte, Ben!«, rufe ich, aber er rennt nur noch schneller durch den heißen Sand und ist auch schon am Wasser. Übermütig springt er in eine Welle hinein. Sein schwarzer Kopf, ein Bein, ein Arm tauchen im weißen Schaum auf. Ich muss lachen und spurte jetzt ebenfalls ins Wasser und lasse mich von der unbändigen Kraft einer Woge herumwirbeln. Als meine Füße Halt auf dem sandigen Meeresboden gefunden haben, schaue ich mich nach Ben um, kann ihn aber nirgends entdecken.

»Ben?«

Ich suche ihn verdutzt. Auf einmal verschwindet die Sonne hinter einer schwarzen Wolke … der ganze Himmel scheint sich zu verdunkeln. Was ist hier los? Wo ist Ben? Um mich herum schimmert das Wasser dunkelrot, und wie aus weiter Ferne höre ich Bens Stimme.

»Mikel, hilf mir!«

Ich sehe ihn plötzlich einige Meter entfernt von mir, wild mit den Armen rudernd.

»Ben, ich komme!«, schreie ich und schwimme in seine Richtung. Aber wie von einer gefährlichen Strömung werde ich immer wieder zurückgezogen.

»Mikel, mein Bruder, lass mich nicht allein! Lass mich nicht sterben!«

Seine Schreie gellen über die tosenden Wellen hinweg. Ich schwimme, so schnell ich kann. Und als ich meine Hand nach ihm ausstrecke, meine ich, für den Bruchteil einer Sekunde seine Fingerspitzen zu berühren. Ich kann mich nur wie in Zeitlupe bewegen, und meine Hand greift ins Leere.

»Mikel!«, schreit Ben.

Ich blicke in seine weit aufgerissenen, verzweifelten Augen.

»Ist Ihnen nicht gut? Möchten Sie etwas Wasser?« Eine Stewardess beugt sich über mich und sieht mich besorgt an.

Ich komme nur langsam zu mir. Was mache ich in diesem Flugzeug? Wo sind Julika und die Kinder?

Als hätte sie meine Gedanken erraten, erklärt mir die junge Frau von der Brussels Airlines: »Sie sind auf dem Flug nach Liberia. Wir landen in einer guten Stunde in Monrovia.«

Meine Kehle ist wie zugeschnürt; ich nicke stumm.

»Haben Sie schlecht geträumt?«, fragt sie noch und reicht mir einen Becher mit Wasser.

Ein schlechter Traum … Ja.

Es ist nicht irgendein schlechter Traum. Dieser Alptraum reißt mich schon seit einigen Jahren immer wieder aus dem Schlaf. Ich erwache schweißgebadet und kann danach nur mühsam Bens verzweifelten Blick aus meinen Gedanken vertreiben. Das Weiße der Augen in seinem dunklen Gesicht hat sich mir eingebrannt und lässt nun keine anderen Farben mehr zu.

Ben, wo bist du? Lebst du noch? Diese beiden Fragen hämmern abwechselnd in meinem Kopf. Bis vor kurzem schien es aussichtslos, auf Antworten zu hoffen. Doch jetzt bin ich auf dem Weg in das Land meiner Kindheit und Jugend, wo ich Ben zum ersten Mal begegnete. Einem liberianischen Jungen, der mein bester Freund wurde, mein Blutsbruder.

AFRIKA

Als ich fünf Monate alt war, reisten meine Eltern, Heinz und Erika, mit mir und meiner drei Jahre älteren Schwester Angelika in den Niger. Meine Eltern, evangelische Missionare, hatten sich im Jahr 1975 verpflichtet, bei einem zentralafrikanischen Missionsprojekt in Dungas mitzuarbeiten. Mein Vater als Missionar und Entwicklungshelfer, meine Mutter als Krankenschwester in einer Krankenstation. So kam es, dass ich in vielerlei Hinsicht wie jedes andere Dorfkind im Niger aufwuchs. Es gibt ein inzwischen stark verblasstes Foto, auf dem mich meine Mutter in einem Tuch auf dem Rücken trägt – so wie die schwarzen Frauen. Schlafend mache ich einen ziemlich zufriedenen Eindruck.

Ich lernte als Erstes, statt nach Spielsachen nach Wurzeln, Gräsern und Sand zu greifen, und wir hatten nicht nur Hunde als Haustiere, sondern auch einen kleinen Rhesusaffen, mit dem ich auf unserem Hof herumtollte. Meine Schwester und ich bekamen natürlich auch aus Kinderbüchern vorgelesen, hatten Legos und eine Ritterburg, aber wenn ich die Wahl hatte, spielte ich lieber mit meinem schwarzen Freund Salisu im Sand, verkleidete mich als Indianer oder zog mit meiner Steinschleuder umher. Salisu und ich durften manchmal auch schon mit den älteren Jungen auf die Vogeljagd. Für die Kinder im Dorf war es selbstverständlich, ein Tier zu töten und der Familie nach Hause zu bringen, wo es gegrillt oder gekocht wurde. Alle halfen mit, die Familie zu ernähren. Auch in diesem Sinne wuchs ich typisch afrikanisch auf. Ein weißes Kind in der Steppe Zentralafrikas.

Abgesehen von wenigen Heimaturlauben lebten wir sechs Jahre lang im Niger. Und wir wären noch länger geblieben, wenn wir das Land nicht hätten verlassen müssen. In nur wenigen Wochen mussten wir alle Zelte abbrechen, weil mein Vater wegen Predigen des Landes verwiesen wurde. Ich kann nur vermuten, wie ich mich damals gefühlt habe. Meine Erinnerung setzt erst nach der Rückkehr nach Deutschland ein; die Jahre im Niger liegen wie im Dunkel versunken. Vielleicht hänge ich deshalb so sehr an den Geschichten, die mir meine Eltern über die Zeit dort erzählt haben, und an meinem Kinderalbum. Beim Anschauen dieser Fotos aus meinen ersten sechs Lebensjahren kann ich mich immer wieder aufs Neue meiner afrikanischen Wurzeln vergewissern. Denn wenn ich sonst an meine Kindheit denke, sehe ich als erste eigene Erinnerung einen deutschen Wald vor mir und davor ein großes Schloss. Ich, ein hellblonder Junge, stehe am Ufer eines Zuchtteichs in der Nähe und ziehe mit einer heimlich gebauten Angel aus einer Büroklammer und einer Schnur einen dicken Karpfen an Land. Dort, in Sinsheim, im Hauptquartier der Deutschen Missionsgesellschaft, wo wir nach der fluchtartigen Ausreise aus dem Niger eine Wohnung gestellt bekamen und in einer Gemeinschaft mit anderen Missionarsfamilien lebten, dort ist mein erstes Zuhause. An das Kinderzimmer, das ich mit meiner Schwester Angelika teilte, an frische Kuhmilch und Marmeladentoasts zum Frühstück, Indianerspiele im Wald, Einschulung in meine Grundschulklasse, Fußballspielen mit Klassenkameraden … daran erinnere ich mich gut.

Schon damals hörte ich gern die Geschichten aus Afrika; ich mochte es, die bunten Kleider anzuziehen, die wir von dort mitgebracht hatten; ich fühlte mich dadurch als etwas Besonderes. Doch vertraut war mir Sinsheim.

An einem Nachmittag, als ich vom Spielen im Wald nach Hause kam, saßen meine Eltern in unserer Küche mit einem Gast zusammen, der ihnen auf Englisch etwas zu erklären schien. Auf dem Küchentisch lagen Fotos und Karten, und meine Eltern lauschten den Worten des Fremden und nickten abwechselnd. Angelika saß in einer Ecke auf einem Hocker und verfolgte das Gespräch der Erwachsenen mit ernster Miene. Sie verstand etwas Englisch, wenn sie es auch noch nicht flüssig sprechen konnte. Ich schaute sie fragend an. Während ich mich neben sie auf den Boden setzte, flüsterte sie: »Wir haben ein neues Angebot für eine Mission. Wir gehen zurück nach Afrika.«

Zurück nach Afrika? Ich wollte nicht zurück nach Afrika. Ich hatte meine Freunde in Sinsheim, ich liebte den Wald, den Fischteich vor der Tür. Hier war ich zu Hause. »Bist du sicher?«, fragte ich.

»Papa würde sehr gern dorthin ... glaube ich.«

Papa. Immer durfte Papa entscheiden. Und ich? Ich wollte weder nach Afrika noch sonst wohin.

Der Besucher verabschiedete sich, und mein Vater brachte ihn zur Tür. Die Karten und Fotos blieben auf dem Küchentisch liegen, nur die Kaffeetassen stellte meine Mutter zusammen. Sie nahm uns Kinder gar nicht wahr.

»Ich will auf keinen Fall hier weg!«, sagte ich fest entschlossen in die Stille hinein.

Meine Mutter drehte sich erschrocken zu mir um. »Aber Michael, du weißt doch, dass wir nicht für immer hierbleiben können. Wir sind schon viel zu lange hier. Es wird Zeit, dass wir wieder eine richtige Aufgabe haben. Und in Liberia gibt es so viele Menschen, die unsere Hilfe gebrauchen können.«

Mir waren die Menschen in Liberia gleichgültig, für mich zählten meine Freunde – Karsten und Henrik, beide Kinder von anderen Missionaren –, die vielen dicken Fische, die ich noch angeln wollte, obwohl es verboten war, die Klassenkameraden, die Indianerspiele im Unterholz …

Ohne ein weiteres Wort floh ich aus der Küche und die Treppe hinunter, an meinem Vater vorbei, der gerade die Tür schließen wollte, hinaus in die Abenddämmerung.

»Michael! Es ist gleich Zeit fürs Abendbrot, komm sofort wieder ins Haus – und wasch dich vor dem Essen.«

Mein Vater erhob selten die Stimme. Aber wenn er es tat, duldete er keinen Widerspruch. Ich gehorchte und kehrte mit hängendem Kopf um.

Als ich in die Küche kam, half ich Angelika mürrisch, den Tisch zu decken. Später beim Tischgebet hörte ich nicht auf die Worte meines Vaters, sondern betete inständig, dass wir nie, nie, nie nach Afrika zurückgehen würden.

Doch meine Eltern nahmen schon nach wenigen Tagen das Angebot an, als Missionare der Deutschen Missionsgesellschaft nach Liberia zu reisen, wo mein Vater als Cheftechniker bei der ELWA-Radiostation, dem größten christlichen Mittelwellensender Afrikas, arbeiten würde. ELWA stand für *»Eternal Love Winning Africa«* – »Ewige Liebe gewinnt Afrika«, wie mir Angelika stolz erklärte, die es sichtlich genoss, mal wieder mehr zu wissen als ihr kleiner Bruder.

In den letzten Wochen vor der Abreise versuchten meine Eltern, mir den Umzug schmackhaft zu machen. »Wir wohnen direkt an einem Strand.« – »Dort kannst du angeln und schwimmen, wann immer du willst.« – »In Liberia scheint jeden Tag die Sonne, und du kannst Kokosnüsse direkt von den Palmen vor unserem Haus pflücken.« – »Wir sind dort viele Missionarsfamilien, und du findest sicher viele neue Freunde.«

»Kann ich dort auch surfen lernen?«, fragte ich einmal. Ich hatte auf einem Foto von der Küste Liberias Surfer gesehen. Noch am selben Abend hatte ich im Bett gelegen und mir vorgestellt, wie es sich wohl anfühlte, mit einem Surfbrett über das glitzernde Meer zu gleiten.

Doch der Traum vom Wellenreiten linderte den Abschiedsschmerz nicht. Je näher der Tag der Abreise rückte, umso stärker mischte sich die Wut auf meine Eltern mit Verzweiflung. Weder meine Zornesausbrüche noch mein Jammern brachten sie dazu, ihren Entschluss zu ändern.

Im August 1983 saßen wir in einem Flieger auf dem Weg nach Liberia – unserer neuen Heimat. Ich verspürte immer noch Angst. Während des Flugs kreisten meine Gedanken immer wieder um dieselben Fragen: Würde ich wirklich neue Freunde finden? Die Missionarskinder, die auf dem ELWA-Gelände lebten, stammten aus vielen verschiedenen Ländern, nur deutsche Kinder gab es dort noch keine. Wie lange würde es dauern, bis ich Englisch so gut beherrschte, dass ich mich mit den anderen verständigen konnte? Und würde ich in der Schule überhaupt mitkommen? Ich fühlte mich schrecklich allein und hilflos und klammerte mich an die Armlehne meines Sitzes.

Meine Mutter bemerkte es und legte einen Arm um mich. »Es wird schon alles gut, wart nur ab.« Sie lächelte aufmunternd. »Wenn wir angekommen sind und es noch nicht zu spät ist, darfst du gleich zum Strand!«

Mein Vater grinste und zwinkerte mir zu, und Angelika sagte großmütig: »Du lernst bestimmt ganz schnell Englisch. Ich kann doch auch nur ein bisschen.«

Der Zuspruch half. »Darf ich noch mal die Fotos angucken?«, fragte ich.

Mein Vater griff tief in seine verbeulte schwarze Handtasche, die unter dem Sitz verstaut war, und zog die Reisemappe mit den Bildern und Prospekten hervor. »ELWA« stand auf der Broschüre, die ganz oben lag. Ich blätterte sie schnell durch, dann nahm ich den kleinen Stapel Fotos und sah mir jedes einzelne zum vielleicht hundertsten Mal an: das große Gelände mit den flachen Häusern, die von Palmen gesäumte Straße aus rötlichem Lehmboden, das Schulgebäude – eine Privatschule – mit Fußballfeld und Baseballplatz, der Strand, das Meer, »der Atlantische Ozean«, wie mir mein Vater erklärt hatte. Das Blau des Meeres und der weiße Sand hielten meinen Blick für eine Weile gefangen. Ob es dort wirklich Haie gab, wie Henrik und Karsten vermutet hatten? Welche Abenteuer würde ich wohl erleben? Mir fielen die Worte meiner Mutter ein, die sie Tante Christa, ihrer Freundin, am Telefon erzählt hatte: »In Liberia werden wir 98 Prozent Luftfeuchtigkeit haben.« Beinahe ehrfürchtig hatte ihre Stimme geklungen. Besorgt hatte sie hinzugefügt: »Und Malaria gibt es dort wohl auch.«

Ob sie wie ich Angst vor dem fremden Land hatte? Ich legte die Fotos in die Mappe zurück und gab sie meinem Vater. An den Arm meiner Mutter gelehnt, schloss ich die Augen und ließ meine Gedanken vom monotonen Geräusch der Maschine forttragen.

»Michael, wir landen in ein paar Minuten«, sagte meine Mutter und strich mir über den Rücken. Sofort war ich hellwach. Ich streckte mich und beugte mich so gut es ging vor, um aus dem kleinen Fenster, an dem Angelika saß, blicken zu können. Dörfer und Hütten mit blitzenden Wellblechdächern lugten wie Inseln aus dem grünen Urwald. Ansonsten lag braun-grünes Land unter uns, auf das die Sonne brannte. Enttäuscht sank ich in meinen Sitz zurück. Zum Glück lenkten mich das Anschnallen, die Durchsagen und die Maschinengeräusche ab.

Nach der Landung in Monrovia schlug uns auf der Gangway feuchte Hitze entgegen. Ich hätte am liebsten sofort meine komplette Kleidung gegen meine Badehose getauscht, aber daran war jetzt nicht zu denken. Im Flughafengebäude wurden Taschen, Jacken und alle möglichen anderen Dinge hektisch hin und her gereicht, und schon bald bewegten wir uns im Strom der anderen Passagiere auf den Ausgang zu. Dort kam ein Schwarzer auf uns zu, der ein Schild mit der Aufschrift »ELWA-Radio-Station« hochhielt. Er nahm meiner Mutter den Koffer ab und führte uns zu einem Geländewagen. Die meiste Zeit über fuhren wir auf einer staubigen Straße durch kleine Dörfer. Überall lag Abfall. Am Straßenrand spielten Kinder, die uns zuwinkten und manchmal sogar einige Meter mitliefen. Als wir an einem Markt vorbeifuhren, strömten beißender Rauch und der verlockende Geruch nach gebratenem Fleisch in unseren Wagen. Ich war froh, als der Fahrer den Wagen später auf eine Straße lenkte, von der aus wir endlich das Meer sehen konnten. Ich lehnte mich zurück und atmete die salzige Luft ein.

Es dämmerte bereits, als unser Wagen die Kontrollschranke am Eingang des ELWA-Geländes passierte. Wieder liefen ein paar schwarze Kinder neben dem Wagen her. Unser Fahrer hupte mehrere Male, und sie verstreuten sich lachend in alle Himmelsrichtungen.

»Dort ist die Radiostation«, erklärte der Fahrer meinem Vater und zeigte auf ein größeres Gebäude am Ende einer Straße.

»Dann müssen das die Generatoren sein …«

»Richtig, Mr Jentzsch. Es gibt im ELWA-Dorf außerdem ein Krankenhaus, eine Tischlerei, eine Druckerei und sogar eine kleine Apotheke – dahinten, das kleine Haus hinter dem Jeep. Dort bekommen Sie Medikamente.«

»Wie viele Familien leben hier?«, fragte meine Mutter.

»Etwa achtzig Missionarsfamilien, hat mal ein Missionar gesagt. Und dann gibt es noch eine ganze Menge schwarzer Familien. Wir haben unsere Häuser aber am Rand des Geländes.«

Der Fahrer bog in eine Straße ein, die rechts und links wie zur Begrüßung mit Palmen gesäumt war. Ich setzte mich auf, um mehr zu sehen. Das musste die Straße zu unserem Haus sein, genau so schaute sie auf den Fotos aus. Und tatsächlich, bald darauf hielten wir vor einem Haus mit Veranda, das ich von den Bildern kannte. »Wir sind da!«, rief unser Vater freudig und sprang als Erster aus dem Wagen.

»Welcome to Liberia!«, rief ein großer Mann, der aus unserem Haus trat und zuerst meine Eltern und dann uns Kinder herzlich begrüßte. *»I'm Dave. Welcome to Liberia! You'll love it, kids!«*

Nachdem wir zusammen die Koffer ausgeladen hatten, war es schon dunkel. Eine einzelne Laterne nahe dem Haus spendete schwaches Licht. Das Meer konnte nicht weit weg sein, so laut hörte ich es rauschen.

Dave war ein amerikanischer Missionar, er arbeitete seit zwei Jahren im ELWA-Krankenhaus, wie er uns erzählte. Jetzt führte er uns durch das Haus. Doch ich hatte nur einen Gedanken: Ich wollte unbedingt das Meer sehen – auch wenn es bereits dunkel war. »Darf ich zum Strand? Nur einmal gucken?«, fragte ich.

Mein Vater zögerte und wandte sich mit der Frage auf Englisch an Dave. Der Amerikaner schüttelte heftig den Kopf und riss dabei die Augen auf, als hätte ich eine Nachtwanderung durch den Dschungel vorgeschlagen. Er zog meinen Vater zur Seite und flüsterte ihm etwas zu. »Hartmän« war alles, was ich verstand. Mein Vater stotterte daraufhin nur: »Ach, Michael, du – du kannst doch gleich morgen früh an den Strand.«

Enttäuscht schluckte ich die aufsteigenden Tränen hinunter.

»Heute war ein anstrengender Tag«, sagte meine Mutter sanft. »Wir essen noch etwas, und dann schlaft ihr euch erst einmal richtig aus.«

Sie hatte ihren Satz noch nicht ganz beendet, als jemand vor der Tür *»Bok! Bok!«* rief.

Eine ältere schwarze Frau mit einem dampfenden Topf in den Händen öffnete die quietschende Moskitoschutztür und trat ein. Dave stellte sie als »Old Ma Annie« und als unsere zukünftige Haushaltshilfe und Köchin vor. Sie zeigte meiner freudig überraschten Mutter etwas in der Küche, während Dave mit Vater zur Garage hinausging. Angelika und ich liefen noch einmal durch die Zimmer und fragten uns, ob wir wohl jeder ein eigenes bekämen.

Nachdem Old Ma Annie und Dave gegangen waren, setzten wir uns an den Tisch im Wohnraum, der schon für vier Personen gedeckt war. Meine Mutter lud Reis und Soße auf die Teller. Es schmeckte mir, und ich langte ein zweites Mal zu. Danach überfiel mich eine solche Müdigkeit, dass ich weder ans Meer noch an ein eigenes Zimmer dachte. Mutter holte die Schlafsachen aus den Koffern und brachte mich in das Zimmer, das vorn zur Veranda hinausging.

»Träum etwas Schönes, Michael. Deine erste Nacht im eigenen Zimmer«, flüsterte sie und gab mir einen Gutenachtkuss.

Diesen ersten Morgen werde ich niemals vergessen. Ich erwachte von einem dumpfen Klatschen in der Ferne. Noch bevor ich die Augen öffnete, nahm ich die schwüle Hitze wahr. Liberia! Ich war nicht mehr in Sinsheim. Ich streifte das dünne Laken von meinem Körper und setzte mich auf. Verschlafen blinzelte ich zum Fenster hinüber, doch die grellen Sonnenstrahlen ließen mich hinter den schützenden Eisenstäben nur verschwommen Farben erkennen: ein schimmerndes Rot, Brauntöne, kräftiges Grün, ein weißer Streifen und darüber ein alles überstrahlendes, funkelndes Türkisblau. Ich rieb mir mehrfach die Augen, bis ich endlich sicher war, dass ich nicht nur die Straße, Palmen und eine Wiese, sondern auch den Strand und das Meer von meinem Zimmer aus sehen konnte. Die rostigen Gitter vor dem Fenster nahm ich kaum noch wahr.

Mich hielt nichts mehr im Bett. Ich stürzte zum Fenster, das in acht längliche Scheiben unterteilt war, auf denen eine weiße Kruste lag. Neugierig stieß ich mit der Nase an, und ohne lange zu überlegen fuhr ich mit der Zunge über das Weiß … und schmeckte das salzige Meer. Jetzt erst entdeckte ich den Hebel, mit dem ich das Fenster öffnen konnte. Ein leichter, duftender Morgenwind wehte herein.

Ich wollte so schnell wie möglich an den Strand und ins Wasser. »Wenn ihr das sehen könntet, Jungs … Ich wohne direkt am Meer«, flüsterte ich aufgeregt. Wie gern würde ich jetzt mit Karsten und Henrik die Gegend erkunden. Das Geräusch der Brandung trieb mich weiter an; hastig griff ich in meinen Koffer, holte eine kurze Hose heraus und lief barfuß auf den Flur hinaus.

Auf der anderen Seite des dunklen Gangs öffnete Angelika ihre Zimmertür. »Von meinem Fenster aus kann ich das Meer sehen!«, rief ich ihr zu und stürmte weiter in die Küche und dann auf die Veranda, wo bereits meine Eltern saßen und mit Blick aufs Meer frühstückten.

»Guten Morgen, ihr beiden, ihr scheint in Liberia ja noch zu Frühaufstehern zu werden«, begrüßte uns mein Vater und zwinkerte mir zu. »Doch gar nicht so schlimm hier, oder?«

»Wahnsinn, Paps!«, rief ich. »Darf ich jetzt endlich zum Meer?«

»Aber nur kurz, dann wird erst einmal gefrühstückt. Und wir wollen auch noch ein paar Dinge mit euch besprechen.«

»Okay, Paps. Nur einmal zum Meer laufen!«, rief ich und war schon weg.

Ich sprang in großen Sätzen über unsere Wiese, sprintete über die Straße, und schon spürte ich den feinen Sand zwischen den Zehen. Er fühlte sich schon am frühen Morgen so heiß an, dass ich nicht anders konnte, als immer schneller zu laufen. Angelika, die in Sandalen hinterherkam, schaute sich neugierig um. Ich aber hatte nur Augen für die beiden Surfer, die weit draußen auf dem offenen Meer mit den Wellen spielten ...

»Komm, Mama wartet mit dem Frühstück«, unterbrach Angelika mein Staunen. »Du kannst den Mund wieder zuklappen, Mikel!« Sie nannte mich schon bei meinem englischen Namen.

Beim Zurücklaufen drehte ich mich immer wieder um. Ich wollte mir sicher sein, dass das alles nicht bloß ein Traum war. Hier gab es so viel zu entdecken, und ich freute mich darauf.

Als wir auf die Veranda zurückkamen, rührte meine Mutter gerade ein weißes Pulver in eine Kanne mit Wasser und goss mir und Angelika jeweils ein Glas voll. »Milchpulver aus China«, erklärte sie und lachte über mein verdutztes Gesicht. »Kein Vergleich zu frischer Milch, aber durchaus trinkbar.«

Dazu gab es Toast mit Marmelade – wie zu Hause. Und bittere Chinintabletten gegen die Malaria.

Nach dem Frühstück schenkten sich unsere Eltern noch Kaffee nach, und mein Vater zog mich zu sich auf die Rattanbank auf der Veranda. Ich machte es mir in seinem Arm gemütlich und ließ die Beine über die Banklehne baumeln.

»Wir sind jetzt in einem fremden Land, und hier ist einiges anders als in Deutschland«, begann er. »Angelika, du hast ja noch Erinnerungen an unsere Zeit im Niger. Dir wird nicht alles so fremd vorkommen. Aber für dich, Michael, wird hier vieles fremd sein. Wenn du erst einmal Englisch kannst –«

»Ich kann ihm ja helfen!«, rief Angelika und richtete sich in ihrem Stuhl auf.

»Ja, das wäre nett von dir«, erwiderte mein Vater, blickte Angelika aber ermahnend an, da er es nicht mochte, unterbrochen zu werden. Dann fragte er: »Wisst ihr schon, dass es hier richtige Urwälder gibt? Mit Schimpansen, Elefanten und sogar Leoparden?«

Ich hatte schon in einem der Prospekte einen afrikanischen Wald gesehen – jedoch ohne Elefanten und Leoparden.

»In den Gebieten außerhalb des ELWA-Dorfes lauern viele Gefahren«, setzte mein Vater seine Rede fort. »Deshalb ist es wichtig, dass ihr niemals ohne Begleitung das Gelände verlasst. Es gibt hier auch alles, was ihr braucht.«

»Und was fehlt, Kleidung, Schulhefte ... besorgt Paps in Monrovia«, fügte meine Mutter hinzu.

»Kann ich noch etwas zu trinken haben, Mama?«, war mein einziger Kommentar. Meine Mutter verschwand in der Küche. Elefanten und Leoparden interessierten mich mehr als Schulhefte.

»Als was arbeitest du denn jetzt hier, Paps?«, fragte Angelika.

»Wenn irgendetwas Technisches, eine Maschine oder Geräte, kaputtgehen, dann werde ich gerufen. Ich behebe zum Beispiel Störungen der Radioübertragung.«

»Hören hier denn viele Radio?«, wollte ich wissen.

»In Liberia ist das Radio König der Medien. Es gibt hier viele Analphabeten –«

»Leute, die nicht lesen können!«, unterbrach Angelika fröhlich, senkte aber schnell den Blick, als Papa sie rügend anschaute.

»Ähm, richtig. Und in den weit abgelegenen Dörfern gibt es oft nicht mal eine Zeitung zu kaufen, sodass das Radio für die Menschen, die dort leben, die einzige Nachrichtenquelle ist. Stellt euch mal vor, das ELWA-Programm wird in über vierzig Sprachen ausgestrahlt. Und die Menschen werden darüber informiert, ob ein Kind geboren wurde, wer gestorben ist, und sogar wer heiratet. Oft ist das Radio für die Bevölkerung im Landesinneren die einzige Möglichkeit, etwas über Verwandte in der Stadt zu erfahren. Dave sagte, dass

ELWA sehr bekannt sei und von allen hier im Lande gehört werde. Vielleicht kommt ihr beiden ja auch mal ins Radio!«

Die Vorstellung fand ich aufregend.

»Und was macht Mama?«, fragte Angelika.

»Ich sorge für euch, ist das keine Arbeit?« Mutter lachte. Sie war mit einem Tablett, auf dem vier gefüllte Gläser standen, auf die Veranda zurückgekehrt. Noch nie hatte ich so ein leuchtend lilafarbenes Getränk gesehen.

»Kool Aid mit Traubengeschmack, das trinken alle amerikanischen Missionare hier.« Sie reichte jedem ein Glas.

Ich probierte vorsichtig. Noch bevor ich das klebrige Zeug runtergeschluckt hatte, verzog ich das Gesicht. Den anderen ging es nicht anders.

»Ist das süß!«, knurrte mein Vater.

»Sind ja auch zehn Löffel Zucker pro Mischung drin. Sonst schmeckt es nicht, sagte mir Pat. Sie und Dave haben uns ein paar Lebensmittel und jede Menge von diesem Kool Aid in den Kühlschrank gestellt.«

Immerhin erfrischte es.

»Mama wird aber nicht nur uns versorgen, sondern auch noch im Gästehaus helfen. Sie bereitet die Häuser vor, in denen zum Beispiel die Missionare aus dem Hinterland, die mit ihren Familien an der Küste Urlaub machen, wohnen und schlafen.«

Ich trank das restliche Kool Aid in einem Zug und bat meine Eltern um Erlaubnis, das Stationsgelände erkunden und die Schule suchen zu dürfen. Ich wäre am liebsten einmal das ganze Dorf abgelaufen, so neugierig war ich.

»Sei aber vorsichtig. Und zum Mittagessen bist du wieder hier«, mahnte mein Vater. Er zog einen Lageplan aus der Hosentasche und erklärte mir den Campus.

»Und zieh dir diesmal etwas an die Füße. Hier gibt's Mangofliegen«, ermahnte mich Mutter.

»Und was ist an denen so schlimm?«

»Die legen ihre Eier in den Sand, und wenn sie an Füße gelangen, nisten sie sich unter der Haut ein. Dann schlüpfen irgendwann Larven aus der Haut.«

»Echt?«

»Echt!«

Ich rannte trotzdem überglücklich in mein Zimmer und zog mir Sandalen und ein Hemd an, dann stürzte ich aus dem Haus und lief die Hauptstraße entlang und zu der Abbiegung, die wir am Abend zuvor mit dem Auto genommen hatten. Die Häuser der anderen Missionarsfamilien ähnelten unserem, manchmal saß jemand auf der Veranda und grüßte mich. Kinder in meinem Alter sah ich keine. Das Schulgebäude musste gleich um die Ecke sein. Und tatsächlich, in der nächsten Straße gab es einen großen Baseballplatz und daneben einen Gebäudetrakt. Keine Menschenseele war weit und breit zu sehen, es waren noch Schulferien. Obwohl die Sonne noch nicht hoch am Himmel stand, rann mir der Schweiß über das Gesicht, und mein Hemd fühlte sich feucht an. Was könnte jetzt schöner sein, als ins kühle Wasser zu springen? Und es war auch noch genug Zeit, bis ich wieder zu Hause sein musste.

Das Rauschen des Meeres hörte ich schon von weitem, und geschützt vom offenen Meer durch ein Felsenriff entdeckte ich eine kleine Bucht. Krachend brachen sich die Wellen in einiger Entfernung vom Ufer, und ich zog Sandalen und Hemd aus und lief auf sie zu, um mich von ihnen herumwirbeln zu lassen. Diese unbändige Kraft des Meeres hätte einem anderen Kind vielleicht Angst gemacht, aber mich spornte sie nur an, mich mit ihr zu messen. Mit dem Rücken gegen die Wellen, den Halt verlieren und wiederfinden, über dieses Spiel vergaß ich völlig die Zeit.

Auf einmal entdeckte ich an Land einen schwarzen Jungen, der mich von einer Felsennische aus zu beobachten schien. Er mochte ungefähr in meinem Alter sein. Ob er hier in der Nähe wohnte? Der Junge hockte ganz ruhig da und blickte zu mir herüber, fast so, als würde er auf mich aufpassen. Ich stapfte aus dem Wasser, tat aber zunächst so, als hätte ich ihn nicht bemerkt. Erst als ich angezogen war, schaute ich zu ihm hinauf und hob die Hand zum Gruß. Er lächelte kurz, stand auf und lief über den Felsen in Richtung Straße fort.

Jetzt musste ich wieder an meine Freunde in Deutschland denken. Sie fehlten mir noch immer. Aber ich wollte nicht so schnell zurück. Ich war im Paradies angekommen! Das Meer, die Sonne, das Herumstreunen; selig machte ich mich auf den Nachhauseweg.

An den ersten Tagen war unsere Familie ständig bei irgendwem eingeladen, da uns die anderen Missionare aus der Nachbarschaft kennenlernen wollten. So hörten meine Eltern bei gemeinsamen Essen in vielen Gesprächen alles Mögliche über den ELWA-Campus. Beinahe alle Missionare, die auf dem Gelände lebten, arbeiteten auch hier – als Redakteure oder Moderatoren für das Radioprogramm, als Servicepersonal für die Strom- und Wasserversorgung und Instandhaltung des Campus oder als Ärzte, Ärztinnen oder Pfleger im Krankenhaus. Wir lernten auch Lehrer unserer Schule kennen, aber zu mehr als zu einer Begrüßung kam es nicht.

Für meine Eltern waren die vielen Informationen natürlich interessant, für mich war es eine Qual, still am Tisch zu sitzen und endlosen Gesprächen zu folgen, von denen ich kaum ein Wort verstand. Hin und wieder flüsterte mir Angelika eine Übersetzung ins Ohr, aber ich hatte den Eindruck, dass sie selbst auch nicht wusste, worum es im Einzelnen ging. Und die Jungen und Mädchen, die ungefähr in unserem Alter waren, hatten alle Freunde, mit denen sie sich in fließendem Englisch unterhielten. Wenn mich jemand etwas fragte, konnte ich nur mit den Schultern zucken. Das gefiel mir gar nicht.

Abends setzten wir uns im Wohnzimmer zusammen, und unsere Eltern erzählten uns, was sie Neues erfahren hatten. Die meisten der achtzig Familien hatten Kinder. Und wenn alle Familien zu den regelmäßigen Gottesdiensten in der Turnhalle der Schule oder zu gemeinschaftlichen Festen zusammenkamen, ging es scheinbar sehr lebendig zu. Am Sonntag würden wir unseren ersten Gottesdienst miterleben.

Ich war insgeheim aber über jede Minute froh, die ich allein oder mit Angelika draußen verbringen durfte. Am liebsten wollte ich alles auf eigene Faust entdecken und fühlte mich wie in einer meiner Karl-May-Geschichten, die ich meist noch vor dem Zubettgehen las. Dennoch freute ich mich, als meine Eltern am dritten Tag nach unserer Ankunft, einem Samstag, vorschlugen, gemeinsam mit uns Kindern zum Strand zu gehen. Sie hatten aus Deutschland Schnorchel mitgenommen, und wir waren alle gespannt auf den ersten Blick unter Wasser.

Angelika und ich schnappten uns jeder eine Schnorchelbrille und schwammen hinaus zu einem dunklen Riff im Wasser. Als wir am Rand des Gesteins entlang tauchten, entdeckten wir wunderschöne Korallenhöhlen, die im einfallenden Sonnenlicht in allen möglichen Farben schimmerten und blitzten. Knallgelbe Fischschwärme umgaben uns, tiefblaue kleine Fische bewachten die winzigen Höhlen. Ich verharrte staunend in der Schwerelosigkeit. Angelika schwamm ganz nah an die Korallen heran. Plötzlich ruderte sie hektisch mit den Armen und Beinen und gab mir unverständliche Zeichen. Sie paddelte panisch zum Strand, wo meine Eltern noch immer damit beschäftigt waren, den schattigsten Platz zu finden.

Ich schob die Taucherbrille hoch und folgte Angelika. »Schlangen, hier sind Schlangen!«, hörte ich sie schreien. »Ich bin gebissen worden!«

Mein Vater half meiner Schwester aus dem Wasser. Er und meine Mutter beugten sich besorgt über sie.

Tatsächlich sahen wir kleine blutende Bissspuren an Angelikas linkem Knöchel. »Wir bringen dich sofort ins Krankenhaus«, ordnete Mama an, während Papa die Schwimmsachen zusammenpackte. »Michael, zieh dir eine trockene Hose an, du kommst mit uns.«

Ich ärgerte mich über Angelika und diese blöden Bissspuren, die uns jetzt den Tag verdarben. Da ich mir aber auch Sorgen um meine Schwester machte, gehorchte ich ohne Widerrede.

Mein Vater trug Angelika schnell zum Parkplatz. Dort lieh er sich ein Auto von einem der ankommenden Missionare, und wir rasten in einer roten Staubwolke zum Krankenhaus, wo wir gleich in ein Behandlungszimmer geführt wurden.

Die behandelnde junge Ärztin war erst vor wenigen Tagen aus Deutschland angereist. Sie hieß Esther. Sie sah sich die verletzte Stelle genau an, bat dann aber ratlos eine liberianische Krankenschwester um ihre Meinung. Diese zuckte mit den Schultern und erklärte etwas auf Englisch. Ich verstand nur ihre Worte zum Schluss: *»Don't worry, God is in control.«*

Esther und meine Eltern tauschten sich leise auf Englisch aus, was Angelika die Tränen in die Augen trieb. Sie hatte große Angst. Meine Mutter sagte: »Wir können erst einmal nicht mehr tun, als abzuwarten. Aber Esther und ich sind ja da, also mach dir keine Sorgen. Papa packt zu Hause ein paar Sachen zusammen, falls wir hierbleiben müssen, und kommt später wieder.« Sie strich Angelika über die Wange, setzte sich zu ihr auf die Liege, und wir beteten gemeinsam.

Vater gab Angelika einen Kuss und mir einen freundschaftlichen Klaps und nickte uns von der Tür noch einmal aufmunternd zu.

»Kannst du uns eine Geschichte aus Dungas erzählen?«, bat Angelika nach einer Weile und schluchzte kurz jämmerlich auf.

»Warum nicht, das lenkt uns alle ab.«

Der letzte Rest Ärger über den abgebrochenen Schwimmausflug verflog sofort, denn ich liebte es, die Geschichten aus Dungas zu hören. Die Sorge um meine Schwester hielt noch an, obwohl sie bisher weder Fieber noch Pocken im Gesicht hatte, wie ich es mir auf dem Weg hierher ausgemalt hatte.

Mutter wandte sich nun erklärend an Esther. »Wir waren vor einigen Jahren im Niger, ich habe dort die Krankenstation geleitet. In Afrika lernt man wirklich Gelassenheit ... in allen Lebenslagen.«

Esther nickte mit einem gequälten Lächeln. »Und in Dungas habt ihr gelebt?«

»Ja, Dungas ist ein Dorf im Osten Nigers, etwa zwei Stunden Autofahrt südlich von der Großstadt Zinder«, erklärte Mutter. »Eine einfache ländliche Gegend in der Sahelzone, vor der Sahara, wo die Hausa- und die Fulanivölker beheimatet sind. Wir haben miterlebt, wie die letzten Seen in dieser Gegend ausgetrocknet sind. Bei Temperaturen um die vierzig Grad täglich kein Wunder.« Meine Mutter hielt inne und strich Angelika besorgt über die Stirn, aber die schüttelte ihre Hand ab, als Zeichen, dass sie lieber weitererzählen solle.

»Ich arbeitete als Krankenschwester und medizinische Fachkraft für alle Notfälle, während Heinz mit seinen Männern die Brunnen grub, sich um die Technik in der Krankenstation kümmerte, Kranke transportierte und als Prediger die umliegenden Dörfer in der Wüste besuchte. Ich hatte es nicht leicht als Krankenschwester, denn die Menschen suchen zuerst den Medizinmann auf. Und wenn seine Zauberei nichts bringt, wird der islamische Imam zu Rate gezogen. Der schreibt mit Tinte Abschnitte aus dem Koran auf eine hölzerne Tafel, die dann wieder abgewaschen werden. Das Tintenwasser gibt er der kranken Person zum Trinken. Davon soll sie geheilt werden. Ich bekam meist erst die hoffnungslosen Fälle in die Klinik geliefert.«

»Erzähl Esther doch mal die Geschichte mit dem abgehackten Arm oder die mit dem ekligen Hals, Mama! Bitte!«, rief ich.

»Ja, ja, erst die von dem abgehackten Arm und dann die von dem ekligen Hals«, bettelte auch Angelika.

Mutter und Esther schmunzelten.

»Also gut.« Mutter legte den Arm um Angelika und zwinkerte mir zu. »Am zweiten Tag in Dungas kam ein verletzter Mann zu uns in die Klinik. Das halbe Dorf begleitete ihn. Der Mann hatte sein Handgelenk mit Blättern verbunden, die ich vorsichtig abnahm. Da spritzte mir auch schon das Blut entgegen.«

Angelika verzog angewidert das Gesicht.

»Weiter, erzähl weiter!«, rief ich.

»Dem Mann war die Hand mit einem Schwert fast vollständig abgetrennt worden. Wie das passiert war, erfuhr ich nicht mehr, denn er sank ohnmächtig in meine Arme. Sogleich stimmte der Begleittrupp die Totenklage an. Im ersten Moment wusste ich gar nicht, was ich tun sollte. Dann besann ich mich, verband den Mann und legte ihm eine Infusion. Der Blutverlust war ohnehin schon arg. Heinz fuhr den Mann nach Zinder ins Krankenhaus. Dort wurden ihm die abgeschnittenen Sehnen wieder reingestopft und die Wunde einfach zugenäht. Die Ärzte lachten über die Unfähigkeit der deutschen Krankenschwester. Später stellte ich fest, dass Wunden durch Schwerthiebe eine der häufigsten Verletzungen der Fulani-Männer waren – gleich nach Kamelbissen. Es war nämlich üblich, dass die Männer mit Schwertern um eine Frau kämpften. Dabei verletzten sie sich bisweilen lebensgefährlich.«

Angelika setzte sich auf und trank von dem Wasser, das auf dem Tischchen neben der Liege für sie bereitstand. »Und jetzt der eklige Hals!«

»Na gut ... wenn ihr unbedingt wollt ... Eines Abends saßen wir gemütlich im Schein der Petroleumlampen – es gab in Dungas keinen elektrischen Strom –, und wir hörten mit einem batteriebetriebenen Kassettenrekorder Musik aus Deutschland. Auf einmal klopfte es an unsere Tür, und ein Bote aus einem Fulani-Dorf bat uns mitzukommen, da sich jemand verletzt habe. Weil wir euch Kinder natürlich nicht allein im Haus lassen konnten, nahmen wir euch mit und stiegen in unseren Landrover. Schnell stellte sich heraus, dass der Bote noch nie zuvor Auto gefahren war und aufgrund der hohen Geschwindigkeit die Orientierung verlor. Er fluchte wild, dass sich der Mond und die Bäume viel zu schnell bewegen würden. Zum Glück kamen wir an einer Hütte vorbei. Der Bote fragte nach dem Weg und fand sich wieder zurecht.

Um Mitternacht erreichten wir endlich den verletzten Mann. Er lag im Mondschein vor seiner Hütte und versuchte, etwas zu trinken. Anschließend hielt er die Schale schnell an seinen Hals, weil ein großer Teil der Flüssigkeit aus einer klaffenden Wunde wieder herausfloss. Eine lange Untersuchung war nicht nötig, um zu erkennen, dass jemand versucht hatte, dem Mann den Hals durchzuschneiden.«

Jetzt war es Esther, die das Gesicht verzog.

»Die Speiseröhre war durchgeschnitten!«, rief ich ihr zu.

»Richtig«, fuhr Mutter fort. »Wundersamerweise waren die Arterien verschont geblieben. Aber der Mann drohte nun zu verhungern und zu verdursten. Und die große Schnittwunde würde sich ohne Behandlung entzünden.

Wir nahmen ihn mit in die Klinik. Ich versorgte die Wunde und legte dem Mann eine Infusion wegen des Flüssigkeitsmangels. Heinz fuhr ihn noch in derselben Nacht zum

Krankenhaus in Magaria. Der Mann überlebte tatsächlich den Transport und die OP! Weißt du, Esther, in Afrika ist alles anders! Daran gewöhnst du dich noch.«

»Na, da muss ich noch viel lernen«, gab Esther zurück und fragte Angelika, wie sie sich fühle.

»Viel besser«, sagte diese und lächelte verschmitzt. »Ich glaube, ich habe mir eine harmlose afrikanische Schlange ausgesucht.«

»Vielleicht war es bloß eine Muräne«, sagte meine Mutter. Sie und Esther lachten erleichtert.

Ich war vor allem froh, dass wir nicht die Nacht im Krankenhaus verbringen mussten.

Mein Vater holte uns ab. Beim Abschied baten wir Esther: »Komm uns doch mal besuchen!«

Vom Krankenhaus zu uns war es nicht weit, aber noch bevor wir unser Haus erreicht hatten, war es nach kurzer Dämmerung stockfinster. Nur die Sterne leuchteten am schwarzen Abendhimmel. An diese abrupten Sonnenuntergänge mussten wir uns erst gewöhnen. Am Morgen war es nicht anders. Liberia liegt genau auf der Äquatorlinie, und innerhalb von fünf Minuten wechseln sich tiefschwarze Nacht und helllichter Tag ab. Jeden Morgen ab sechs Uhr weckten mich die Sonne oder die Wellen, deren gleichmäßiges Herandonnern wir auch bei geschlossenen Fenstern hörten. Für die Schulzeit war diese Aufstehzeit genau passend, und der erste Schultag nahte.

Nach dem gemeinsamen Frühstück um 6.30 Uhr fuhr mein Vater uns am ersten Tag um sieben Uhr mit dem Mofa zur ELWA-Academy. Der ganze Campus lachte, als Papa, Angelika und ich angesaust kamen – ich auf Papas Schoß, Angelika hinter ihm und wir alle ohne Helme auf dem kleinen Zweirad.

Von nun an gingen Angelika und ich wochentags von 7.30 bis 12.30 Uhr zur Schule. Die ELWA-Academy besuchten jedoch nicht nur die Kinder der Missionare, sondern auch einige Diplomatenkinder und Kinder von liberianischen Geschäftsleuten, die das Schulgeld aufbringen konnten – insgesamt waren es um die 200 Kinder aus 19 verschiedenen Nationen. Sämtliche Lehrer kamen aus Amerika, waren hochmotiviert und engagiert. Und so gab es außer dem Unterricht am Vormittag jeden Nachmittag ein großes Sport- und AG-Angebot: Rhetoriktraining, Chor, Tier-Patenschaften in einem kleinen Zoo in der Stadt, Baseball, Tanz, Gymnastik und vieles andere. Es lag sicher auch an meinen Verständigungsschwierigkeiten, dass mir zu Beginn erst einmal nur der Sportunterricht Spaß machte. Mein Englisch war so dürftig, dass ich mich meist darauf beschränkte, mit *yes* oder *no* zu antworten – auch wenn ich die Frage gar nicht verstanden hatte, was mir bei den anderen Kindern nicht gerade Sympathiepunkte einbrachte. Es schien beide Seiten zu nerven. Dakota, ein afroamerikanischer Junge mit großer Brille, der in meine Klasse ging, ärgerte mich deshalb vom ersten Tag an. Er stellte mir irgendwelche Fragen, und egal ob ich mit Ja oder Nein antwortete, es lachten alle. Ich nahm mir vor, schnell besser Englisch zu lernen. Ich wollte es Dakota irgendwann heimzahlen, dass er mich vor den anderen bloßstellte.

In seiner Mittagspause holte uns mein Vater mit dem Mofa wieder ab. Zu Hause aßen wir alle zusammen die Mahlzeit, die Old Ma Annie oder Mutter für uns zubereitet hatte. Meist gab es Reis und dazu Fleischsoße oder angelfrischen Barracuda oder Hai und Süßkartoffeln. Auch verschiedene Eintöpfe und Suppen mit Huhn-, Python und sogar Elefantenfleisch bereitete Old Ma Annie zu. Meine Leibspeise war eine würzig-scharfe Palmbuttersuppe aus reinem roten Palmöl.

Nach dem Mittagessen mussten Angelika und ich zuerst unsere Hausaufgaben erledigen, dann durften wir spielen – außer es war Mittwoch, da hatten mich meine Eltern zum Klavierunterricht angemeldet. An allen anderen Tagen begann um 15 Uhr das wahre Leben: schwimmen gehen, Fußball spielen und – angeln! Beim Angeln vergaß ich auch den letzten Rest meiner Sorgen, mein schlechtes Englisch, die fehlenden Freunde. Alles andere war gleichgültig, wenn ich an dem abgelegenen Stück Strand in der Nähe unseres Hauses unter einer Palme saß und die Rute ins Meer auswarf.

BENJAMIN KWATO ZAHN
Vom Stamme der Gio, aus dem Zoe Gbeh Königreich

Mein Name ist Benjamin Kwato Zahn. Ich wurde am 29. September 1973 als drittes Kind meiner Mutter Kwle Maria und meines Vaters Minyatoniah David Zahn vom Stamme der Gio im Norden Liberias geboren. Der Yao Lepula Distrikt im Zoe-Gbeh-Königreich, der zum Bezirk Nimba gehört, liegt mitten im fruchtbaren tropischen Regenwald mit Bergen und Hochebenen, wo es Edelhölzer, üppig wachsende Früchte und Lebensraum für Elefanten, Affen und große Raubkatzen wie Leoparden gibt. Im Boden findet man Eisenerz, Mineralien und Diamanten. Die Flüsse sind voller Fische, und hier leben Krokodile und Nilpferde.

Wie die Gio glauben viele andere Stämme, die in Liberia beheimatet sind, an Naturreligionen, nach denen sie ihr gesamtes Leben ausrichten. Früher stand unser ganzes Dorf, in dem schon mein Vater David aufwuchs, unter der Herrschaft der dunklen Zoe Society, einer mächtigen und verschwiegenen Geheimgesellschaft. Fast alle Erwachsenen waren Mitglieder in dieser Gesellschaft, und auch die Kinder wurden früh an den mystischen Naturglauben und die okkulten Rituale herangeführt.

Die Dorfbewohner beteten einen Wald in der Nähe des Dorfes an. Sie glaubten an Götter in diesem Heiligen Wald und opferten ihnen an verschiedenen Altären, die sich meist an tiefen Schluchten befanden. Sie warfen kostbare Opfergaben hinab und äußerten ihre Wünsche. Herrschte große

Not in einer Familie, war etwa ein Familienmitglied schwer erkrankt, stießen Eltern sogar ihre Neugeborenen in die Tiefe. Die Babys galten als höchstes Gut der Familie, da die Eltern im Alter nur mit vielen Kindern ihr Überleben sichern konnten. Beim Opfern baten sie die Götter um Heilung des Kranken.

Früher war es gang und gäbe, dass Männer mehrere Frauen hatten und bis zu hundert Kinder zeugten. Unfruchtbare Frauen lebten gefährlich. Oft kam ein Mann, dessen Frau keine Kinder gebären konnte, mit seinen Freunden aus dem Heiligen Wald, in den sie zum Opfern gezogen waren, und beklagten den Tod der Frau, die von einem Leoparden angefallen und gefressen worden sei. In Wahrheit, so tuschelten die Dorfbewohner hinter vorgehaltener Hand, hatten die Freunde des Mannes die Frau überwältigt, und der Mann hatte sie als Opfergabe in eine der Schluchten geworfen, da sie für ihn wertlos war. »Leopardmen« oder »heartmen« wurden diese brutalen Männer der Gesellschaft bezeichnet. Die Angst vor ihnen war groß. Nach dem Verschwinden einer Frau herrschte undurchdringliches Schweigen. Die Angehörigen der Vermissten wussten, dass ihnen eine polizeiliche Untersuchung nichts als Ärger bringen würde. Sie ängstigten sich vor weiteren Gewalttaten.

Es hatte sich wenig verändert seit der Kindheit meines Vaters. Frauen hatten sich in der liberianischen Gesellschaft von jeher den Männern unterzuordnen, und bis heute können sich nur wenige den Regeln und der Tradition ihres Volkes entziehen. Früher mussten sich die Mädchen, wenn sie acht Jahre alt waren, öffentlich auf dem Dorfplatz entkleiden. Sie wurden rituell mit Kreide geweißt und in Gruppen in einen geheimen Teil des Waldes der Zoe Society gebracht. Dort lebten sie einige Wochen in abgelegenen Hütten, lernten von den älteren Frauen des Stammes die geheimen Bräuche und Traditionen und wurden schließlich beschnitten: Eine der Frauen ent-

fernte mit einer scharfen Glasscherbe oder einem Messer die Klitoris und die äußeren Schamlippen des Mädchens – gegen den Willen der Kinder, unter schlimmsten Schmerzen und ohne jegliche medizinische Versorgung. Mädchen, die sich dem Stammesbrauch verweigerten, wurden geächtet, bedroht, aus der Gemeinschaft ausgestoßen und nicht selten getötet.

Wie froh sind meine Schwestern, dass ihnen diese Verstümmelung und Qual erspart blieb. Doch der Übertritt meines Vaters zum christlichen Glauben brachte anderes Leid mit sich.

»Ich war fünfzehn, als der erste weiße Mann in unser Dorf kam«, erzählte uns unser Vater. »Wir dachten, er sei ein Geist, und jagten ihn mit einer Gruppe von bestimmt zwanzig Männern in den Wald, wo er sich versteckte. Er kam wieder – und wir scheuchten ihn abermals fort.

Doch der weiße Mann ließ sich nicht verjagen. Und allmählich spürten wir, dass er in freundlicher Absicht kam. Der Mann war ein Missionar. Bald lauschten ein paar junge Männer aus unserem Dorf jeden Tag seinen Predigten – aber nur zwei von uns ließen sich bekehren: ich und mein Freund Samuel Loah, der sich dem weißen Mann sogar anschloss und mit ihm in andere Dörfer weiterzog.

Ich wollte meine Familie und mein Heimatdorf nicht verlassen. Aber dann hörte die Dorfgemeinschaft davon, dass ich nun dem christlichen Gott folgte und nicht mehr ihren Göttern. Sie führten mich erbost zum Rande des Heiligen Waldes, wo sich ein Altar befand, und stellten mich vor die Wahl: entweder die Natur anbeten oder für immer und ewig aus der Dorfgemeinschaft ausgeschlossen werden. Letzteres bedeutete, in den Urwald gejagt zu werden, was einem Todesurteil gleichkam.«

David, mein Vater, erzählte weiter, dass er in der Nacht zuvor einen Traum gehabt habe, in dem Gott ihm eine erfüll-

te und sichere Zukunft versprochen hatte. Er blieb bei seiner Entscheidung für das Christentum. Die versammelten Dorfbewohner beschimpften ihn wüst und verstießen ihn.

Mein Vater floh vor der aufgebrachten Menge tief in den Urwald hinein. Er überlebte die Verbannung nur, weil er sich nach ein paar Tagen in ein Waldstück nahe des Dorfes rettete. Dort suchte seine kleine Schwester nach ihm. Unter dem Vorwand, Wasser zu holen und Brennholz sammeln zu gehen, schlich sie sich in den Dschungel und versteckte seine tägliche Essensration in einem Eimer. Sie teilte dann ihre Nahrung mit ihm.

Nach einigen Monaten sah mein Vater ein, dass die Mahlzeiten nicht für zwei reichten. Die Schwester klagte zwar nie über Hunger, aber sie wurde zusehends magerer. Er selbst war auch nur noch Haut und Knochen. David wollte seine Schwester nicht länger gefährden, aber zurück ins Dorf konnte er auch nicht. Also ging er nach Bahn, zur nächsten Stadt, die sechs Stunden Fußmarsch entfernt lag. Dort suchte er vergeblich nach dem Missionar. Voller Verzweiflung wartete er mehrere Monate lang auf ihn, während er sich mit Feldarbeit und Gelegenheitsjobs über Wasser hielt. Ich erinnere mich noch gut an das Strahlen in seinen Augen, als er uns das Wiedersehen mit dem weißen Mann beschrieb.

Der gläubige Mann half meinem Vater und seinem Freund Samuel. Er sorgte dafür, dass die beiden jungen Männer den Beruf des Tischlers erlernten, damit sie für ihren Lebensunterhalt sorgen konnten. Als die beiden zwanzig Jahre alt waren, zogen sie zurück in ihr Dorf und eröffneten dort nicht nur eine Tischlerei, sondern gründeten auch die erste Kirche in der Umgebung. David und Samuel lebten nun wieder bei ihrem Stamm, aber sie wurden weiterhin von der Gemeinschaft geächtet. Sie durften nicht einmal das saubere Wasser aus dem Brunnen des Dorfes trinken, sondern versorgten sich mit Regen- oder Flusswasser.

»Mehrere Male brannten sie hasserfüllt unsere Häuser und die Kirche nieder«, klagte mein Vater, »aber wir gaben nicht auf. Wo sollten wir sonst hin? In einem anderen Dorf wäre es uns nicht besser ergangen. Als Tischler genossen wir trotzdem bald ein gewisses Ansehen, sogar in den umliegenden Dörfern.

Wie hoffnungsvoll war ich, als nach und nach einzelne Mitglieder unseres Stammes zum christlichen Glauben fanden. Ich hoffte, dass wir bald eine richtige kleine Gemeinde sein würden. Die Entwicklung gefiel den Dorfältesten gar nicht. Unter einem Vorwand luden sie mich zu einem Essen ein, das ich nur durch ein Wunder überlebte, denn es war vergiftet. Noch zwei Mal versuchten die Ältesten, mich in den Tod zu schicken. Vergeblich.«

Mein Vater lachte an dieser Stelle immer. Grinsend fuhr er fort: »Die Ältesten verlangten nun auch nach diesem mächtigen Schutz, den ich zu haben schien. Sie wollten sich zum Christentum bekennen.«

Doch gegen die tief sitzende Feindseligkeit gegenüber dem Christentum in der Bevölkerung kamen mein Vater und die anderen Gläubigen nicht an. Wie groß der Hass war, sollten wir alle noch deutlich zu spüren bekommen.

Meine Eltern führten ein einfaches Leben. Wir Kinder mussten schon früh mithelfen, damit die Familie über die Runden kam. Wie die meisten Dorfbewohner waren meine Eltern selbstversorgende Farmer. Das Anpflanzen und Ernten erforderte viel Kraft und Ausdauer. Jedes Jahr erneut, von Januar bis Februar, musste der dichte grüne Busch mit Sicheln und Macheten weggeschlagen werden. Von Februar bis März fällten die Männer mit Äxten die großen Bäume, dann folgte bis April die Brandrodung, wonach die Frauen und Kinder die Reissamen in den Boden setzten. Von Oktober bis Dezember ernteten wir den Reis, das war unser Hauptnahrungsmittel.

Die Männer gingen auch zur Jagd, um Fleisch für die Familie zu besorgen. Aufgrund des guten Bestandes gab es immer reichlich Wild zu essen. Wir hielten zusätzlich Hühner und Ziegen als Fleischlieferanten; Katzen und Hunde streunten überall herum. Zwischenzeitlich besaßen wir Herden von bis zu 200 Rindern. Rindfleisch gilt in Liberia als teure Delikatesse.

Das Leben bot ansonsten keinen Luxus. Strom gab es nicht, Tageslicht und Kerosinlampen waren die einzigen Lichtquellen. Die Häuser waren aus einem Gerüst aus Bambusstangen gebaut, die mit so viel Lehm ummantelt wurden, dass der Bau luft- und blickdicht war. Das Dach bestand aus Palmwedeln, die aufgrund der hohen Luftfeuchtigkeit schnell durchfaulten und eine ideale Brutstätte für Käfer, Mücken und sogar Schlangen waren. Oft fiel allerlei Ungetier auf uns Schlafende. Erst wenn die Bambuskonstruktion beinahe völlig durchgefault war, wurde sie abgerissen und ein neues Dach errichtet.

Da in den beinahe sechs Monaten Regenzeit pro Jahr durchgängig etwa 28 Grad herrschten, plagten uns ständig die Moskitos. Zahlreiche Menschen starben an Malaria. Schlangen, Raubkatzen, Krokodile und allerlei giftige Insekten forderten ebenfalls viele Opfer, vor allem Kinder. Bis heute beträgt die durchschnittliche Lebenserwartung eines Mannes in Liberia 41 Jahre. Die Kindersterblichkeit ist nach wie vor hoch.

Doch nicht sosehr die Armut und die Krankheiten machten mir als Kind zu schaffen, sondern die Ausgrenzung und Bedrohung meiner Familie aufgrund unseres Glaubens. Bis zum Schulalter spielte ich beinahe nur mit meinen drei Brüdern und vier Schwestern und hütete das Vieh. Wir durften nur selten ins Dorf, weil meine Eltern um unser Leben bangten.

War ich doch einmal ausnahmsweise mit meinen Geschwistern zum Einkaufen dort, bewarf man uns mit Steinen, beschimpfte uns und hetzte uns oft sogar aus dem Dorf hinaus. So fürchtete ich mich verständlicherweise vor der Dorfschule, zumal es mir mein christlicher Glaube verbot, mich im Ernstfall zu wehren.

Den ersten Morgen, an dem ich meine vertraute Familienwelt verließ und mich der Verachtung und dem Hass in der Schule aussetzen musste, werde ich nie vergessen. Gedemütigt und mit sichtbaren Blessuren kam ich am Mittag zurück – nicht anders erging es meinen älteren Geschwistern. Ich hätte alles getan, um nie wieder dorthin gehen zu müssen.

Von nun an weinte ich mich oft in den Schlaf aus Angst vor dem nächsten Tag. Noch unerträglicher wurden die Schulstunden, als mir mein Vater die Verantwortung für die Sicherheit meiner älteren Schwester Martha übertrug. Das war nötig, weil sich einige Lehrer an unserer Schule – und es gab nur männliche Lehrer – ab dem achten Lebensjahr der Mädchen das Recht herausnahmen, sie zu sexuellen Handlungen zu zwingen. Für viele Mädchen gehörten solche Übergriffe zum Schulalltag. Als ein Lehrer in der dritten Klasse bemerkte, dass ich Martha möglichst nie unbeaufsichtigt ließ, sprach er mich eines Tages an.

»Kwato, mein Lieber, red' mal mit Martha. Sie ist ein hübsches Ding geworden, und ich würde gern mal –– du weißt schon … Wir sind doch alle Männer, oder?« Er lachte.

»Schämen Sie sich, Sir!«, antwortete ich ihm, während mein Herz vor Angst laut pochte.

Er blitzte mich mit wütenden Augen an und flüsterte: »Wir Lehrer werden dich so lange auflaufen lassen, mein Lieber, bis wir Martha gehabt haben.«

»Ist mir egal!«, stieß ich trotzig hervor. In mir verlosch der letzte Funke Hoffnung, denn ich ahnte, was mich von nun an erwartete. Tatsächlich verschlechterten sich ab diesem Tag meine Noten drastisch, obwohl meine Leistungen gleich

blieben. Ich wurde nicht in die vierte Klasse versetzt. Auch im nächsten Jahr nicht. Und erst recht nicht im darauf folgenden Jahr. Schule wurde zum Alptraum, aus dem es kein Entrinnen gab. Fünf Jahre lang blieb ich in der dritten Klasse und würde wahrscheinlich immer noch dort sitzen, wenn sich nicht die rettende Möglichkeit geboten hätte, das Dorf und die Schule endlich zu verlassen.

Martha hatte inzwischen einen jungen Mann namens Steven kennengelernt, der schon bald um ihre Hand anhielt. Meine Familie stimmte der Heirat zu, und nach dem Fest zogen Martha und Steven in die Nähe der Hauptstadt Monrovia, wo Schwager Steven als Mechaniker Arbeit bei einer internationalen Radiostation namens ELWA fand.

1984 fragte mich Martha, ob ich nicht bei ihr und Steven leben wolle, da ich in Yao Lepula keine Chance haben würde, die Schule abzuschließen und einen Beruf zu erlernen. Mit der Erlaubnis meiner Eltern folgte ich ihr nur zu gern und floh aus der hoffnungslos verfahrenen Situation in Nimba. Ich zog in das schöne Häuschen meines Schwagers und meiner Schwester. Es befand sich am Rande des Geländes der internationalen Radiostation ELWA. Steven führte Reparaturen im Servicebereich aus – ein gut bezahlter Job. Ich konnte es kaum glauben, dass ich von nun an abends bei elektrischem Licht Hausaufgaben machen würde. Meine Noten sprachen zwar nicht dafür, aber zu meiner Freude – und vermutlich aufgrund meiner Größe – wurde ich in die sechste Klasse eingestuft.

Doch auch diese Schule schien mir kein Glück zu bringen. Da ich kaum Englisch konnte und aufgrund der jahrelangen Isolierung schüchtern und unbeholfen war, wenn viele Menschen um mich waren, blieb ich auch hier wieder sitzen. Ich war der größte Junge in der Klasse und wirkte wie der dümmste. »Dorfidiot! Dschungeljunge! Geh dahin zurück, wo du herkommst!« Dies waren die Sprüche, die ich mir an-

hören musste. Am Nachmittag vertrieb ich mir im Hof vor unserem Haus allein die Zeit. Das Verbot meines Vaters missachtend, der jetzt weit weg war, trainierte ich mit einer alten Autoachse hinterm Haus verbissen meine Muskeln zur Vorbereitung auf die nächste Prügelei auf dem Schulweg.

Richtig gut ging es mir nur, wenn ich allein zum Jagen oder zum Angeln an den Strand von ELWA ging. Sooft sich mir die Gelegenheit bot, beobachtete ich auch heimlich die weißen Kinder und lauschte ihrem Lachen, wenn sie gemeinsam am Strand spielten. Sie anzusprechen traute ich mich nicht, da ich noch nie mit einem weißen Menschen geredet hatte, geschweige denn befreundet gewesen war. Ich war viel ärmer als sie, besaß nur zwei T-Shirts, eine lange Hose, eine kurze Hose und ein paar Flip-Flops.

Von Steven erfuhr ich viel über die weißen Kinder, denn sie gingen alle in die Privatschule der Radiostation, wo er oft Reparaturen ausführte.

»Die Kinder dort werden von freundlichen weißen Lehrerinnen und Lehrern unterrichtet. Die machen mit den Kindern auch in der Freizeit viel und passen gut auf sie auf.«

Bei diesen Worten dachte ich verbittert an die Lehrer in Yao Lepula. Ich war froh, nie wieder dorthin zurückzumüssen. Ich fragte Steven jeden Tag über seine Erlebnisse in der Schule der weißen Kinder aus. Oft legte ich mich an einer einsamen Stelle am ELWA-Strand in den warmen Sand und träumte vom Leben in einer weißen Familie. Ich malte mir aus, wie schön es sein musste.

SURFEN, ANGELN UND BEN

Noch bevor ich leidlich Englisch sprach, hatte ich das Wellenreiten erlernt. Ich war nachmittags oft allein am Strand nahe unserem Haus, wo sich regelmäßig eine Gruppe Jugendlicher mit ihren Surfbrettern traf. Ich sah den Jungen genau zu, wie sie hinaus aufs Meer paddelten und auf die richtige Welle warteten, um sich aufs Brett zu schwingen. Begeistert erzählte ich meinem Eltern von den Kunststücken, die diese Cracks beherrschten – ich wünschte mir nichts sehnlicher, als Surfen zu lernen.

»Du hast ein eigenes Zimmer, der Klavierunterricht muss bezahlt werden, und so schnell, wie du wächst, brauchen wir bald wieder neue Hosen und T-Shirts für dich – ein Surfbrett ist im Moment nicht drin«, sagte meine Mutter.

Ich machte einen neuen Ansatz, aber meine Mutter ließ sich nicht erweichen.

»Das ist doch ein schöner Wunsch zum Geburtstag«, lenkte mein Vater ein.

»Das dauert doch viel zu lange …«, schimpfte ich.

So lief ich weiterhin so oft wie möglich zum Strand und beobachtete Nick, den älteren Nachbarsjungen, und seine Freunde, wie sie mit ihren Brettern entlang der glänzenden Wellenwand glitten, in Hocke durch die sich brechenden Wellen tauchten und Sprünge wagten, dass mir das Herz fast stehenblieb.

Eines Nachmittags saß ich in einiger Entfernung unter einer Palme und schlürfte die Milch aus einer Kokosnuss.

Nick kam aus dem Wasser und winkte mich zu sich heran. *Mich? Meinte der mich?* Meine Knie zitterten, als ich aufstand.

»Hi, Mikel«, sagte Nick. Er schob sein Brett zu mir herüber.

»Ich – ich kann nicht surfen«, stammelte ich.

»Ich zeig's dir. Komm. Oder warum sitzt du ständig hier herum, wenn wir draußen sind?« Er gab mir eine kurze Einführung ins Wellenreiten, band mir die Leine seines Boards um den Fuß, und wenige Minuten später paddelte ich mit Nicks Brett aufs Meer hinaus. Das Balancieren auf den Wellen hatte leichter ausgesehen, als es sich anließ. Ich fiel ungefähr hundertmal ins Wasser und war über jede Sekunde froh, die ich beim nächsten Versuch länger auf dem Brett blieb.

An diesem Abend bettelte ich zu Hause, dass ich unbedingt ein Anfängersurfbrett, ein sogenanntes Boogeyboard, haben wolle. Aber es war aussichtslos. Als Missionarsfamilie lebten wir bescheiden. Schließlich lieh mir ein amerikanischer Nachbarsjunge sein Board.

Mit geliehenem Brett, aber vor Stolz geschwellter Brust, kam ich drei Tage später wieder an den Strand. Ich übte nun jeden Nachmittag, wenn der Wind es zuließ, und bald hatte ich das Spiel mit der Brandung raus. Selbst wenn der Wellenkamm kleiner war, schaffte ich es, das Gleichgewicht zu halten. Sobald eine größere Welle heranrollte und ich mich auf dem Brett von ihr mitnehmen ließ, spürte ich die gewaltige Kraft der Welle unter mir – ein mächtiges Gefühl.

Vielleicht lag es an dieser neugewonnenen Stärke, dass ich es eines Tages schaffte, mich gegen Dakota zur Wehr zu setzen, den Afroamerikaner aus meiner Klasse, der es nicht lassen konnte, mich zu ärgern.

»Hey, Mikel«, rief er eines Vormittags auf dem Weg in die Bibliothek, »wirst du immer noch von Papa zur Schule gefahren?« Dabei krümmte er den Rücken und hob die Hände wie zwei Pfoten in die Luft, was wohl zeigen sollte, wie dämlich ich vorn auf dem Mofa aussah. Er rief noch etwas, was ich nicht verstand, aber mir war klar, dass er und die anderen mich als Daddys Schoßhündchen verlachten. Vor Wut ballte ich die Fäuste. *Wenn ich es diesem Kerl nicht endlich zeige, lässt der mich nie in Ruhe*, schoss es mir durch den Kopf. Mutig ging ich auf ihn zu. Dakota war nicht viel größer als ich, aber kräftiger. Er lachte glucksend.

Das war zu viel. Ich hob ihn hoch und stieß ihn mit aller Kraft von mir fort. Dakota flog durch das Fenster eines Klassenzimmers und landete in einem Regen aus Scherben im Mathematikunterricht von Mrs Pecht. Dakota jammerte entsetzlich, hatte sich aber nur wenige kleine Schnittwunden zugezogen. Nicht mal seine Brille war kaputt. Mrs Pecht verarztete ihn und schleifte uns beide zeternd zum Schuldirektor.

Als ich Dakotas Schreie hinter der Tür vernahm, freute ich mich, aber zugleich schwante mir Böses. Dakota kam mit tief gesenktem Kopf wieder heraus. Er musste sich vor der Sekretärin bei mir entschuldigen, dann wurde ich ins Direktorenzimmer gebeten. Mr Gordon hielt einen Cricketschläger in der Hand ... Ich schrie nicht weniger laut als mein Kontrahent wenige Minuten zuvor und schwor, nie wieder jemanden durch ein Fenster zu werfen. Plötzlich war mir klar, warum Mr Gordon so gefürchtet war.

Zu Hause sagte ich zuerst nicht, was in der Schule passiert war, denn ich war mir nicht sicher, was mich als Strafe noch erwarten würde. Für heute hatte ich genug blaue Flecken. Aber dann fielen diese Prügelmale meiner Mutter auf, und ich konnte nicht länger verschweigen, was ich angestellt hatte. Natürlich erzählte ich besonders ausführlich von Dakotas Gemeinheiten. Meine Eltern blickten mich streng an, doch als ich den Cricketschläger erwähnte, brach mein Vater in Gelächter aus.

Völlig irritiert sah ich ihm nach, als er ins Schlafzimmer zu seinem Schreibtisch ging und mit einem Schreiben zurückkam. Er zeigte mir einen Arbeitsauftrag, Cricketschläger für den Direktor herzustellen. »Die sind von bester Qualität«, sagte mein Vater und lachte erneut. Noch nach einer Woche taten mir die geschundenen Stellen an meinem Körper weh, aber von Dakota hatte ich nichts mehr zu befürchten. Im Gegenteil, er suchte jetzt immer häufiger meine Nähe und wählte mich in sein Fußballteam. Aber richtig anfreunden mochte ich mich nicht mit ihm.

An den Nachmittagen, an denen ich nicht surfen oder angeln ging und auch keinen Klavierunterricht und kein Fußballspiel hatte, traf ich mich immer häufiger mit Tony Loken, einem Nachbarsjungen, der ein Jahr jünger als ich war. Er besaß bereits ein eigenes kleines Luftgewehr, mit dem wir gemeinsam auf die Jagd nach Tauben gingen oder Eidechsen von den Palmen schossen. Das fand ich cool, bisher hatte ich nur meine Steinschleuder benutzt. Tony und ich liefen nun immer häufiger zu einem kleinen Waldstück nahe den Mangrovensümpfen und gingen auf die Jagd nach Eidechsen und Vögeln, deren Rufe den Wald erfüllten. Krächzende Schreie, Lockrufe, dumpfe Töne wie von einer Posaune lotsten uns durch den Wald, sodass wir oft völlig die Zeit vergaßen und ich unpünktlich nach Hause kam. Aber um 17.30 Uhr war Abendbrotzeit, dann hatten Angelika und ich zu Hause zu sein. Verspätungen waren nicht erlaubt, zumal es um 18 Uhr schlagartig dunkel wurde und es keine Straßenbeleuchtung gab. Ohne Begleitung sollten sich ELWA-Kinder abends nicht draußen aufhalten! Meine Eltern verwarnten mich.

Dann geschah es, dass Tony und ich sogar erst bei Dämmerung aus dem Wald ins Dorf zurückliefen. Schon von weitem hörte ich die Rufe meiner Mutter. Mein Vater war bereits mit dem Moped auf der Suche nach mir. Es ärgerte mich, dass sie mich noch immer für einen kleinen Jungen hielten, der im Dunkeln nicht allein nach Hause findet.

Eines späten Abends erfuhren Angelika und ich den Grund für die Sorge unserer Eltern. Sie hatten es sich bei Kerzenschein auf der Veranda gemütlich gemacht und dachten wohl, wir Kinder schliefen längst. Angelika hatte sich jedoch zu mir ins Zimmer geschlichen. Leise öffneten wir das Fenster und lauschten den Stimmen unserer Eltern. Es war nicht das erste Mal, dass wir das taten, aber das letzte Mal.

»Im Gästehaus sprachen zwei Missionare über die Leopardenmänner«, sagte meine Mutter. »Stell dir vor, Heinz, in manchen Dörfern wird jede Woche ein getötetes Kind gefunden. Das Herz und andere Organe fehlen.«

Angelika riss die Augen weit auf und rückte nah an mich heran.

»Die Missionare sind sich sicher, dass die Leopardenmänner die Eingeweide der Kinder zu den Medizinmännern bringen. Die brauen daraus Mittel, die sie für ihre schwarze Magie verwenden. Heinz – mir macht das schreckliche Angst.«

Ich wusste nicht genau, was schwarze Magie ist, aber der Bericht meiner Mutter hörte sich wie eine Horrorgeschichte an.

»Seit einem Vorfall hier in der Nähe sind die Sicherheitsmaßnahmen im ELWA-Dorf viel besser«, hörten wir jetzt meinen Vater. »Diese unmenschlichen Voodoopraktiken sind anscheinend überall im Land verbreitet.«

»Ich bete jeden Tag, dass …«

»Ach, Erika, wir im ELWA-Dorf haben bestimmt nichts zu befürchten, wenn wir uns an die Regeln halten. Aber …« – für einen Moment war nur das Rauschen des Meeres zu hören – »… diese Menschen tun mir leid«, ereiferte sich mein Vater jetzt. »Die bitten bei Krankheit oder Not den Joojoo-

Mann um Hilfe und glauben, seine Magie könne Wunder vollbringen. Sie erkennen nicht, welche unfassbaren Opfer dieser gefährliche Hokuspokus fordert. Dave erzählte …«

»Mach zu«, flüsterte Angelika und deutete auf den Fensterhebel. Ich wollte auch nicht noch mehr Schauergeschichten hören. Leise schlichen wir zu meinem Bett.

»Darf ich bei dir schlafen?«, fragte meine Schwester mit zitternder Stimme.

»Klar.« Insgeheim war ich froh, dass ich nicht allein im Dunkeln bleiben musste. Wir hielten uns noch eine ganze Weile an der Hand. Niemals wollten wir so einem Leopardenmann begegnen.

Von dieser Nacht an war ich immer pünktlich zum Abendessen zu Hause. Ich weiß noch, wie ich mich einmal erschrak, als ich vom Strand kam und einen fremden Schwarzen in unserem Garten sah, der mit Angelika sprach. Als ich mich näherte, fiel mein Blick auf seine große, kräftige Hand, und ich zuckte unwillkürlich zusammen. Der Mann hatte nicht fünf, sondern sechs Finger! Ich rannte ins Haus. »Mama, da ist ein Mann, bestimmt so ein Leopard. Komm schnell!«

Meine Mutter stürzte mit einem Küchenmesser bewaffnet in den Garten. Ich traute mich nicht hinaus und hielt mir in Erwartung von Kampfeslärm die Ohren zu.

Plötzlich stand meine Mutter wieder vor mir und löste behutsam meine verkrampften Hände von den Ohren. »Mikel, draußen … das ist Paul. Er kümmert sich um unseren Garten und geht Old Ma Annie im Haushalt zur Hand. Du brauchst dich nicht vor ihm zu fürchten.«

»Aber ich – ich dachte, der ist so ein Leopard. Er hat sechs Finger. Bestimmt, Mama!«

»Manche Menschen haben nicht fünf, sondern sechs oder vier oder drei Finger. Das kommt vor. Paul hat eben einen

Finger mehr«, erklärte meine Mutter und strich mir über den Kopf. »Aber jetzt sag mal, was du über die Leopardenmänner weißt.«

»Na, die töten Kinder. Und die nehmen die Herzen mit.«

Meine Mutter sprach ruhig weiter, aber ihre Stimme war ganz dünn. »Ach, Michael, es gibt tatsächlich Männer, die *leopardmen* oder *heartmen* genannt werden. Aber du brauchst keine Angst zu haben. Dir und Angelika kann nichts passieren. Ihr dürft nur abends nicht allein auf die Straße. Okay? Papa und ich passen auf euch auf.«

Ich nickte. Doch oft, wenn ich abends im Bett lag und die Geräusche der Nacht ins Zimmer drangen, stellte ich mir vor, wie solch ein Leopardenmann im ELWA-Dorf umherschlich. Dann dauerte es meistens noch eine ganze Weile, bis ich in einen unruhigen Schlaf fiel …

Je besser mein Englisch wurde, desto lieber ging ich in die Schule. Vor allem der Geschichtsunterricht machte mir Spaß, zumal uns unsere Lehrerin Mrs Adams jede Woche in die Bibliothek führte, die als einziger Raum des Schulgebäudes mit einer Klimaanlage ausgestattet war. Nicht nur die angenehmen Temperaturen, sondern auch der Geruch der alten Bücher lockten mich an. In der Bibliothek stand auch ein Videogerät. Mrs Adams zeigte uns jede Woche einen anderen Film. Vor allem erfuhren wir viel über den amerikanischen Westen. Das Thema kam bei uns Jungen bestens an, sodass wir jedes Mal schon bei der Titelmusik vor Freude mitklatschten. Einmal sahen wir mit unserem Religionslehrer den Film *»When the Trumpets call«* an, der von der Wiederkehr Jesu handelt und dramatisch inszeniert ist: Ein heftiges Gewitter kündigt das Jüngste Gericht und den Untergang der Welt an.

Wenige Tage später ging nachmittags ein starkes Unwetter nieder. Ich war allein zu Hause. In meiner Angst glaubte ich, das Jüngste Gericht sei nun wirklich gekommen. Ich beobachtete von meinem Zimmer aus, wie sich der Himmel schwarz zusammenzog. Dunkle Wolken sammelten sich über dem Strand und rollten grollend über unser Haus hinweg. Heftige Windstöße bogen die Palmen zur Seite und zerrten an ihren Blättern. Kurz darauf war der Himmel eine einzige schwarze Wand. Ich stand am Fenster und hoffte, dass meine Eltern endlich nach Hause kämen.

Da zuckte ein greller Blitz über dem Meer auf. Voller Panik rannte ich in die Küche und kroch unter den Tisch. Das Donnern, das nun folgte, ließ das Haus für Sekunden beben. Flehend betete ich auf Knien, und die Tränen liefen in Strömen über mein Gesicht. So fanden mich meine Eltern, als sie etwas später nach Hause kamen. Es war viel Zuspruch nötig, um mich zu beruhigen. Das war das erste Mal, dass ich ein tropisches Unwetter erlebte.

Das Gewitter verging genauso schnell, wie es losgebrochen war. Aber es hinterließ seine Spuren. Am nächsten Morgen lagen abgerissene Palmblätter und Papiermüll auf dem Weg. Ich zwang mich, nicht mehr an den gestrigen Abend zu denken. Heute war der Himmel wolkenlos. Die glühende Sonne spiegelte sich funkelnd auf den blauen Wellen.

Es war ein Samstag, mein Lieblingstag. Wir hatten samstags keine Schule, und ich konnte bereits früh zum Strand. Wie so oft ging ich mit meinem Angelzeug zu der Bucht, in der ich schon so manchen dicken Fisch gefangen hatte.

Tief atmete ich die salzige Luft ein, warf die Angel aus und wartete. Auf einmal spannte sich die feuchte Leine so ruckartig in meiner Hand, dass ein feiner Nieselregen durch die Luft flog.

Welch ein Fisch das sein musste! Vor Sorge, den Fang zu verlieren, ließ ich die Angel fallen und packte die Schnur mit den Händen. Sie schnitt mir sogleich tief in die Haut. Dem Prachtstück am anderen Ende der Leine war das völlig gleichgültig. Ich wickelte mir schnell ein Stück meines Hemdes um meine Hand und zog den Fisch mit aller Kraft an Land. Ein schöner dunkelbrauner Felsbarsch zuckte vor mir im Sand.

»So ein Riesenfisch, ey! Da hast du verdammtes Glück gehabt«, hörte ich eine Stimme mit liberianischem Slang hinter mir.

Ich drehte mich überrascht um. Da stand ein schwarzer Junge, den ich vorher nicht bemerkt hatte. Ich meinte, ihn schon einmal auf der Straße oder am Strand gesehen zu haben, war mir aber nicht sicher. Der Junge war ungefähr in meinem Alter und beinahe genau so groß wie ich, hatte aber deutlich muskulösere Oberarme. Staunend blickte er auf dem zappelnden Fisch.

»Das ist doch gar nichts. Davon fange ich jeden Tag zehn«, sagte ich herausfordernd.

Er lachte und entblößte dabei eine breite Lücke zwischen den beiden Vorderzähnen. Er hockte sich in den Sand, um über die nassen Schuppen des Fisches zu streichen. »Du bist echt der Größte, *white man!«*, rief er und lachte wieder. »Das gibt ´ne feine *peppersoup*, ey.«

Dann deutete er auf die Angel, die im Sand lag. »Was ist das? Hab ich noch nie gesehen.«

Ich reichte ihm die Rute und erklärte ihm das Prinzip. Er war völlig begeistert und kurbelte fasziniert die restliche Schnur auf die Rolle.

»Wahnsinn! Cool!«, rief er mehrmals. »Wo kann man so was kaufen? Ist bestimmt teuer … Übrigens, ich bin Benjamin Zahn. Aber die meisten nennen mich Ben.«

»Ich bin Mikel.«

»*Ey piking*, einer meiner Brüder heißt auch Mikel. Aber ich hab ihn schon lange nicht mehr gesehen.«

Ich holte ein Stück vergammelten Fisch für den Haken hervor und warf die Rute neu aus, während Ben begeistert zuschaute. Dann setzten wir uns in den warmen Sand und fachsimpelten übers Angeln. Als wir Durst bekamen, pflückten wir Kokosnüsse, schlugen sie an den Felsen im seichten Wasser vor uns auf und tranken ihren Saft. Ans Abendbrot, die Dämmerung oder die Leopardenmänner verschwendete ich keinen Gedanken ... bis die Sonne zu sinken begann.

»Tut mir leid, aber jetzt muss ich schnell los«, sagte ich und sprang auf.

Enttäuscht blickte Ben mich an.

»Wir können uns ja morgen wieder hier treffen? Bring deine Leine mit, und wir machen ein Wettangeln.«

Ben strahlte über das ganze Gesicht. »Großartige Idee.« Er war nun ebenfalls aufgestanden. »Hey, in Liberia begrüßen und verabschieden sich Freunde so«, sagte er und fasste meine Hand zuerst linksherum, dann rechtsherum. Schließlich hakte er seinen Mittelfinger in meinen ein und ließ ihn mit einem Schnipsen los. Das schnalzende Geräusch gefiel mir. Ich hatte diese Art der Begrüßung zwar schon einmal auf der Straße zwischen Einheimischen beobachtet, aber sie noch nie selbst ausprobiert.

»Bis morgen, ey. Ich werde hier sein, *piking!«*, rief Ben mir nach, als ich mit Angeln und Fisch nach Hause lief.

Am nächsten Tag wartete Ben bereits auf mich. Er saß im Schatten einer Palme und lachte mich an. Wir begrüßten uns auf liberianische Art und begannen unseren Wettkampf. Ben hatte eine einfache Leine dabei, und ich befürchtete, dass ich wegen meiner Angel einen Vorteil haben würde. Aber diese Sorge war völlig unbegründet, noch nie hatte ich jemanden so geschickt mit einer simplen Leine angeln sehen. Wir lieferten uns einen Kopf-an-Kopf-Wettkampf, bis Ben eine ungewöhnlich große Muräne aus dem Wasser zog. Ich gratulierte ihm. Ich war stolz, dass mein neuer Freund ein so guter Angler war.

»Hey, willst du keine Revanche, *piking?«*, fragte Ben. Inzwischen wusste ich, dass die älteren Jungen jüngere *piking*, kleiner Freund, nannten.

Ben war zwar zwei Jahre älter als ich, aber ich überragte ihn, wenn auch nur um wenige Zentimeter. »Morgen um die gleiche Zeit, *piking?«*, fragte ich.

»Morgen um die gleiche Zeit, *piking.«*

So trafen wir uns drei Tage hintereinander an derselben Stelle zum Angeln. Der Wettkampf wurde jedoch zur Nebensache. Ich brannte jedes Mal darauf, Ben endlich wiederzusehen und Zeit mit ihm zu verbringen. So viel Spaß wie mit Ben hatte ich mit keinem anderen Jungen, nicht mal mit Tony Loken.

Am dritten Angeltag wollte ich Ben gern zeigen, wo ich wohnte und welche Spielsachen ich hatte. »Hey Ben, kennst du ›Playmobil‹? Wenn du mitkommst, zeig ich dir, was ich alles habe.«

»Playmowas? ... Würde ich gern gucken, aber ist vielleicht keine gute Idee, *piking.«* Er senkte den Blick.

»Du brauchst keinen Schiss zu haben, echt nicht.«

Ben nagte einen Moment lang nachdenklich an einem Finger. »Na gut. Aber du bleibst immer in meiner Nähe, ja, Mikel?«

»Klar, *piking.«* Ich schubste ihn lachend in den Sand. »Dein großer weißer Bruder passt schon auf dich auf.«

Ben rollte geschickt durch den Sand, sprang wieder auf seine Füße und packte mich kichernd. Ich hatte keine Chance, jetzt drückte er mich in den Sand. Ich spürte, dass er die Kraft seiner gestählten Arme genau einschätzen konnte und mich auf keinen Fall verletzen wollte. Als ich grinsend aufgab, ließ er mich los und half mir hoch.

»Du auf mich aufpassen? Dass ich nicht lache, Kleiner!« Seine Zahnlücke blitzte auf, und er klopfte mir den Sand vom T-Shirt.

Zu Hause stellte ich Ben meinen Eltern vor. Ich hatte ihnen an den Abenden zuvor schon von dem schwarzen Jungen mit der lustigen Zahnlücke erzählt, sodass sie nicht völlig überrascht waren über den Gast. Dennoch schien mein Vater unsicher zu sein. Es tauchten zwar jeden Tag irgendwelche schwarzen Kinder auf und baten um ein Glas Wasser, das wir ihnen gern gaben, aber zum Spielen ... Mein Vater nahm Ben zur Seite. »Wir freuen uns, dass du dich mit Mikel so gut verstehst, Ben. Du kannst immer gern mitkommen. Nur klauen ist hier nicht erlaubt, hörst du?« Mein Vater schaute ernst drein, er hatte wohl zu viele Geschichten von anderen Missionaren gehört.

Ben war die Situation sichtlich peinlich. »Äh, ich verstehe. Dann werde ich mal gehen, ey. Bis zum nächsten Mal, Mikel.«

»Oh, nein!«, rief meine Mutter aus der Küche. »Ihr seid genau richtig gekommen. Ben bleibt natürlich zum Mittagessen. Es gibt Spaghetti!«

Ich war heilfroh, dass mein neuer Freund nicht gegangen war, und setzte mich neben ihn an den Tisch. Als die Teller mit den Nudeln vor uns standen, wurde schnell klar, dass Ben noch nie zuvor Spaghetti gegessen hatte. Er versuchte, sich erst mehrere Nudeln mit den Fingern in den Mund zu bugsieren, dann einzelne. Beschämt senkte er den Kopf, als wir mit Gabel und Löffel loslegten.

»Komm, ich zeig's dir«, sagte Angelika. Ben stellte sich dann recht geschickt an.

Nach dem Essen gingen wir in mein Zimmer und spielten den Rest des Tages mit meinem »Playmobil-Fort«. Wir ließen Indianer und Generäle erbitterte Kämpfe austragen.

Von nun an traf ich Ben regelmäßig. Meist angelten wir stundenlang in unserer Bucht. Mein neuer Freund hatte – wie viele Afrikaner – panische Angst vor dem Wasser. »Darin lauern böse Geister«, flüsterte er. Ich beruhigte Ben und zeigte ihm, dass mir im Meer nichts passierte. Ich musste ihn regelrecht ins Wasser locken. Endlich traute er sich Schritt für Schritt tiefer hinein. Ich brachte ihm sogar das Schwimmen bei. Zunächst strampelte Ben furchtsam mit Armen und Beinen, aber als er herausfand, dass er ruhig paddeln musste, lernte er richtig schnell. Bald veranstalteten wir Wettschwimmen oder tauchten gemeinsam am schwarzen Riff in der Nähe, wir spielten Fußball und gingen auf Vogel- oder Echsenjagd. Mit Tony unternahm ich nur noch selten etwas.

Das Indianerspielen liebte Ben genauso sehr wie ich. »Dieses Land schenke ich dir, mein Blutsbruder«, sagte ich einmal im Spiel und zeigte auf die Bucht unter uns.

»Ich danke dir«, sagte Ben. »Bist du denn auch mein Blutsbruder?«

»Klar!«, rief ich. Und dann hatte ich eine Idee. Ich zog das kleine Buschmesser, das mir mein Vater geschenkt hatte, aus dem Schaft am Gürtel und ritzte mir in den Daumen. »Und jetzt du! Dann sind wir richtige Blutsbrüder. Wie Old Shatterhand und Winnetou.«

Ben zögerte nicht lange, und im nächsten Moment trat auch aus seinem Daumen eine Blutperle hervor. Wir drückten die blutenden Stellen fest aneinander.

»Wir halten immer zusammen. Nichts kann uns trennen«, schwor ich feierlich.

»Für immer Brüder«, sagte Ben, »Mikel, mein Blutsbruder.«

Mit der Freundschaft zu Ben war ich endgültig in Liberia angekommen. Ich dachte kaum noch an Deutschland und schrieb auch immer seltener an meine Freunde Henrik und

Karsten in Sinsheim. Manchmal schickte ich auf Geheiß meiner Mutter eine Postkarte an meine ehemalige Grundschulklasse. Ich erwähnte den dicksten Fisch, den ich geangelt hatte, die vielen Tiere und erzählte von den Wochenendausflügen, die wir unternommen hatten. Jetzt war Liberia mein Zuhause! Und Ben gehörte fast schon zur Familie.

EINE WEISSE FAMILIE
Spaghetti und das Paradies

Ich mochte den Jungen mit den weißen Haaren, den ich am Strand kennengelernt hatte, auf Anhieb. Und ich freute mich, als er fragte, ob wir uns am nächsten Tag wiedersehen würden. Als ich spätabends auf meiner Matte lag, konnte ich vor Aufregung kaum einschlafen. Ich hatte noch nie eine Verabredung mit einem weißen Jungen. Ob Mikel wirklich zum Strand kam? Oder hatte er sich einen Scherz erlaubt?

Nein, das konnte ich mir nicht vorstellen. Er war so freundlich. Und bestimmt ließ er sich den Wettkampf nicht entgehen.

Ich lag noch lange wach und sah immer wieder diesen schlaksigen blonden Jungen vor mir, der mich mit breitem Lächeln beobachtet hatte. Solch einen wohlwollenden Blick war ich nicht gewohnt. In der Schule zogen mich die meisten nur auf, weil ich zu den Schlechtesten zählte, obwohl ich der Älteste in der Klasse war.

Als ich meiner Schwester Martha sagte, dass ich mich zum Angeln mit einem weißen Jungen traf, blickte sie mich warnend an, erwiderte aber nichts. Sie wollte mir meine Vorfreude wohl nicht verderben. Viel zu früh lief ich zum Strand und wartete sehnsüchtig auf Mikel. Und ich wurde belohnt; irgendwann erschien er zwischen den Palmen. Sein weißblondes Haar leuchtete schon von weitem.

Mikel und ich waren beide gute Angler, und der Wettkampf schien unentschieden auszugehen. Doch ich hatte Glück und fing eine Monstermuräne, fast einen Meter lang! Zum Glück war Mikel ein guter Verlierer. Ich war stolz, als ich meinen Fang nach Hause brachte. Steven grillte die Fische, und wir genossen eine üppige Mahlzeit.

Am nächsten Tag wollte mir Mikel zeigen, wo er und seine Familie wohnten. Ich fühlte mich bereits bei dem Gedanken unwohl. Schließlich war es Fremden verboten, die öffentlichen Gebäude auf dem ELWA-Gelände, wie zum Beispiel die Schule, zu betreten, es sei denn, man hatte eine Erlaubnis oder kam in Begleitung eines Missionars. Im Privathaus einer weißen Familie war ich noch nie.

Mit klopfendem Herzen folgte ich Mikel über die Treppe an der Veranda ins Haus, wo uns sein Vater abfing. Was erwartete mich jetzt? Ich schluckte. Mr Jentzsch bat mich, Mikel ein ehrlicher Freund zu sein. Zumindest deutete ich seine Worte so, denn ich durfte zum Essen bleiben.

Grund zum Zittern hatte ich dann doch. Auf dem Esstisch stand kein Reis, sondern eine Schüssel mit weißen Schnüren. Mikel und seine Familie nannten sie Spaghetti oder Nudeln. Diese Schnüre waren weich und etwas klebrig und wurden mit Fleischsoße gegessen. Aber nicht mit den Fingern! Ich stellte mich bestimmt schrecklich dumm an und traute mich kaum aufzuschauen. Wie froh war ich, als mein Teller leer war – auch wenn es mir geschmeckt hatte … Oh, Mann, ich saß bei einer weißen Familie am Tisch und rollte mit einer Gabel und einem Löffel lange weiße Schnüre … und dann zeigte mir Mikel sein Zimmer. Noch nie hatte ich so schönes und buntes Spielzeug gesehen. In Nimba hatten wir Kinder uns aus Draht und Holz Autos gebaut. Es wurde alles Mögliche wiederverwendet, selbst aus einer Fahrradfelge bastelten ich und meine Brüder noch etwas Brauchbares.

Der Nachmittag verging wie im Fluge.

Beim Abschied baten mich Mikels Eltern, Englisch zu üben, da sie mich kaum verstehen würden. Das war mir un-

angenehm; ich bemühte mich sofort, deutlicher zu sprechen, aber es fiel mir ungeheuer schwer. Mikel versprach, mir zu helfen, auch bei den Hausaufgaben, damit ich in der Schule besser zurechtkäme.

Beglückt und voller Hoffnung ging ich nach Hause und erzählte Martha und Steven beim Abendessen, was ich erlebt hatte.

Schon nach einem Monat verbesserte sich meine Aussprache merklich, ach, was sag ich, mein ganzes Leben begann sich zu verändern. Ich war nicht länger der »village fool!«, sondern wurde ein »real city boy«. Ich lernte durch Mikel und seine Familie europäische Gewohnheiten kennen. Viele meiner Schulkameraden beneideten mich um diesen Umgang. Mikel half mir bei den Hausaufgaben und schenkte mir auch schon mal Kleidung, die ihm nicht mehr passte. Jetzt akzeptierten mich meine Schulkameraden, und ich gewann endlich Freunde, mit denen ich mich regelmäßig zum Fußball traf.

Eines Tages fragte mich Mikel, ob ich am Wochenende mit ihm und seinen Eltern einen Ausflug unternehmen wolle. »Du bist eingeladen. Das wird supercool. Wir fahren ins Hotel ›Afrika‹. Da waren wir auch erst einmal, weil es so teuer ist.«

Ausflug? Hotel »Afrika«? Ich verstand kein Wort. Meine Familie in Nimba hatte noch nie einen Ausflug unternommen. Wir arbeiteten oder ruhten uns aus. Wir Kinder beschäftigten uns in der Freizeit immer selbst.

»Was ist das denn, Hotel ›Afrika‹?«, fragte ich.

»Komm einfach mit, dann wirst du schon sehen.« Mikel nickte mir begeistert zu.

Ich stand an diesem Wochenende schon vor Sonnenaufgang auf. Gespannt zog ich mein bestes Hemd und eine neue kurze Hose an. Dann lief ich zu Mikels Haus. Alle schienen noch *tief und fest zu schlafen. Nichts rührte sich, kein Licht ging an. Ich setzte mich auf die Verandatreppe und wartete geduldig auf den Sonnenaufgang. Susi, der Wachhund der Familie Jentzsch, erkannte mich und legte sich neben mich. Die Grillen zirpten, und der warme Wind ließ die Palmblätter geheimnisvoll rascheln. Ich kraulte Susi hinter den Ohren und lauschte auf das Meer. Endlich brach der Tag an, und ich hörte Schritte im Haus. Mikels Vater kam in kurzer Hose und Badeschuhen auf die Veranda hinaus. Er hatte gerade »Oh, Susanna …« angestimmt. Bei meinem Anblick verstummte er und rieb sich müde die Augen. »Ben, was machst du denn so früh hier? Hast du hier übernachtet?«*

»Nein, aber ich wollte nicht zu spät sein.«

»Na, dann komm erst einmal rein, wir frühstücken noch.«

Frühstücken – das war auch eine europäische Sitte, die ich sehr mochte! In Nimba aßen wir gewöhnlich einmal am Tag, nachmittags. Es war üblich, dass die Erwachsenen zuerst speisten und wir Kinder uns die Reste teilten.

Genüsslich mischte ich mir nun Milchpulver und Wasser und trank ein Glas Milch. Ich traute mich nicht, auch noch etwas zu essen, aber Angelika sah meine hungrigen Blicke.

»Hier, Ben, kannst dich ruhig satt essen. Sonst haut Mikel alles allein weg«, sagte sie und reichte mir einen Toast mit Marmelade.

Gierig verschlang ich das geröstete Brot mit dem köstlich süßen Aufstrich.

Wenig später stiegen wir in einen Jeep von der Radiostation. Wir fuhren die Küste entlang und durch Monrovia hindurch, bis wir nach einer Stunde zu einem Hochhaus kamen – dem Hotel »Afrika«!

Martha hatte schon von dem Hotel gehört und gemeint, dass es das schönste im ganzen Land sei. Ich hatte mir darunter nichts vorstellen können. Jetzt staunte ich über so viel

Reichtum und Luxus. Das Hotel lag direkt am Meer und hatte dennoch einen großen Swimmingpool. Schon von weitem hörte ich das Plantschen und Kreischen von Kindern. In einem wahren Badeparadies tummelten sich jede Menge gut gelaunter Menschen! Schwarze und Weiße. Ich war sprachlos!

»Hier gibt es Tretboote!«, rief Mikel, der auch aufgeregt war.

»Und Pferde haben die hier, und heute Abend gibt es Barbecue«, sagte Angelika.

»Tretboote, Pferde, Barbecue? Was ist das alles?«, fragte ich verdutzt.

»Am besten, ihr zeigt Ben erst einmal die Tretboote, eins nach dem anderen, okay?«, sagte Mrs Jentzsch und zwinkerte mir zu.

»Heute machen wir alle Urlaub!«, rief Mr Jentzsch übermütig. »Erika, wie wäre es, wenn wir uns auch ein Tretboot nehmen?«

»Na, dann ab ins Wasser!«, rief Mrs Jentzsch lachend, und wir rannten alle los.

Zum ersten Mal in meinem Leben sah ich diese Boote, die wie Fahrräder vorwärtsbewegt werden. Ich konnte mir kaum vorstellen, dass wir uns tatsächlich von der Stelle rühren würden, als Angelika und ich in einem roten Boot in die Pedalen stiegen. Ich wechselte mich mit Mikel ab, und wer den Platz räumte, sprang zur Abkühlung vom Boot aus ins Meer. Als wir zum Anlegeplatz zurückkamen, hüpfte Angelika aufgeregt aus dem Boot. »Jetzt gehen wir reiten!«, wiederholte sie mehrere Male in einer Art Sprechgesang.

»Mädchensport«, brummte Mikel.

»Mikel, ihr geht jetzt mit Angelika zu den Pferdeställen. Vielleicht könnt ihr ja sogar eine Tour am Meer entlang machen, das wird Ben sicher gefallen«, sagte Mr Jentzsch. Er

und seine Frau verabschiedeten sich zum Entspannen auf die Liegewiese. »Wir treffen uns vor dem Barbecue in der Hotellobby, klar?«

»Klar!«, riefen wir im Chor.

Angelika rannte vor. Mikel und ich folgten gemächlich. Je näher wir dem großen Gebäude kamen, das Mikel als Pferdestall bezeichnete, desto widerlicher roch es. Mikel führte mich zu einem hochgewachsenen weißen Tier mit langen Haaren auf dem Rücken und einem Maul voller großer gelber Zähne. Als es sein kräftiges Gebiss bleckte, wich ich unwillkürlich zurück.

»So – so ein Tier habe ich noch nie gesehen!«, stotterte ich.

»Das ist ein Pferd, ein besonders schönes. Ein weißer Hengst«, erklärte Angelika. »Komm, nimm meine Hand, wir gehen zusammen näher heran. Es tut dir nichts – sieh nur!« Völlig selbstverständlich strich Angelika über das Pferdemaul mit den vielen Zähnen. Sie ermutigte mich, das große Tier ebenfalls zu streicheln, und gab mir anschließend eine erste Lektion im Reiten. Mikel war keine große Hilfe, er begnügte sich damit, sich über mich und meine ängstlichen Sprünge weg vom Gebiss des Tieres zu amüsieren. Als ich versuchte, auf den Rücken des Tieres zu steigen, hielt er sich lachend den Bauch.

Um mir das nicht länger anhören zu müssen, ließ ich mich – endlich im Sattel sitzend – von Angelika herumführen. Zuerst war ich völlig verkrampft, aber mit der Zeit fühlte ich mich immer sicherer. Nach einer Stunde durfte ich mit Angelika und Mikel am Meer entlangreiten. Ich fand es traumhaft, auf dem Rücken des großen, starken Tieres durch die schäumenden Wellen zu traben, während die Sonne immer tiefer sank. Nur einmal fiel ich hinunter, als der Hengst abrupt stehen blieb. Mikel wurde zweimal abgeworfen, worüber Angelika und ich uns köstlich amüsierten. Ich hätte mit meinen Freunden ewig so weiterreiten können …

Die Sonne versank in prächtigen dunkelroten und lila Farbtönen. Erschöpft und zufrieden gingen wir drei zur Hotellobby, wo Mikels Eltern bereits auf uns warteten, um mit uns am Strand zu bummeln. Es duftete bereits verführerisch nach einem Festessen am offenem Grill. Ich saugte alles in mir auf, die Gerüche und Geräusche der vielen Menschen. Ich hörte leise Popmusik, Geklapper von Geschirr und klirrende Gläser, das Rauschen des Meeres, fröhliches Stimmengewirr und immer wieder helles Lachen. Auch ich war atemlos vor Glück!

»Was für ein cooler Tag«, seufzte Mikel nach dem Essen und legte seinen Arm um meine Schultern. »Ich könnte ewig hier leben!«

»Ich auch, mein Freund, ich auch«, stimmte ich zu. Wir blickten satt und zufrieden auf die blinkenden Lichterketten in den Palmen am Strand, die den weißen Sand und das dunkle Meer beleuchteten.

»Danke, dass ich dabei sein durfte, Mann!« Ich drückte Mikels Hand auf meiner Schulter, und er erwiderte den Händedruck schweigend.

Noch lange saßen wir unter dem Sternenhimmel und ließen diesen wundervollen Tag ausklingen, bis uns die bisswütigen Moskitos vertrieben.

Als wir im Dunkeln zurückfuhren, wünschte ich mir nichts sehnlicher, als mit dieser freundlichen Familie, diesen liebevollen Menschen immer zusammenleben zu dürfen. Müde lehnte ich mich an Mikel, der mit dem Kopf an meiner Schulter eingeschlafen war. Die warme Nachtluft wehte durch unsere Haare, aber ich hatte noch immer den würzigen Pferdegeruch und den Duft des Barbecues in meiner Nase. Auch ich schloss nun die Augen und sah noch einmal das Hotel »Afrika« vor mir. In Gedanken wiederholte ich jeden einzelnen Schritt an diesem Tag …

Erst als Steven mich aus dem Wagen hob und ins Bett trug, wachte ich auf. »Dies war der schönste Tag in meinem Leben!«, sagte ich, bevor er mich sanft zudeckte und ich weiterschlief.

AFRIKANISCHE GASTFREUNDSCHAFT und Jagdlust

Die Einheimischen, die im ELWA-Dorf lebten, hatten einfachere Häuser als die Missionarsfamilien. Es gab keine Veranda und keine Gartenfläche; und die Familien wohnten zum Teil mit fünf, sechs Personen aus drei Generationen in zwei Zimmern zusammen. Allerdings verbrachten sie auch weniger Zeit in ihren Häusern, waren viel draußen, vor dem Haus und in der Natur.

Das Haus von Bens Schwester und ihrem Mann lag am Rande des ELWA-Geländes. Ich hatte es bisher nur vom Auto aus gesehen. Eines Tages brach ich zu meinem ersten Besuch bei Ben auf. Aus einigen Metern Entfernung rief ich, wie es in Liberia üblich ist, *»Bok! Bok!«*, als Ben auch schon aus der Tür herausgeschossen kam.

»Ey, *piking*, da bist du ja. Komm rein.«

Ich folgte ihm über den Hof ins Haus, wo mich Martha und Steven herzlich empfingen. Steven klopfte mir freundschaftlich auf die Schulter, und Martha hielt eine Weile meine Hand in beiden Händen. Ich fühlte mich sofort wohl bei ihnen, obwohl das Haus im Inneren keinen besonders gemütlichen Eindruck machte. Anders als bei uns hing eine nackte Glühbirne unter der Decke. In dem größeren Wohn- und Küchenraum lagen in einer Ecke Bens Schlafmatte und eine zusammengerollte bunte Decke.

Martha trug Geschirr nach draußen.

»Ben, hol Wasser für alle«, bat sie ihren Bruder.

Ich begleitete Ben zur Regentonne neben dem Haus. Er schöpfte einen großen Tonkrug voll, den lediglich einige Risse zierten, und trug ihn zum Essplatz unter einem Baum, wo schon eine Matte ausgebreitet war.

»Es gibt Fufu«, erklärte Ben.

»Fufu? Klingt spannend«, sagte ich, weil ich keine Ahnung hatte, was sich dahinter verbarg.

»Kennst du Maniokwurzeln? Warte, ich zeig dir mal eine«, sagte Ben und holte aus dem Haus eine längliche Knolle, deren bräunliche Haut vertrocknet aussah. »Die kocht man, und daraus macht man einen festen Brei.«

»Okay ...« Auch Old Ma Annie hatte schon verschiedene Gerichte gekocht, die wie Püree ausgesehen hatten, aber den Namen Fufu hatte ich noch nicht gehört.

»Setz dich, Mikel«, sagte Steven. Er und Martha hatten jeder einen Topf auf dem Boden abgestellt, und wir nahmen darum Platz.

Ich sah mir den Inhalt der Töpfe neugierig an. In dem einen Topf war ein fester weißer Klumpen, im anderen eine schleimig schimmernde hellgrüne Soße.

»Das ist Fufu«, erklärte Martha und zeigte auf die größere Schüssel. »Schau mal ...« Behände formte sie einen großen Ball aus der weißen Maniokmasse und lachte mich dabei an.

Ich lächelte zurück und nahm erst einmal nur so wenig Fufu, dass es eine Minikugel wurde.

Jetzt waren es Ben und Steven, die lachten.

»Und nun in die Okrasoße tunken, aber Vorsicht, die ist scharf, und dann ...« Martha steckte sich ihre Fufukugel in den Mund und schluckte sie hinunter.

»Wird nicht gekaut«, sagte Ben, als er meinen entgeisterten Blick sah.

Ich tauchte mein Fufukügelchen nur halb in die Soße. Okragemüse hatte Old Ma Annie auch schon gekocht. Ich vermutete, dass die Soße wie eine scharfe Bohnensauce schmeckte. Außer schleimiger Schärfe nahm ich eigentlich gar nichts wahr, nachdem ich das Bällchen brav geschluckt hatte. Ben rollte schon seine zweite Kugel.

Diesmal nahm auch ich mutig eine große Handvoll von dem klebrigen Teig. Er erinnerte mich an alten Kartoffelbrei oder Knetmasse, was mir eigentlich hätte eine Warnung sein müssen ... Meine neue Kugel konnte mit denen der anderen mithalten. Ich schob den beinahe gänzlich mit Soße ummantelten Feuerball in meinen weit geöffneten Mund und schluckte. Dann würgte ich. Der Kloß war im Hals steckengeblieben und bewegte sich nicht vor und nicht zurück. Ich gab den anderen hektische Zeichen. Sie dachten wohl, ich mache Späße, und lachten fröhlich.

»Zu scharf?«, fragte Martha, die nun doch besorgt zu sein schien. Ich bekam keine Luft mehr, geschweige denn, dass ich hätte sprechen können. Mein Kopf muss so rot angelaufen sein, dass Martha endlich erkannte, was los war. Sie schlug mir laut lamentierend auf den Rücken. Jetzt hatten auch Steven und Ben kapiert, dass der Fufuball in meiner Speiseröhre feststeckte und ich zu ersticken drohte. Steven haute mir kraftvoll auf den Rücken.

Ich schaffte es im letzten Moment, den Teigkloß hinunterzuwürgen. Seitdem kaue ich ohne Rücksicht auf traditionelle Bräuche jede neue Speise.

Ben saß noch eine Weile lang völlig versteinert da, solch einen Schrecken hatte er bekommen. Dann bat er mich, so viel wie möglich zu trinken, und goss mir mehrere Male Wasser in meinen Becher. Er umsorgte mich den ganzen restlichen Nachmittag.

»Mikel«, sagte er auf einmal, »ich bin so froh, dass du mein Freund bist. Ich bete immer für dich, dass dir nichts passiert.«

Jetzt erst verstand ich, dass Ben in dem ELWA-Dorf noch weniger Freunde hatte als ich. Er wusste, was es hieß, sich allein zu fühlen. Wir hatten so verschiedene Leben, aber ich hatte einen Gleichgesinnten gefunden, einen echten Freund, der zu mir hielt.

Um Fufu machte ich erst einmal einen weiten Bogen, aber ansonsten wurde ich ein Feinschmecker der afrikanischen Landküche. Steven jagte regelmäßig nachts mit einem alten Gewehr im angrenzenden Urwald. Er brachte häufig exotische Beute mit nach Hause, die ich gern probierte, wenn ich zu Besuch war. So lernte ich den Geschmack von geräuchertem Affenfleisch, Krokodilen, Fröschen, Leguanen, Ameisenbären und verschiedenen Kleintieren kennen. Sogar Elefantenfleisch aus Nimba kostete ich. Ben durfte Steven manchmal auf die Jagd begleiten. Ich fragte meine Eltern, ob ich auch mal mitdürfte.

Den entsetzten Blick meiner Mutter werde ich nie vergessen. »Nachts im Urwald jagen? Ich glaube, du spinnst!«

»Aber Steven ist doch dabei. Und Ben ist noch nie etwas passiert.«

»Junge, Steven und Ben sind im Urwald großgeworden. Die wissen Gefahren einzuschätzen und kennen sich auch bei Dunkelheit und mit gefährlichen Tieren aus. Du musst doch verstehen, dass das ein Unterschied ist. Wir als deine Eltern dürfen dich nicht mitgehen lassen, das wäre völlig verantwortungslos. Du genießt hier sowieso schon viel zu viele Freiheiten.«

Ich versuchte noch einige Male, sie umzustimmen, aber ich hatte keine Chance. Umso gespannter lauschte ich Bens Erzählungen, wenn er mal wieder mit Steven im Dschungel gewesen war. Nicht immer beneidete ich ihn.

»Ey, Mikel, das war diese Nacht echt nicht witzig, Mann. Steven hat eine drei Meter lange Python erwischt, ein Riesenteil. Aber die war nur angeschossen. So schnell, wie die weg war, konnten wir gar nicht gucken. Oh Mann, hat Steven geflucht.«

»Und dann, habt ihr eine andere erwischt?«

»Da kennst du Steven schlecht, der lässt keine Beute entwischen. Während er weitere Tiere aufspürte, musste ich die Python suchen. So ein angeschossenes Tier kann ganz schön gefährlich werden.«

»Und? Hast du sie gefunden?«

»Ja. Lag tot in einem Bach. Ich bin ganz vorsichtig ran und hab sie mit einem Stock gepiekst.« Ben lachte. »Aber die hat sich nicht mehr gerührt.

Sieh nur, hinter dem Haus hängt die Haut zum Trocknen.«

Ich war begeistert von dem Muster aus beigefarbenen und dunkelbraunen Flecken, die schwarz umrandet waren. Ich wusste, dass aus Schlangenleder Gürtel und Messerhalfter hergestellt wurden.

»Was macht ihr mit der Haut?«, fragte ich Ben.

»Ich darf sie behalten, weil ich die Python gefunden habe. Aber ich brauch sie nicht. Willst du sie haben?«

»Echt?«

»Klar, *piking*«, sagte Ben. Wir strahlten um die Wette, ich wegen des Geschenks und Ben, weil er mir so eine große Freude bereiten konnte.

Von nun an verschwand ich nachmittags, wenn ich die Schulsachen in die Ecke geworfen und meinen Pythongürtel mit dem Buschmesser umgeschnallt hatte, so oft wie möglich im nahe gelegenen Wald. Mit meinen elf Jahren unterschied ich mich inzwischen wohl sehr von Kindern, die in Deutschland aufwuchsen. Während diese ihren Spaß im Freibad oder auf Schlittschuhen hatten, streunte ich auf der Suche nach Abenteuern mit Ben durch die afrikanische Wildnis.

Ben blieb stehen und zeigte auf eine Eidechse an einem Palmenstamm: »Sieh mal, die sonnt sich.« Der Kopf des Reptils leuchtete in einem wunderschönen Orange, das sich auf dem schuppigen Rücken als zarte Linie im Schwarzbraun fortsetzte, um am Schwanzende nur umso strahlender zu erscheinen. An den vier ausgestreckten Beinen waren die kleinen Krallenfüße gut zu erkennen, mit denen es sich jetzt abrupt in Bewegung setzte. Ich wollte mich schon bücken, um einen Stein für meine Schleuder zu suchen, aber Ben hielt mich am Arm zurück und gab mir ein Zeichen. Regungslos standen wir da und warteten. Plötzlich tauchte der Kopf der Eidechse etwas höher am Stamm auf, verschwand für einen Moment und lugte dann wieder hervor. Vor und zurück zog die Eidechse ihren Kopf, und es schien, als würde sie uns beobachten und nicht wir sie.

Es war das erste Mal, dass ich eine Eidechse so lange betrachtete und nicht meine Schleuder hervorzog. Echsenjagen war für mich ein Hobby wie für andere das Turnen oder Malen ... Aber mit Ben lernte ich etwas Neues kennen. Mit ihm entdeckte ich die Vielfalt der Natur und bewegte mich wie ein afrikanischer Junge in ihr – achtsam und umsichtig.

Ben lachte oft über mich, wenn ich mal wieder ein Tier verjagt hatte, weil ich zu ungeschickt auf es zugesprungen war. Er brachte mir bei, mich beim nächsten Mal klüger anzustellen.

»Ich muss noch meine Fallen kontrollieren«, sagte er, während wir weiterliefen. Je tiefer wir ins grüne Dickicht vorstießen, desto dichter blieb ich hinter Ben. Vorsichtig schlich ich voran. Plötzlich meinte ich, dass sich etwas im Gebüsch neben mir bewegte. Und bevor ich mich versah, glitt eine giftgrüne, fingerdünne Schlange direkt über meine Füße. Ich schrie vor Schreck auf! Ben drehte sich um und sah mich fragend an. »Da, da ... Eine Mamba. Die ist gerade über meine Füße ...«, stotterte ich.

Ben schaute mich besorgt an und strich mit seinen rauen Fingern über meine Füße. »Da hast du ja noch mal Glück gehabt! Gott sei gedankt. Wenn deine Mutter das wüsste ...« Kichernd ging er weiter.

Ich atmete tief durch und folgte ihm. Bens Humor war einmalig und hatte mir schon oft Lachkrämpfe beschert, aber eine Mamba auf dem Fuß, das war nicht lustig, sondern gefährlich ...

Nach vielleicht dreißig Metern schaute sich Ben suchend um. »Hier müssten die Fallen sein ...« Auch ich sah jetzt den heruntergebogenen Baum, der zwischen den Büschen perfekt getarnt war. »Schade, diese Falle ist noch nicht zugeschnappt.« Ben bückte sich vorsichtig und schob das Stück Papaya mit einem Stock zurecht. »So eine Baumfalle kann ein Wildschwein fangen, *piking*. Die hat echt Power! Ich habe lange daran gearbeitet, bis der Baum runtergebogen war.«

Gebannt beobachtete ich die Routine, mit der Ben die Falle prüfte.

»Komm, wir müssen noch zum Sumpf. Vielleicht sind wenigstens ein paar Flusskrebse in meinen Reusen.« Ben stand auf, und ich folgte ihm.

Als wir zum Mangrovensumpf kamen, wo Tony und ich manchmal gejagt hatten, beobachtete ich überrascht, wie Ben ins schlammige Wasser watete, mit geübtem Auge ins Wasser griff und seine Reusen hochzog. Er ließ sie abtropfen und schüttelte sie. Tatsächlich hörte ich das Zappeln vieler Flusskrebse in der zweiten Reuse.

»Hehe, das wird eine feine Suppe, Martha!« Ben lachte zufrieden. Er stieg mit drei Reusen aus dem Wasser und knotete jeweils das hintere Ende auf. Dann schüttete er den Inhalt auf den Boden. Jetzt sah ich auch den Köder: Kokosflocken! Staunend blickte ich auf ein gutes Kilo Flusskrebse aus der zweiten Reuse. Ben nahm ein Stück Kokosnuss aus der Hosentasche und zerkaute es. Anschließend spuckte er die Kokosflocken in die Reusen, verknotete sie und warf sie zurück. Wir zogen unsere T-Shirts aus, warfen sie lachend ins Wasser und wickelten die Krebse hinein, um sie frisch zu halten. Stolz marschierten wir mit unserer Beute zu Martha.

Angeln mit Ben, Jagen mit Ben, Lachen mit Ben – Ben wurde der wichtigste Mensch für mich. In der Schule hatte ich nur lose Freundschaften und wurde beinahe zu einem Außenseiter. Ben ging es an seiner Schule nicht anders. Manchmal wurde ich am Strand geärgert, oder es gab eine Prügelei. Dann eilte mir Ben zu Hilfe. Ich konnte mich hundertprozentig auf ihn verlassen. Und ich wollte ihm ein genauso guter Freund sein!

PUTSCHVERSUCH 1985

Kurz vor einem strahlenden Sonnenaufgang im November 1985, zu Beginn der Trockenzeit, ließen Maschinengewehrsalven die Menschen im ELWA-Dorf aus dem Schlaf hochschrecken. Ich hatte das Rattern zuerst für Motorbrummen gehalten, aber als es hell wurde, sah ich vom Fenster aus in einiger Entfernung einen Panzer, auf dem schwarze Männer mit Gewehren standen.

»Geh sofort da weg, Mikel!« Mutters Stimme klang scharf.

»Die sehen mich doch nicht.« Ich beobachtete staunend das schwere Gefährt und die Bewaffneten.

»Mikel!«

Den Ton kannte ich, da blieben mir nur Sekunden, sonst rief meine Mutter nach Papa …

»Komm mit in die Küche, wir müssen mit euch reden«, sagte meine Mutter. »Angelika, du bitte auch!«, sagte sie laut in Richtung Flur.

Kurz darauf waren wir am Tisch versammelt, und Vater erklärte: »Heute bleibt ihr zu Hause. Schule fällt aus!«

»Yeah!«, rief ich und hob lachend eine Faust in die Höhe.

»Mikel, das ist kein Grund zur Freude.«

Ich senkte den Kopf.

»Solange das Militär hier patrouilliert, möchten wir nicht, dass ihr Kinder das Haus verlasst. Verstanden!?«

»Ja, Papa«, sagte ich. Angelika wiederholte es.

»Nach allem, was wir wissen, gab es einen Putschversuch gegen die Regierung in Liberia, aber er ist fehlgeschlagen. Nun befürchten sie wohl, dass die Radiostation von den politischen Gegnern besetzt wird. Deshalb die vielen Soldaten auf den Straßen. Das Militär hier ist nicht gerade zimperlich. Also noch mal: keinen Schritt vor die Tür, bis ich Entwarnung gebe!«

Mein Vater fuhr wie immer mit dem Mofa zur Arbeit, wir blieben mit meiner Mutter zu Hause. Meine anfängliche Freude über das Schulfrei schwand.

»Üb doch mal ein bisschen Klavier. Das kommt sonst immer zu kurz«, sagte meine Mutter.

Nachdem ich eine Stunde die Tasten gequält, mehrere Runden Mühle gespielt, diverse chinesische Schokoriegel verspeist und meinen Walt-Disney-Lieblingsband, *Onkel Dagoberts Traumreisen*, komplett gelesen hatte, wäre ich am liebsten zu Ben rübergelaufen, um ihm mein Leid zu klagen. Ich stellte mir vor, dass er sich noch mehr langweilte als ich. Ein Glück, dass ich ihm vor ein paar Wochen etwas von meinem »Playmobil« mitgegeben hatte.

Erst jetzt fiel mir auf, dass meine Mutter unruhig am Fenster auf und ab ging.

»Ist was?«, fragte ich.

»Nein, Schatz, alles in Ordnung«, sagte sie wenig überzeugend. Immer wieder sah sie auf die Küchenuhr. Es war erst Viertel vor fünf.

Um fünf vor fünf trommelte meine Mutter mit den Fingerknöcheln an die Fensterscheibe.

Angelika und ich hatten ein Kartenspiel begonnen, ließen jetzt aber die Hände sinken und reckten die Hälse.

»Komm endlich!«, zischte meine Mutter leise.

»Was ist denn mit Papa?«, fragte Angelika besorgt. »Der taucht doch sonst auch erst zum Abendbrot auf.«

»Ach, Kinder. Es wurde eine Sperrzeit gemeldet. Nach siebzehn Uhr darf sich niemand mehr auf der Straße aufhalten. Das hat das Militär angeordnet, meinte Pat, und die werden sicher jeden, der –« Knatternd näherte sich ein Mofa. »Da ist er!«, rief meine Mutter.

Die Standpauke, die sich mein Vater anhören musste, schallte durchs ganze Haus.

Gegen 20 Uhr, als wir Kinder uns fürs Bett fertig machten, fielen mehrere Schüsse. Wir beteten, dass es nur Warnschüsse gewesen sein mochten.

Am nächsten Tag warteten wir wieder voller Sorge auf meinen Vater, den die strengen Worte meiner Mutter anscheinend nicht beeindruckt hatten. An diesem Abend bekam ich zufällig mit, wie mein Vater meiner Mutter leise erzählte, dass mehrere Einheimische getötet worden seien und ein Missionar zusammengeschlagen worden war. »Der wollte nur die Soldaten für einen Pressebericht fotografieren. Stell dir das mal vor.«

Jetzt sorgte ich mich um meinen Freund Ben und seine Familie. Die Einheimischen schienen richtig bedroht zu werden. Wenn ich jetzt aus dem Fenster blickte, sah ich nicht mehr begeistert zu, wie ein Panzer langsam vorbeirollte und die Soldaten, das Gewehr auf der Schulter, die Umgebung kritisch ins Visier nahmen. Ich hoffte bloß noch, dass das endlich wieder vorüber war und ich wieder raus durfte und meinen Freund Ben treffen. – Dass ich ihn schon in dieser Nacht wiedersehen würde, damit rechnete ich nicht.

Der Mond schien sanft in mein Zimmer, als eine Stimme leise »Mikel, wach auf!« flüsterte. »Mikel, ich bin's, Ben.«

Ich wollte mich umdrehen, um den lästigen Traum abzuschütteln, als jemand sanft meine Schulter rüttelte. Der halbe Mond war verdeckt von einer Gestalt, die ich nun endlich erkannte.

»Ben, was macht du denn hier?« Erschrocken rieb ich mir die Augen.

»Nicht so laut, Mikel, deine Eltern sollen weiterschlafen. Ich war leise wie auf der Schlangenjagd.« – Er horchte an der Tür zum Flur, dann erst sprach er weiter. »Mikel, ich – ich musste kommen. Oh Mann, hab ich Schiss gehabt, aber ich musste zu dir. Überall im Dorf sind Soldaten unterwegs. Und es ist so Furchtbares passiert. Ey, ich hatte eine Angst.« Er berührte mich mit seiner zitternden Hand.

»Beruhig dich erst mal«, flüsterte ich, knipste meine Taschenlampe an und machte Ben Platz in meinem Bett. Er setzte sich erschöpft auf die Bettkante und rutschte dann umständlich zu mir herüber an die Wand. Ob er hingefallen war? Ich leuchtete ihm kurz ins Gesicht und blickte in seine mit Tränen gefüllten Augen. Ich fürchtete mich davor, dass er jetzt sagen würde, dass Martha oder Steven tot seien. Im Geiste hörte ich noch einmal die Stimme meines Vaters, als er von den ermordeten Einheimischen sprach. Ich rang mit den Tränen. »Erzähl mal der Reihe nach. Was ist überhaupt los?«

»Mikel, das ist alles sehr kompliziert. Wo fang ich an, ey? Also die Regierungsleute haben die Soldaten auf uns Gios angesetzt. Die Leute unseres Stammes werden abgeholt und erschossen. Und dann findet man irgendwo die abgeschnittenen Köpfe … das ist wirklich wahr, Mann.«

»Aber warum tun die das?«

»Steven hat gesagt, dass es einen mutigen Gio gibt, der versucht hat, Präsident Samuel Doe und seine Soldaten anzugreifen. Die betrügen uns Menschen in Liberia nämlich nur. Aber der Doe ist noch an der Macht. Er ist vom Stamme der Krahn, und die haben sich mit unserem Volk noch nie verstanden. Jetzt will der sich an allen Gios rächen. So hat es mir Steven erklärt.« Ben war ganz außer Atem. Wir schwiegen eine Weile.

»Hier …« Ben kramte in seiner Hosentasche, zog ein zerknülltes Stück Zeitung heraus und faltete es auseinander.

Ich sah das Foto nur ganz kurz an, dann schob ich es angewidert beiseite: Auf einen Pfahl war ein Kopf aufgespießt.

»Das – das ist ja Horror. Das kann – kann doch gar nicht sein, so was«, stotterte ich. »Bist du und deine Familie auch in Gefahr?« Ich stand noch immer völlig unter Schock von dem Bild.

»Klar. Wir alle. Martha schickte mich gestern zu Verwandten von Steven in die Stadt. Sie dachte, ich sei da sicher. Ey, Mann, plötzlich fuhr ein Jeep vor. Ein Trupp Soldaten umstellte das Haus. *No chance* wegzulaufen. Die stürmten rein, brüllten: ›Kleider aus und nackt auf den Boden!‹ Ey, selbst meine Tante musste sich ausziehen. Ich hatte furchtbare Angst. Ich dachte, dass die uns alle erschießen.«

Ich griff nach Bens Hand und hielt sie fest, während er weitersprach.

»Die hielten uns ihre Maschinengewehre an den Kopf und befahlen: ›Singt für uns!‹ Ey, die wollten, dass wir um unser Leben betteln. Während wir sie um Gnade anflehten, plünderten die das Haus. Ich hab vor Angst gepinkelt, Mann!«

Jetzt erst sah ich im schwachen Schein der Taschenlampe, die ich zur Seite gelegt hatte, die Riesenbeule an Bens Stirn.

»Von einem Gewehrkolben.« Er machte vor, wie sie mit dem Gewehr zugestoßen hatten. »Die haben uns noch geschlagen, dann sind sie johlend mit den Sachen weggefahren. Alles Kostbare ist jetzt weg. Meine Tante hat nur noch geheult. Immerhin wurde sie nicht vergewaltigt, und wir sind nicht tot.«

Ich legte einen Arm um Ben. »Du kannst ruhig hierbleiben, wenn du willst. Hier passiert dir nichts.«

Er wischte sich über die Augen. »Nein, danke. Martha macht sich bestimmt schon furchtbare Sorgen. Ich habe ihr nicht gesagt, dass ich zu dir gehe, sie hätte mich sonst nie rausgelassen.«

Langsam stand er auf. »Überall blaue Flecken!«, stöhnte er und versuchte zu grinsen, aber der Schrecken und der Schmerz standen ihm ins Gesicht geschrieben.

Wir schlichen zum Hintereingang, und ich öffnete ihm die Garagentür. Lautlos machten wir mit den Händen den gewohnten Abschiedsgruß, dann verschwand mein Blutsbruder in der Nacht.

Am nächsten Tag erklärte die Regierung den Putsch für niedergeschlagen. Die Lage für uns Missionarsfamilien entspannte sich, die Sperrzeiten und alle sonstigen Maßnahmen der Regierung, die uns betrafen, wurden außer Kraft gesetzt. Anders für die Gios: Sie wurden ohne Ausnahme unter einen zweiwöchigen Hausarrest gestellt. Wenn ein Gio – gleichgültig, ob Tag oder Nacht – auf der Straße erwischt wurde, war das sein sicheres Todesurteil.

Zu Hause rief mein Vater die Familie zusammen und besprach mit uns die Lage. Angelika musste weiterhin zu Hause bleiben. Ich durfte am Mittag zu Bens Familie und ihr Essen bringen. So sah ich Ben in den nächsten zwei Wochen jeden Tag und war jedes Mal froh, wenn ich ihn, Martha und Steven lebend antraf. Es verging kaum eine Nacht, in der ich nicht träumte, dass Soldaten in das Haus von Bens Schwester stürmten. Immer wieder erwachte ich, weil ich den aufgespießten Kopf vor mir sah.

Als den Gios endlich erlaubt wurde, wieder am öffentlichen Leben teilzunehmen, und auch die Schulen wieder öffneten, atmeten wir alle erleichtert auf. Aber das Leben war nicht mehr so wie vor dem Putschversuch. Ben erzählte mir, die Gio-Familien würden ständig benachteiligt, sie bekämen kein Gemüse auf dem Markt, würden ins Gefängnis geworfen, wenn sie sich offiziell beschwerten, und müssten Schikanen und Unterdrückung hinnehmen.

Meine Eltern sprachen abends noch oft mit uns über die Erlebnisse, aber irgendwann hatten Angelika und ich wieder andere Dinge im Kopf. Schon nach ein paar Wochen schlief ich wieder durch.

Ben erging es anders.

»Du hättest getötet werden können, als du nachts zu mir kamst«, sagte ich zu ihm, als wir angelnd am Strand saßen.

»Ich weiß ... aber ich musste zu dir! Nur mit dir kann ich über alles sprechen.«

Ben quälte sich mit den Erinnerungen. Er war nicht mehr so fröhlich wie früher, und es dauerte noch einige Zeit, bis wir endlich wieder zusammen unbeschwerte Nachmittage erlebten.

WAHRES ABENTEUER und zwölfter Geburtstag

Der Schuss zeriss die Stille an diesem schwülheißen Nachmittag. Ich pumpte das Luftgewehr, das ich mir von Tony Loken geliehen hatte, wieder voll und lud die nächste Kugel, während Ben zu der zuckenden Taube rannte.

»Ey, Kopfschuss! Super!«, rief er. Ben hob das angeschossene Tier auf und hielt es mir hin. »Jetzt du«, sagte er. Er hatte mir bei den beiden Tauben zuvor gezeigt, wie man einem Vogel den Kopf abreißt, sodass das Tier nicht lange leiden muss.

Ich machte also eine Faust, steckte den Zeige- und den Mittelfinger wie zwei Krallen vor und legte den Taubenkopf dazwischen.

»Und jetzt …« Ben zeigte mir noch einmal, wie man den Zeigefinger schnell gegen den Daumen presst.

Der Kopf war ab. Ich hielt den Rumpf des Vogels zum Ausbluten eine Weile mit dem Hals nach unten.

»Ey, *piking*, wie ein echter afrikanischer Jäger hast du das gemacht! Wohl ein Naturtalent, was?«

Ich grinste und wollte Ben schon die kopflose Taube geben, aber dann überlegte ich, was meine Eltern wohl für Augen machen würden, wenn ich ihnen zum Abendbrot etwas Selbstgejagtes mitbringen würde.

»Darf ich die behalten, Ben?«

»Klar, wir haben heute anscheinend einen Glückstag, da bekomme ich schon noch genug für uns zusammen.«

Ich band eine Schnur um einen der Taubenfüße, und als wir weiterliefen, spürte ich bei jedem Schritt den leichten Schlag des toten Rumpfes an meinem Schenkel. Ich war ein richtiger Jäger; das hier war kein Indianerspiel mehr, das hier war Wirklichkeit!

»Etwas tiefer im Dschungel gibt es eine Stelle, da findet man richtig viel Fleisch auf den Bäumen«, sagte Ben und lachte. *»Plenty meat in every tree, piking!«*

Der Weg wurde bald immer schmaler und führte uns durch hohes Gras. Auf unwegsamem Gelände erreichten wir nach einem anstrengenden Marsch schließlich das tiefe Dickicht des Urwaldes. In einen Chor aus Kreischen und Pfeifen von Affen und Vögeln mischte sich das unaufhörliche Summen und Brummen der vielen Insekten. Meinen Eltern würde ich bestimmt nicht erzählen, wie weit ich mich vom Waldstück, das bis an die Grenze des ELWA-Dorfes stieß, entfernt hatte, sonst dürfte ich nie wieder mit Ben losziehen. Auf gar keinen Fall würde ich das Jagen aufs Spiel setzen. Ich ließ meinen Blick durch die grünen Baumspitzen schweifen, in denen wie leuchtende Farbtupfer verschiedenes Federvieh saß. Schweiß brannte mir in den Augen, sodass ich abwechselnd blinzelte und mir mit dem Handrücken über das Gesicht fuhr.

»Nur noch ein Stück, Mikel, dann sind wir da«, sagte Ben und lief mit festem Schritt weiter.

Gebückt kämpften wir uns durch ein paar Büsche, bis wir einen Wildlauf kreuzten, dem wir noch mehrere Meter folgten. Auf einmal stoppte Ben und zeigte auf eine Falle, die ich niemals ohne seinen Hinweis entdeckt hätte.

»Hier jagt schon einer«, flüsterte er. »Sieh, da … noch eine – und sogar mit Beute.« Er entnahm der Falle den leblosen Körper eines Eichhörnchens, das sich in einer Schlinge verfangen hatte. »Na, der wird sich wundern, dass er gar nichts gefangen hat …« Bens Zahnlücke sah bei dem Grinsen, das er jetzt aufsetzte, noch schelmischer aus als sonst. »Los, weiter«, drängelte er.

Als wir eine Lichtung erreichten, ließen wir uns erschöpft an einem Baum nieder. »Ein gelungener Tag, was, Mikel?« Ben wischte sich den Schweiß aus dem Gesicht.

»Wahnsinn ...«

»Nur dem Besitzer der Fallen sollten wir nicht begegnen.« Ben machte mir vor, wie das Gesicht des Jägers aussehen würde, und wir kicherten albern. Als wir uns wieder beruhigt hatten, pumpte ich noch zwei Stöße Luft in die Kammer des Gewehrs.

Ich wollte schon vorschlagen, den Rückweg anzutreten, doch von einer Sekunde auf die andere spannte sich Bens Körper an. Er beugte sich vor und lauschte angestrengt. Etwas schien ihn zu beunruhigen. Mit Blicken tasteten wir die Blätterwände um uns herum sorgfältig ab. Ohne die Augen vom Wald abzuwenden, legte Ben seine Hand auf meinen Arm. Seine Fingerspitzen krallten sich in mein Fleisch. Merkte Ben nicht, dass er mir wehtat? Ich wollte aufstehen, aber er hielt mich am Boden.

»Hörst du?«

»Was denn? Ich höre nichts.«

»Genau, Mikel!«, zischte Ben. »Das ist das Problem! Der Urwald schweigt nie – nur bei Gefahr!«

Mir blieb vor Angst beinahe der Atem weg. Es war tatsächlich totenstill.

Wir waren in Gefahr. Aber was tut man, wenn man die Gefahr gar nicht kennt?

Ein leises Knacken im Unterholz auf der anderen Seite der Lichtung jagte meinen Puls weiter in die Höhe. Hatte der Fallensteller uns verfolgt? Oder würde im nächsten Moment ein Leopard aus einem Busch hervorspringen?

»Lauf um dein Leben, Mikel!«, schrie Ben und zog mich hoch auf die Beine. »Lauf, lauf!«

Ben trieb mich so schnell vor sich her, dass ich mehrere Male stolperte. Ich strauchelte und japste schon nach Luft, ohne zu wissen, wer oder was uns jagte.

Ein blutrünstiger Schrei hallte über die Lichtung. Panisch sahen wir uns um. Hinter uns brach eine Gestalt aus dem Dickicht, wie ich sie noch nie gesehen hatte, ein schwarzer, nackter Mann mit langem, zerzaustem Kraushaar und wirrem Blick aus blutgetränkten Augen. Er schwang eine Machete – anscheinend in der Absicht, uns zu töten!

»Oh Mist, Mist, so ein Verrückter! Lauf, Mikel, Lauf!« Bens Stimme war schrill vor Angst.

Unser Verfolger trieb uns kampfeslustig jaulend vor sich her. Wir rannten jetzt tatsächlich um unser Leben.

Mein Kopf war völlig leer, und meine Beine bewegten sich beinahe mechanisch. Plötzlich tauchte ein schmaler Flusslauf mit einer gefährlichen Strömung vor uns auf. Das Wasser schien tief genug zum Ertrinken.

»Rechts, Mikel. Rechts. Da, der Baumstamm, über den kommen wir auf die andere Seite. Lauf! Der hat mich gleich!«

Ich bog nach rechts ab und versuchte, noch schneller zu rennen, aber das war kaum möglich. Zweige schlugen mir ins Gesicht. Endlich hastete ich über die Baumbrücke. Gerade als ich am anderen Ende des Stamms angekommen war, packte mich jemand an meiner Hose, und ich ruderte wild mit den Armen, um nicht kopfüber ins Wasser zu fallen.

War jetzt alles vorbei?

»Ans Ufer!«, schrie Ben und ließ meine Hose los. Auch er strauchelte. Mit einem Satz rettete ich mich auf festen Boden, Ben fiel vor mir ins Gras. Sofort rappelte er sich auf und versuchte, den Baumstamm ins Wasser zu schieben. »Los, hilf mir!«, schrie er genau in dem Moment, als unser Verfolger das andere Ende des Stamms betrat. Wir drückten mit aller Kraft gegen das schwere Holz. Der Mann geriet ins Wanken und sprang zurück ans Ufer. Der Baumstamm löste sich und wurde vom strömenden Wasser mitgerissen. Erneut drohte uns der Mann mit seiner Machete und brüllte uns etwas in einer fremden Sprache zu. Er hob Steine vom Boden auf und warf sie nach uns. Ben und ich machten, dass wir aus der Schusslinie kamen.

Wir rannten so lange durch das Unterholz, bis wir endlich zu einem breiteren Weg gelangten. Keuchend blieben wir stehen.

Um uns herum war alles friedlich. Plötzlich musste ich lachen wie noch nie zuvor in meinem Leben. Die ganze Anspannung entlud sich in diesem Lachanfall, der mir die Tränen in die Augen trieb. Ben sah mich zunächst entgeistert an. Er blickte sich immer noch ängstlich um. Dann brach auch er in schallendes Gelächter aus. Wir sanken auf den Boden und hielten uns minutenlang die Bäuche.

Erst als wir uns wieder beruhigt hatten, bemerkten wir, dass Ben auf der Flucht seine sämtliche Beute und ich das Luftgewehr von Tony verloren hatte. Nur die Taube baumelte noch an meinem Gürtel. Egal, wir hatten diese Gefahr überstanden.

»Was war das bloß für ein Typ?«, fragte ich Ben.

»Na, das war so ein Verrückter. Die und Behinderte werden bei uns ausgestoßen. Sie leben meist einsam im Wald. Die haben keinen Kontakt zu ihren Familien. Manche sehen jahrelang keine Menschenseele. Ey, die sind unberechenbar, glaub mir!«

»Glaub ich sofort. Der hätte uns getötet, wenn er uns erwischt hätte. Der war richtig durchgeknallt.«

»Ey, hast du die Augen gesehen? Der isst bestimmt nicht nur Eichhörnchen. Wer weiß, was der sich alles reinstopft, um nicht zu verhungern! … Und hier gibt es eine Menge giftiges Zeug. Aber jetzt komm, wir gehen einen anderen Weg zurück. Das dauert zwar ein bisschen länger, aber der ist sicher.«

Da auch ich für heute genug Abenteuer erlebt hatte, nickte ich, und wir trotteten los.

Ich trabte hinter Ben her, weil der Weg so schmal war. Plötzlich musste ich an Karsten und Henrik in Sinsheim denken. Ob die mir glauben würden, was ich an einem einzigen Tag im Regenwald alles erlebte? Vielleicht würde ich meine Freunde aus der Grundschulzeit bald wiedersehen.

»Wir fliegen am Ende der Ferien für einige Zeit nach Deutschland, Ben.«

Er drehte sich um zu mir und lächelte. »Da freust du dich bestimmt.«

»Schon. Nee. Ach, weißt du, ich bin hier zu Hause. Du bist mein Freund und …«

»Ey, *piking*, du kommst doch wieder, oder?« Bens Gesicht verdunkelte sich.

»Ja, ich komme auf jeden Fall wieder«, sagte ich schnell, »aber erst nächstes Jahr um diese Zeit.«

»Eine ganze Trockenzeit und fast die ganze Regenzeit bist du weg?« Ben fuchtelte ungläubig mit den Händen in der Luft herum. »Warum denn das?«

»Das ist so üblich bei Missionaren. Nach vier Jahren in einem fremden Land werden wir auf Heimaturlaub geschickt. In Deutschland müssen meine Eltern dann erzählen, was sie in Liberia alles gemacht haben.«

»Ey, Mikel, das ist echt lange … Ich werde dich vermissen, *piking*.«

»Ich dich auch … Aber vorher habe ich Geburtstag. Du bist hiermit schon mal eingeladen. Du kommst doch?«

»Klar!«

Wir waren noch eine gute Stunde unterwegs, bis wir die ELWA-Radiotürme vor uns sahen. Im Dorf bei der Druckerei angekommen, verabschiedeten wir uns, und ich wollte Ben die Taube geben, damit er nicht mit völlig leeren Händen nach Hause kam. Er wehrte ab.

»Lass mal, *piking*. Die hast du selbst erlegt, also gehört sie dir. Ich prüfe noch schnell meine Fallen im Mangrovensumpf, dann gibt es eben Krebse zum Essen.«

Wir schnalzten die Finger zum Abschied, und ich lief unter den Palmen die Straße entlang und zu unserem Haus.

»In Frankreich ist Taubenbrust eine Delikatesse«, sagte meine Mutter, als der gebratene Vogel auf dem Tisch stand.

Angelika verzog das Gesicht.

»Bei uns in Deutschland züchten wir Tiere, und das Fleisch landet beim Metzger. Förster jagen auch Wildtiere.« Mein Vater legte jedem ein Stück Taubenbrust auf den Teller.

Ich war unglaublich stolz. Wie die afrikanischen Jungen hatte ich an diesem Tag für meine Familie gesorgt. Angeln konnte jeder. Aber eine Taube schießen …

»Mikel, was möchtest du denn an deinem Geburtstag machen?«, fragte meine Mutter nach dem Essen. »Willst du deine Freunde einladen?«

»Oh ja. Können wir nicht grillen und einen Film gucken?« Da wir keinen Fernseher hatten, war ein Film etwas Besonderes.

»Hm … Da muss ich mal schauen, ob wir uns ein Filmvorführgerät von der deutschen Botschaft in der Stadt ausleihen können«, brummte mein Vater. Sein Gesicht zeigte, dass er von meiner Idee gar nicht begeistert war.

»Ja, bitte, bitte«, drängelte ich und lächelte ihn an, so breit es ging.

An meinem zwölften Geburtstag im August 1987 stand alles für ein Gartengrillfest bereit – und mein Vater hatte sogar einen Filmprojektor ausleihen können. Doch als mich das leise Trommeln von Regen an den Scheiben aus dem Schlaf holte, ahnte ich, dass meine Feier anders ablaufen würde als geplant.

Die Regentropfen wandelten sich bald in einen nicht enden wollenden Regensturm, der einen sofort durchnässte, wenn man ohne Schutz ins Freie trat. Auf der Wiese, auf der das Fest stattfinden sollte, stand schon am Vormittag das Wasser, und der Lehmboden auf den Straßen glich einer Schlammpiste.

Außer Ben hatte ich noch Jungen aus meiner Klasse und ein paar andere liberianische Kinder aus Bens Nachbarschaft eingeladen. Meine Gäste standen alle pünktlich und völlig durchnässt in unserem Wohnzimmer.

»Ich hab den Jungs ein Grillfest versprochen«, jammerte ich meiner Mutter ins Ohr. »Und ich muss das doch halten.«

Meine Eltern tuschelten miteinander. Mein Vater machte große Augen, und meine Mutter schüttelte heftig den Kopf. Doch dann nickte sie.

Ich sah meinen Vater verschwinden. Kurz darauf kehrte er mit unserem Campingkocher ins Haus zurück.

»Würstchen braten kann man nicht nur im Garten!«, rief er und installierte das Gerät im Wohnzimmer.

Wir klatschten begeistert, und meine Mutter verteilte Gabeln für die gebratenen Würste, die trotz Rauchwolke kurz darauf einen herrlichen Duft im Haus verbreiteten. Schon jetzt hatten wir einen Heidenspaß und konnten es kaum abwarten, bis wir endlich jeder eine Bratwurst auf der Gabel hatten. Ich war stolz auf meine coolen Eltern.

Nach dem Essen baute mein Vater umständlich den Projektor auf. Ich war gespannt, welchen Film wir sehen durften.

»Rumpelstilzken«, stand groß auf der Leinwand, ein amerikanischer Film nach dem bekannten Märchen der Brüder Grimm. Meine Gäste und ich saßen auf dem nackten Betonboden, gebannt den Blick auf die Leinwand gerichtet, und lauschten der Eingangsmusik. Die meisten liberianischen Kinder hatten noch nie ein bewegtes Bild gesehen und hockten

mit offenen Mündern da. Die Story riss sie sofort mit, und bald beschimpften sie Rumpelstilzchen lauthals und schrien Warnungen an die Königstochter. Die Kinder aus meiner Klasse und ich wurden angesteckt von der Begeisterung und überschwänglichen Freude. Doch dann kam eine Szene, bei der die Liberianer entsetzt die Augen aufrissen und abrupt verstummten: Rumpelstilzchen hatte mit den Fingern geschnippt und war verschwunden. Und Letzteres taten jetzt auch meine schwarzen Gäste, sie rannten schreiend in heilloser Flucht aus unserem Haus.

Bis auf meinen Freund Ben waren nur noch die weißen Jungen aus meiner Klasse da, ebenso überrascht wie ich.

»Hey, was – was haben die denn?«, stotterte ich, als mein Vater hereinkam. Er stoppte den Film. »Also, was war denn hier los?«, fragte er uns.

»Nichts, wir haben den Film geguckt.«

»Es ist wegen Rumpelstilzchen«, sagte Ben. Und er erklärte uns, dass Liberianer Angst vor Zauberei haben. »Das Rumpelstilzchen hat sich weggezaubert. Deshalb hatten die Angst um ihr Leben, Angst, dass das Rumpelstilzchen sie auch wegzaubert.«

Mein Vater senkte betreten den Kopf. »Das wussten wir nicht, Ben. Sag das deinen Freunden, wenn du sie siehst, ja? Wir wollten ihnen keine Angst machen.«

Ben nickte.

»Gucken wir den jetzt noch weiter?«, rief Graham aus meiner Klasse.

»Ja, weitergucken!«, riefen auch die anderen.

Aber die Stimmung war bei weitem nicht mehr so gut wie mit den liberianischen Kindern.

ABSCHIED VON MIKEL

An den letzten Tagen vor Mikels Abreise fühlte ich mich beinahe krank. Wie sollte ich ein Jahr lang ohne meinen besten Freund auskommen? Wer ging mit mir auf die Jagd? Wer half mir jetzt bei den Hausaufgaben? Würde ich Mikel und seine Familie überhaupt wiedersehen?

Ich war ratlos. Und doch versuchte ich, Mikel den Abschied nicht so schwer zu machen. Denn auch er hatte große Sorgen, wie er sich in Deutschland zurechtfinden würde. »Ich kenne in Bremen doch gar keine Kinder«, klagte er. »Und wer weiß, was die in der Schule von mir verlangen. Oh Mann, Ben, ich will nicht zurück.«

Am Tag der Abreise lief ich früh am Morgen zum Haus der Familie Jentzsch. Sie hatten gepackt, Susi, der Wachhund, war bei den Nachbarn untergebracht. Sie würden jeden Moment von einem Fahrer abgeholt werden, der sie zum Flughafen bringen würde.

»Hey, Ben. Ich hab noch was für dich«, sagte Mikel und lief in sein Zimmer. Ich wartete auf der Veranda. Er kehrte mit seinem Indianerfort zurück.

»Das wollte ich dir dalassen.«

»Ey, piking. Ich freu mich jetzt schon auf den Tag, an dem wir wieder zusammen damit spielen.«

»Oh ja, ich auch, Blutsbruder!«, sagte Mikel, gab mir das Fort und die Indianerfiguren und lachte. Dann fuhr auch schon der Jeep vor. Wir nahmen uns in die Arme und klopf-

ten uns gegenseitig auf die Schultern, um uns Mut zuzusprechen.

Mikels Eltern und Angelika umarmten mich ebenfalls und wünschten mir alles Gute.

»Und verlern dein gutes Englisch nicht!«, rief Mr Jentzsch, bevor er als Letzter in den Wagen stieg.

Ich stand allein vor dem Haus, das Fort neben mir auf dem Boden. Der Fahrer startete den Motor … Mein Herz krampfte sich zusammen. Ich hob die Hand zum Abschied, als sich der Wagen Staub aufwirbelnd entfernte. Hoffentlich ging dieses Jahr schnell vorüber!

EIN JAHR HEIMATURLAUB

Missionare wie meine Eltern leben von dem Geld, das Menschen ihnen spenden. Diese Spenden werden von einer Organisation, der Missionsgesellschaft, verwaltet und verteilt. Damit die Freunde und Spender erfahren, wen die Missionare mit ihrem Geld unterstützen, besuchen diese während ihres Heimaturlaubs die Unterstützer daheim und berichten ihnen von ihrer Arbeit. Also fuhren wir nach unserer Ankunft zunächst einmal kreuz und quer durch Deutschland, um Freunden und Bekannten Liberia und das ELWA-Projekt nahezubringen. Mein Vater hielt Vorträge und zeigte Bilder, meine Mutter verteilte liberianische Handarbeiten, und wir alle sangen – in afrikanischen Kleidern – christliche Lieder. Sogar in Sinsheim machten wir Stopp, aber Henrik und Karsten traf ich nicht. Sie und ihre Eltern waren sicher längst irgendwo in der Welt auf Mission.

Als hellblonder, braun gebrannter Junge in einem bunten Afrohemd hatte ich es besonders leicht, die Herzen unserer Zuhörer zu gewinnen. Wenn ich mich nach dem Singen lächelnd verbeugte, steckte mir so manche ältere Dame ein extra Taschengeld zu.

Die Kinder, die mit ihren Eltern zu uns kamen, fragten aufgeregt, was Angelika und ich in Liberia erlebt hätten, und ich genoss die neidischen Blicke, wenn ich von meinem Strand, dem weißen Sand und den vielen Tieren berichtete, die wir in Afrika beobachtet hatten.

Nach einer Handvoll solcher Veranstaltungen und endlosen Autofahrten hatten wir Kinder bereits keine Lust mehr, uns in unseren Kostümen wie Tiere im Zoo bestaunen zu lassen und zu allen lieb und nett zu sein. Zum Glück mussten wir im September, wie alle anderen Kinder in Deutschland, zur Schule gehen, sodass wir höchstens noch an den Wochenenden bei der einen oder anderen Kirchenveranstaltung mitwirkten.

Ich kam in die 7. Klasse einer Schule in Bremen, wo der größte Teil unserer Spender und Freunde lebte. Hier wartete ich morgens vor der Kirche auf den Schulbus, der stets so voll war, dass ich meist die ganze Fahrt über stehen musste. Und es kam nicht selten vor, dass ich wegen meiner Größe oder meiner bunten Kleidung gemobbt wurde. *Nur ein Jahr, nur ein Jahr bin ich hier,* sagte ich mir jedes Mal zur Beruhigung.

Bereits nach wenigen Tagen war mir klar, dass das Schuljahr in Deutschland harte Arbeit bedeutete, wenn ich gute Noten haben wollte. Ich lag in allen Fächern – bis auf Sport und Englisch – weit hinter meinen Schulkameraden. Doch mein Ehrgeiz hielt sich in Grenzen.

Nicht selten bemerkte ich, dass in meiner Klasse hinter meinem Rücken getuschelt wurde. Ich war den deutschen Kindern wohl zu exotisch: Meine T-Shirts und Hemden hatten grellbunte Muster. Dazu kamen meine schlaksige Gestalt und die weißblonden Haare. Die anderen irritierte wohl auch die afrikanische Art, mit den Händen zu reden, die ich mir, ohne es zu merken, angewöhnt hatte.

Ich fühlte mich fremd.

Einen Brief nach dem anderen schrieb ich an meinen Freund Ben.

Lieber Ben,
wenn ich doch nur schon wieder zurück in Liberia wäre. Hier in Deutschland ist alles anders. Es ist kalt hier, es regnet stän-

dig, und ich verbringe die meiste Zeit in Häusern. Wenn ich mal rauskomme, denke ich immer nur an unseren Strand und unsere Abenteuer. Hast Du diese Woche genug Fleisch gefangen? Mist, Ben, ich vermisse dich schrecklich!!!

Dein Mikel

Lieber Ben,
ich vermisse Dich und Liberia. Hier kann ich nicht mal eben einen Vogel schießen, sondern muss mit meinen Eltern in die Stadt zum Einkaufen fahren. Echt nervig. Ich habe keine Freunde und langweile mich. Zum Glück haben wir wenigstens einen Fernseher!!! Wie viel Spaß könnten wir jetzt miteinander haben! Hoffentlich geht das Jahr schnell vorbei!

Dein Mikel

Es folgten viele solcher Briefe. Abends in meinem Bett stellte ich mir vor, wie ich mit Ben durch das Dickicht streunte oder auf einem Surfbrett über die Wellen ritt, bis mich diese vertrauten Bilder irgendwann in den Schlaf trugen.

Nur Torsten, ein Junge aus meiner Klasse, der bei allen beliebt war, kümmerte sich um mich. Dabei hätte er es gar nicht nötig gehabt, sich mit mir anzufreunden. Er half mir, wenn ich mal wieder im Unterricht nicht mitkam. Hin und wieder trafen wir uns am Nachmittag und spielten Fußball, oder ich erzählte ihm von Ben und unseren Abenteuern.

Auch die Freundschaft zu Torsten konnte mein Heimweh nach Liberia nicht mildern. Meine Sehnsucht, endlich zurückzukehren, wuchs mit jedem Tag. Als unser Abschied von Deutschland endlich nahte, spürte ich die Schwere des letzten Jahres von mir abfallen.

Meine Lehrerin organisierte mit der Klasse eine kleine Feier und bat mich zum Abschied, regelmäßig zu schreiben, was ich in Liberia erlebte. Sie wollte die Briefe der Klasse vorlesen.

Auch unsere größte Spenderkirche in Bremen verabschiedete uns mit einem Fest und mit einem Gottesdienst.

Dann war es so weit. Am Tag vor dem Abflug besorgten mein Vater und ich noch große Brandungsangeln – und ich durfte mir sogar eine eigene Harpune kaufen. Mit Geschenken für Ben im Koffer ging es endlich, endlich zurück in meine Heimat. Ich brachte ihm Matchboxautos und einen Sack Murmeln mit. Die Murmeln waren bei den Kindern Liberias besonders beliebt.

ZURÜCK AM MEER

Einzelne Sonnenstrahlen drangen durch das Blau des Ozeans. Ich sah gerade noch den Schwarm kleiner grellbunter Fische, der sich blitzschnell zu den Löchern des schwarzen Riffs flüchtete. Gleich darauf zog eine Gruppe dunkelbrauner, handflächengroßer Doktorfische unter mir her. Diese Fische werden so genannt, weil sie immer geschäftig mit dem Kopf nicken, wenn sie am Meeresboden nach Nahrung suchen. Ich folgte ihnen langsam, um sie nicht zu verschrecken.

Wie sehr genoss ich es, mich frei im Meereswasser bewegen zu können. Das hatte mir in Deutschland gefehlt – endlich war ich zurück.

Ben, der mit ein paar anderen Jungen am Ufer saß, war sofort nach meiner Ankunft zu uns herübergekommen. »Ey, mein Bruder, du bist noch größer geworden«, hatte er mich lachend mit liberianischem Handschlag und Fingerschnalzen begrüßt.

»Ja, *piking!*«, hatte ich grinsend geantwortet. Ich überragte Ben inzwischen deutlich.

»Na, dann nenn ich dich ab jetzt wohl am besten GGG – Giant German Gina, du großer deutscher Geist.« Ben grinste.

»Hört sich angemessen an«, scherzte ich zurück.

»Ich wollte dich zum Strand abholen, wie sieht's aus, GGG?«

»Ich komme mit. Auspacken kann ich immer noch! Ich bin gespannt, was inzwischen alles passiert ist. Warte, ich schnapp mir nur schnell die Badesachen.«

»Also, erzähl mal«, sagte ich auf dem Weg durch den glühend heißen Sand.

»Ey, du glaubst es nicht, aber ich habe von einem Boot aus einen großen Barrakuda geangelt. Der hätte mich fast zu sich ins Meer gezogen. Ein Riesenteil ...«

Ben fuchtelte beim Sprechen mit den Händen und klopfte mir freundschaftlich auf die Schulter – wie immer, wenn er mir etwas besonders Wichtiges erzählte. Da wusste ich, er war noch ganz der Alte.

Am Strand saßen bereits Tony und ein paar Jungen von meiner Schule sowie ein Mädchen namens Elizabeth. Sie schienen auf uns zu warten. »Wir treffen uns hier jeden Tag, seitdem Ferien sind«, erklärte Ben, als er meinen irritierten Blick sah. Das war etwas Neues, dass Ben sich mit so vielen gut verstand, wie eine richtige Clique. Ich begrüßte alle, verzog mich dann aber erst einmal zum Tauchen ins Wasser.

Rechts von mir bemerkte ich einen Rochen, der mit majestätischem Flügelschlag aus dem Sand des Meeresbodens aufstieg, wo er bewegungslos gelauert hatte. Mit ruhigen Schlägen zog er ins unergründliche Blau. *Hätte ich bloß meine Harpune mitgenommen!* Mit dem Rochen hätte ich Eindruck machen können, bestimmt auch bei Elizabeth, die neuerdings im ELWA-Internat wohnte, wie Ben beim Vorstellen erwähnt hatte. Sie gefiel mir. Ben hatte es bemerkt und mich angestoßen, weil ich sie so angestarrt hatte. In welche Klasse Elizabeth wohl kam?

Während ich an ihr süßes Lächeln dachte, fiel mir eine verwinkelte Felsformation auf. Ich schwamm kurz zur Wasseroberfläche, um noch einmal Luft zu holen, und tauchte tiefer ins kalte Blau. Mit ruhigen Zügen tastete ich mich an dem grauen Gestein entlang, bis ich etwas Seltsames unter einer Felsplatte hervorlugen sah ... Ich hatte zwar nicht mehr viel Sauerstoff in meiner Lunge, aber meine Neugierde war stärker als der Drang aufzutauchen. Ich schwamm mit dem

Kopf ganz nah an den Boden und sah zu meinem Erstaunen eine große Meeresschildkröte, die sich unter dem Felsen ausruhte. Nur ihr Kopf schaute hervor. Ich erschrak über das große Tier, stieg dann aber zum Luftholen an die Oberfläche empor, um sogleich erneut runterzugehen. Ohne darüber nachzudenken, was ich tat, zerrte ich die überraschte Schildkröte an ihrem Panzer aus ihrem Versteck hervor. Im Nu war das Tier hellwach und wehrte sich, indem es mit den Beinen ruderte und mit kraftvollen Zügen in Richtung offenes Meer schwamm. Ich wollte mir den Fang keinesfalls entgehen lassen und hielt den Panzer fest. Das kräftige Tier aber zog mich Meter für Meter mit sich ins tiefere Wasser.

Gleich brauche ich wieder Sauerstoff, schoss es mir durch den Kopf. *Wenn ich nicht in den nächsten Sekunden auftauche …* Da kam mir eine Idee. Ich versuchte, die Schildkröte in einer letzten Kraftanstrengung auf den Rücken zu drehen. *Komm schon, na los,* bettelte eine innere Stimme in mir …

Meine Lunge brannte wie Feuer, und mir wurde für einen kurzen Moment schwarz vor Augen. Endlich hatte ich es geschafft, die Schildkröte zu drehen. Der Koloss lag wie gelähmt in meinen Händen. Ich drückte das Tier hoch zur Wasseroberfläche und rang nach Luft.

»Hey … Jungs … schnell … helft mir!«, hechelte ich zum Strand hinüber. Sofort kamen Ben und Sammy ins Wasser, und gemeinsam bugsierten wir die Schildkröte an Land.

»Was habt ihr denn bloß mit der armen Schildkröte vor? Spinnt ihr?« Elizabeth stand am Ufer und schüttelte verärgert den Kopf. »Wenn ihr das Vieh nicht sofort loslasst …!«

»Hey, guck doch mal, was das für ein unglaubliches Tier …«, versuchte ich, meine Entdeckung anzupreisen, kam aber nicht weiter.

»Unglaublich arm dran ist die, so wie du die quälst. Bring die sofort zurück ins Wasser!«

Wow. Elizabeth ließ keinen Zweifel daran, dass sie alles für die Schildkröte tun würde.

»Wenn Mikel von dir als Belohnung einen Kuss bekommt, Beth, schickt er die Kleine bestimmt sofort ins Meer zurück«, sagte Sammy, strich sich das blonde Haar aus der Stirn und grinste.

»Hey, hast du sie noch alle?«

»Ein Kuss ... Komm schon«, johlten die anderen. Und: »Küssen. Küssen. Küssen.«

»Oh Mann, ihr seid ja alle total bescheuert. Aber die Schildkröte kann sterben ...«

Der Kuss war so flüchtig und so schnell vorbei, dass ich nicht mal rot wurde. Ob das als erster Kuss durchging? Schnell schob ich die Schildkröte zurück ins Wasser. Sie tauchte ab. Ich erspähte ihren Umriss noch kurz in den Wellen, dann war sie nicht mehr zu sehen.

Es hatte sich kaum etwas verändert im ELWA-Dorf, und doch war vieles anders als noch vor einem Jahr. Plötzlich waren Mädchen und Jungen nicht mehr getrennt am Strand, Sammy hatte sogar schon eine Freundin, wie mir Ben erzählte. Wir trafen uns immer öfter auch abends und sahen meist bei einem von den Jungen irgendeinen Actionfilm – meine Familie besaß nach wie vor keinen Fernseher. Sylvester Stallone war unser großer Held. Weil es zu gefährlich war, im Dunklen nach Hause zu gehen, übernachtete ich häufiger bei anderen.

Neu war auch, dass beim Surfen ein Boogeyboard zur Standardausrüstung gehörte – auch bei Missionarskindern. Sammy hatte zum Geburtstag sogar ein richtiges Surfbrett bekommen, nur Ben und ich hatten noch immer keine eigenen Bretter.

Ich freute mich an jedem Morgen aufs Neue, dass ich in diesem einfachen Haus in diesem kleinen Radiodorf in Liberia erwachte und nicht in einer Wohnung in Bremen oder sonst wo in Deutschland. Bis die Schule anfing, wollte ich die Tage komplett draußen verbringen. Meine Eltern und Angelika, die einen anderen Freundeskreis hatte als ich, sahen mich meist nur zum Abendessen. Ben, Sammy, Tony, Jamie und ich verabredeten uns jeden Tag neu, heute extra früh, weil wir zum Cooper Beach wollten, einem wahren Paradies für Wellenreiter. Bevor die Profis kamen, wollten wir trainieren.

Wir trafen uns vor Sammys Haus und liefen am Strand entlang durch die gleißende Morgensonne, die jedes einzelne nasse Sandkorn wie einen Diamanten zum Funkeln brachte. Nach einem halbstündigen Marsch erreichten wir Cooper Beach, stürzten uns an einer geeigneten Stelle übermütig ins warme, blaue Wasser und paddelten aufs offene Meer hinaus. Weit draußen, wo der Meeresboden fünf Meter unter uns lag, gab es die besten Wellen.

Immer wieder schwang ich mich auf Sammys altes Boogeyboard und versuchte, in den haushohen Wellen, die mit roher Kraft Richtung Ufer rauschten, einen 360-Grad-Dreher. Nach zwei Stunden gab ich erschöpft auf und ritt eine Welle bis zum Strand. Unter den Palmen lagen schon Ben und Jamie im warmen Sand ausgestreckt. Ich setzte mich zwischen sie und guckte aufs Meer, wo Sammy und Tony in einem Wellental auf ihren Brettern saßen. Ich spritzte den beiden neben mir ein paar Wassertropfen auf die sonnenheißen Rücken, was ihnen aber nur ein genervtes Stöhnen entlockte, bevor auch ich mich in den Sand fallen ließ, wo ich zufrieden vor mich hin döste.

»Hey, GGG, guck mal«, hörte ich Ben plötzlich wie aus weiter Ferne, »Sammy und Tony, die winken schon die ganze Zeit …« Ich blinzelte zu Ben rüber, der grüßend den Arm hob. Ich schaffte es gerade, meinen Unterarm leicht anzuwinkeln, alles andere war zu viel verlangt.

»Mikel, jetzt guck doch mal. Die wedeln wie verrückt mit den Armen.« Bens Stimme klang besorgt.

»Hat einer von denen einen Krampf?«, fragte ich, blieb aber weiterhin liegen.

»Jamie, jetzt guck du doch wenigstens mal«, sagte Ben in einem Ton, der keinen Aufschub mehr duldete. Und dann brüllte er: »Habt ihr das gesehen?«

»Oh, Mann, das darf nicht war sein!«, schrie jetzt Jamie, und ich schoss aus meinem Dämmerschlaf hoch. Benommen tastete ich mit den Augen das Meer ab. »Ich kann nichts –«, setzte ich an und verstummte. Eine graue dreieckige Rückenflosse glitt in unmittelbarer Nähe von Sammy und Tony pfeilschnell durchs Wasser.

»Haie. Da draußen sind Haie!«, schrie Jamie.

Wir hechteten zum Ufer. Sammy versuchte, sich aufs Brett zu stellen, stürzte aber wieder und wieder ins Wasser.

Die Flosse war plötzlich verschwunden.

»Mist! Was tun wir jetzt?« Jamie rannte wie ein aufgescheuchtes Huhn hin und her.

»Los, kommt!«, rief ich und holte die Boogeyboards. Wir liefen ins flache Wasser und schlugen laut mit den Brettern auf die Wasseroberfläche, um den Hai abzulenken. Außerdem brüllten wir aus Leibeskräften. Die Flosse tauchte abermals neben Sammy auf und umkreiste ihn.

»Guckt, Tony, der zeigt auf was!«, rief Ben.

Eine zweite Rückenflosse war zwanzig Meter entfernt von den beiden aus dem Wasser aufgestiegen. Inzwischen waren Sammy und Tony aus dem Wellenbereich in tieferes Wasser getrieben worden und konnten sich nur noch paddelnd fortbewegen.

»Legt eure Bretter nebeneinander!«, schrie Jamie und zeigte mit Handgesten, was er meinte. »Quer drüberlegen!«, schrie er.

Die beiden hantierten hektisch mit ihren Brettern, aber der Auftrieb war zu gering, und die Beine der beiden hingen im Wasser. Die Haie kreisten langsam um ihre Opfer, während wir immer verzweifelter unsere Bretter aufs Wasser schlugen. Auf einmal drehten die Tiere ab und verharrten zehn Meter von den Jungen entfernt.

»Hey, die greifen doch wohl nicht an!«, schrie Jamie. »Scheiße, was haben die vor?«

Mir blieb das Herz beinahe stehen.

Wie gebannt starrten wir alle auf die Rückenflossen. Im nächsten Moment schossen sie wasserspritzend auf unsere Freunde zu. Wir konnten nichts mehr tun. Jamie brüllte hysterisch, Ben hielt sich panisch den Kopf. Ich lief weiter ins Meer hinein. Auf einmal sprangen zwei glänzende Körper aus dem Wasser und tauchten in hohem Bogen galant wieder in das Blau ein – Delfine!

Wir kreischten vor Schreck und Erleichterung und begriffen nur langsam. Sammy und Tony saßen wie versteinert auf ihren Brettern. Es dauerte eine ganze Weile, bis sie die Kraft wiederfanden, an Land zu paddeln.

Mikel und seine Familie kamen wirklich zurück nach Liberia. Trotz der vielen Briefe von Mikel hatte ich bis zuletzt befürchtet, ihn nie wiederzusehen. Die Jentzschs wären sicher nicht die erste Missionarsfamilie gewesen, die nach ein paar Jahren in Afrika für immer verschwand. Als Mikel vor mir stand, konnte ich kaum glauben, dass das mein kleiner Freund war. Ich musste zu ihm aufschauen, obwohl ich zwei Jahre älter bin. Gleich am ersten Tag gingen wir zum Strand, und es war wie früher – Mikel sorgte dafür, dass immer etwas los war, und wir hatten jede Menge Spaß. Jetzt wusste ich ganz genau, was ich in dem letzten Jahr vermisst hatte.

Mikel war mein bester Freund. Er setzte sich wie zuvor für mich ein und nahm mich mit, wenn er sich mit anderen Weißen traf. So kam es auch, dass ich zu den legendären Crab-bashings mitkommen durfte, die eigentlich den weißen Jugendlichen vorbehalten waren. Mit Schaufeln und Taschenlampen ausgerüstet trafen wir uns abends am ELWA-Strand, ein, zwei Erwachsene als Aufsicht waren auch dabei. Im Mondlicht machten wir Jagd auf Sandkrebse, die bei Dunkelheit zu Tausenden herumkrabbelten. Besonders begehrt waren die Granddaddys, faustgroße Krebse, die ebenso flink waren wie die kleineren. Wenn der Strahl einer Taschenlampe sie ins Visier nahm, verschwanden sie fluchtartig im Sand, um in ihren Gängen Schutz zu suchen.

Hatte ein Junge beobachtet, wo ein Krebs abgetaucht war, rief er seine Gruppe zusammen. Einer versuchte dann, das Tier auszubuddeln. Er musste dabei schon mal ein, zwei Meter tief graben, während der Rest der Gruppe darauf lauerte, dass der Krebs wieder auftauchte, um ihm mit der Schaufel einen tödlichen Schlag zu versetzen. Doch meist schaffte es das Tier, in ein anderes Loch zu flüchten. Es war nicht immer klar, wer wen durch den Sand jagte.

Wir sammelten die Krebse in einer Kiste und verwendeten sie an den nächsten Tagen als Angelköder. War die Kiste voll, ließen wir uns völlig nassgeschwitzt im Sand nieder, betrachteten den Mond und unterhielten uns; Mutige kühlten sich im Meer ab. Ich traute mich nicht ins Wasser, weil ich in der Nacht die Seeigel, Muränen, Felsen und andere Gefahren nicht sehen konnte; mein Freund Mikel aber war meist als einer der Ersten im Wasser.

Häufig hatten wir das Glück, in solchen Nächten die Wellen strahlen zu sehen. Eine Planktonart sendet nämlich bei jeder Bewegung Leuchtimpulse aus. Wir rannten ins flache Wasser, durchtränkten unsere Kleidung mit dem Planktonwasser und tanzten wild über den dunklen Strand, bis das Plankton erlosch und wir die Leuchtkraft im Meerwasser auffrischen mussten. Irgendwann schlug einer vor, im Dunkeln Leuchtfußball zu spielen – ein Riesenspaß.

Weihnachten stand vor der Tür. Da in Liberia im Dezember der Höhepunkt der Trockenzeit erreicht wird, herrschte nun tagsüber eine Hitze von ungefähr 40 Grad. Pünktlich, wie ich es aus den anderen Jahren kannte, schmückten die amerikanischen Missionarsfamilien am 1. Dezember ihre Fenster mit bunten, blinkenden Lichterketten und stellten Weihnachtsmänner und Rentiergespanne aus Plastik in ihren Gärten auf. Wir hatten uns darüber in den ersten Jahren lustig gemacht. Jetzt freute ich mich aber über den Kitsch. Außerdem soll, wer im Glashaus sitzt, nicht mit Steinen werfen: Meine Eltern hatten eine Nordmanntanne aus Deutschland mitgebracht – ebenfalls aus Plastik.

Es hatte sich herumgesprochen, dass man bei uns echte deutsche Weihnachten erleben konnte. Auch diesmal kamen viele Besucher zu uns, bewunderten unsere Strohsterne und lauschten unseren Adventsliedern.

Als die Gemeinde beim Weihnachtsgottesdienst »Stille Nacht, heilige Nacht« extra für uns mit deutschem Text anstimmte, konnten Angelika und ich unser Lachen nicht unterdrücken. »Stille Nackt, heilige Nackt« sangen unsere Freunde inbrünstig. Selbst unsere Eltern schafften es kaum, ernst zu bleiben.

Angelika und ich freuten uns, dass wir schon am 24. Dezember unsere Geschenke auspacken durften. Als wir das laut in der Schule verkündeten, ernteten wir neidische Blicke. Die anderen feierten – wie in Amerika üblich – den Christmasday am 25. Dezember.

In diesem Jahr wurde unsere Bescherung von lauten Rufen unterbrochen. Ich lief neugierig zur Tür und blickte durch das Moskitogitter hinaus auf die dunkle Straße. Mehrere liberianische Kinder rannten mit Eimern in Richtung Strand und sammelten dabei eifrig Sachen vom Boden auf.

»Da scheint jemand irgendetwas zu verschenken«, meinte mein Vater, der hinter mir stand und das Spektakel nun ebenfalls verfolgte. »Geh doch mal gucken, was da los ist.«

Auf der Straße sah ich, dass der ganze Boden in Richtung Meer mit schwarzen Punkten bedeckt war – die sich auf die Häuser zubewegten. Ich schritt vorsichtig näher heran und hob ein schwarzes Etwas auf. Ganz weich fühlte es sich an. Im Licht der Veranda begutachtete ich meinen Fund.

»Eine Babyschildkröte ... ist die süß.« Angelika streichelte begeistert das kleine Wesen auf meiner Hand.

»Die muss frisch geschlüpft sein!«, sagte meine Mutter und beugte sich über das graubraune Geschöpf. »Der Panzer ist noch gar nicht richtig ausgebildet.«

Es schienen Hunderte von Babyschildkröten auf dem Weg ins Dorf zu sein.

»Ich hole einen Eimer!«, jauchzte Angelika und lief ins Haus.

»Aber was machen wir mit den ganzen Schildkröten?«, fragte ich verdutzt.

Den gleichen Gedanken hatten meine Eltern.

Es liefen inzwischen ganze Gruppen von liberianischen Kindern mit Eimern bewaffnet in Richtung Strand.

»Die Einheimischen werden bestimmt Schildkrötensuppe kochen«, vermutete meine Mutter.

»Oh nein, die armen Babys!«, rief Angelika entsetzt und ließ ihren Eimer sinken. »Wir müssen die retten! Wo doch schließlich Weihnachten ist!«

Jetzt war mein Sportsgeist geweckt.

Sofort sprinteten wir los und sammelten so viele Schildkrötenbabys wie möglich ein. Dann holte Angelika unser Taschengeld, und wir versuchten, den Liberianern die Schildkröten, die sie gefangen hatten, abzukaufen. So retteten wir weitere fünfzig Schildkröten vor dem Kochtopf. Gemeinsam mit unseren Eltern setzten wir die Tierchen in einer kleinen Bucht nah am Wasser aus.

Noch Tage danach sprachen wir von diesem Erlebnis, das die Bescherung in den Hintergrund gedrängt hatte.

Unser Biologielehrer erklärte uns später, dass die Schildkröten nach dem Schlüpfen ihrem Instinkt folgend zur stärksten Lichtquelle wandern. Da dies in der Natur der Mond ist, der sich auf der Wasseroberfläche spiegelt, wandern die Schildkröten zum Meer. Da aber die Weihnachtslichter hell geleuchtet hatten, waren die Schildkröten auf die Häuser zugelaufen.

HIGHSCHOOLJAHRE

Die achte Klasse an der ELWA-Academy war die Abschlussklasse. Ich genoss dieses letztes Jahr als *»senior«* auch deshalb, weil unsere Klasse fast jeden sportlichen Wettkampf an der Schule gewann. Der Zusammenhalt war zum Ende hin so stark wie nie zuvor.

Da ein großer Teil der Schüler der ELWA-Academy zur Highschool wechselte, die vor zwei Jahren neu auf dem ELWA-Gelände gebaut worden war, verlor ich kaum einen meiner Schulfreunde. Angelika war als eine der Ersten auf die West African Christian High School (WACHS) gewechselt und trug seitdem gern das T-Shirt mit dem Symbol der Schule: die Silhouette eines Zulukriegers. Stolz zog auch ich mein Schul-T-Shirt an. Ich konnte kaum erwarten, endlich Mitglied der *WACHS-Warriors* zu werden, also der Krieger, wie sich die Sportmannschaften nannten.

Zum Glück hatten die verschiedenen Sportkurse einen bedeutenden Anteil am Unterricht – es verging kein Tag, an dem ich nicht eine Ballsportart ausübte und schwimmen, tauchen oder surfen ging. Lediglich ein Kreislaufkollaps konnte mich stoppen, da ich auch bei über 40 Grad Celsius alles gab, sobald ich meine Turnschuhe zugeschnürt hatte. Mein Sportlehrer, Mr Corbin, den wir Jungen alle richtig cool fanden, ging abends auch mal mit uns surfen. Er kannte unglaubliche Tricks auf dem Surfbrett und genoss unsere bewundernden Blicke.

»Hey, Mikel«, sagte er eines Abends, als ich mich nach einem Beachvolleyballturnier neben ihn in den Sand setzte, »bei deiner Größe solltest du Basketball spielen.« Ich war schon über einen Meter achtzig groß.

»Nee, das ist nichts für mich. Ich kann höchstens als Vogelscheuche unter dem Korb auftrumpfen«, wehrte ich ab. »Beim letzten Basketballspiel hatte ich null Treffer.«

Aber Mr Corbin ließ nicht locker und bestellte mich für den nächsten Nachmittag zum Training der *WACHS-Warriors*-Basketballmannschaft. »Und du kommst, hörst du! Sonst lass ich dich durchrasseln!«, drohte er mir.

Dass ich jedoch wie die meisten weißen Jungen nicht hoch springen konnte, wussten dank eines Artikels und eines Fotos in der Schülerzeitung bald alle. Bei einem Schulturnier gegen das Basketballteam einer öffentlichen Highschool in Monrovia war ich gerade in dem Moment abgelichtet worden, als ein gegnerischer Spieler, ein schwarzer Hüne, an mir vorbei in die Höhe schwebte – seine Füße auf Linie mit meiner Hüfte. »Hey, Mikel, fliegen müsste man können … Klebst wohl am Boden fest …« Dieser und andere Sprüche prasselten auf mich ein. Da half nur, weiterzutrainieren und besser zu werden …

Im Sport heimste ich immer mehr Erfolge ein. Ich hoffte, damit auch endlich bei einem Mädchen punkten zu können – Beth. Aber es dauerte über ein Jahr, bis sie sich endlich einmal mit mir allein traf. Und das kam ganz anders, als ich es mir erträumt hatte.

Sammy und ich hatten uns zu einem Wrestlingkurs angemeldet, also zum Ringen. Unser Lehrer war ein kleiner gedrungener Exwrestler namens Mr Hurst, der ein soziales Jahr in Liberia absolvierte. Er brachte uns einmal pro Woche die Grundlagen des Ringens bei. Außer uns war noch Serge aus meiner Klasse bei diesem Training. Es war der Sohn eines reichen holländischen Geschäftsmannes, der in Liberia lebte.

Um Serge rissen sich die Mädchen, er sah gut aus, war groß und kräftig und trug immer die neuesten Klamotten. Wegen meiner Größe teilte mich Mr Hurst als Trainingspartner für Serge ein, obwohl dieser um einiges muskulöser war.

Serge und ich mochten uns nicht. Vielleicht stachelte mich das zusätzlich an, jedenfalls versuchte ich verbissen, nicht ständig zu verlieren. Eines Nachmittags schaffte ich es tatsächlich, ihn mehrere Male hintereinander auf die Matte zu schmeißen.

Serges Gesicht verdüsterte sich zusehends, und als ich einen Moment lang abgelenkt war, gelang ihm ein schmerzhafter Aufgabegriff von hinten, der sogenannte Bananasplit. Dabei zog er meinen Kopf immer weiter zu sich und drückte mir seine Knie in den Rücken. Ich war ihm hilflos ausgeliefert und landete Sekunden später auf dem Boden, was den Regeln nach das Ende des Kampfes bedeutete. Serge ließ aber nicht locker. Wütend überdehnte er meinen Nacken immer mehr, es knackte in meinem Rücken, und ich sah Sterne. Ich versuchte zu schreien, röchelte aber nur. Dann wurde mir schwarz vor Augen.

Ich kam wieder zu mir, als mir jemand Wasser ins Gesicht spritzte. Ich sah in Mr Hursts besorgtes Gesicht. »Junge, kannst du deinen Kopf bewegen?«

Unter Schmerzen drehte ich meinen Kopf vorsichtig hin und her. Erleichtert hielt mir Mr Hurst die Flasche zum Trinken hin.

Jetzt erst nahm ich Sammy wahr, der neben mir auf dem Boden saß. Als Mr Hurst aufstand, um das Training offiziell zu beenden, sagte Sammy: »Mikel, da hast du echt Glück gehabt. Wenn Mr Hurst nicht quer durch die Halle gesprungen wäre und Serge mit einem Fußtritt von dir gelöst hätte …«

»Wo ist der denn jetzt?« Ich sah mich unsicher um.

»Der ist abgehauen. Mann, der ist durch die Halle geflogen, so hat Mr Hurst den weggetreten. Ich dachte schon, du bist tot. Du hast dich gar nicht mehr gerührt.«

Serge wurde auf immer und ewig vom Wrestling gesperrt.

Ich jedoch erhielt in den nächsten Tagen viel Zuwendung von den Mädchen aus meiner Klasse und von Beth, die von Serges brutalem Angriff gehört hatte. Ich erkannte, dass Mädchen ganz anders ticken, als ich es mir vorgestellt hatte.

Nach der Schule war ich meist mit Ben und den anderen am Strand. Samstags gingen wir jagen und verspeisten die Beute anschließend, wir angelten Krebse im Urwaldfluss und kochten später auf einer offenen Feuerstelle am Strand Suppe aus ihnen. Wir schossen Vögel und brieten sie, aßen geröstete Froschschenkel, und als Nachtisch pflückten wir Mangos oder Papayas oder schlugen mit der Machete Kokosnüsse von den Palmen.

War ich beim Sport immer ein fairer Kämpfer, der seine Grenzen kennt, so verspürte ich beim Jagen öfter die pure Lust am Töten der Tiere. Wie Actionhelden streiften wir durch das Grün des Regenwaldes auf der Suche nach *meat*. Aber ich musste meine Familie nicht ernähren, und ich hatte dies auch nicht im Sinn.

An einem Samstag lieh ich mir wieder einmal ein Luftgewehr von Tony. Da Ben seinem Schwager bei einer Arbeit helfen musste und Tony mit seiner Familie übers Wochenende weggefahren war, ging ich allein zum Jagen.

Ich erinnerte mich an eine wilde Ballerei in einem Film, den wir kürzlich gesehen hatten. Wie besessen begann ich, alles abzuknallen, was mir in die Schusslinie geriet: Eidechsen, Krebse, zwei Vögel … Auf einer Lichtung stehend, traf ich einen wunderschönen braunen Falken mitten im Flug. Ich hob das sterbende Tier auf und riss ihm den Kopf ab, damit es ausblutete. Das Blut rann mir bis zum Ellenbogen. Stolz machte ich mich mit meinem besudelten Hemd auf den Weg nach Hause. Als ich in der Ferne meine Mutter auf der Veranda sah, beschloss ich, so zu tun, als hätte ich mich verletzt.

Brüllend rannte ich auf sie zu: »Mama, ich blute! Hilfe! Ich habe mich angeschossen!«

Meine Mutter bekam einen furchtbaren Schrecken und quittierte mein Lachen mit einer schallenden Ohrfeige. Sie fand meinen Scherz alles andere als komisch. Noch nie hatte mich meine Mutter geschlagen.

Am Abend nahmen mich meine Eltern beiseite.

»Mikel, wir machen uns Sorgen! Du solltest nicht einfach aus Spaß töten«, sagte meine Mutter und legte ihre Hand auf meine.

»Aber ich …«, setzte ich zu einer Gegenrede an.

»Kein Aber! Ab jetzt wirst du nur noch Tiere schießen, die du auch selbst isst! Klar, mein Sohn?« Meine Mutter sah mich ernst an.

»Ansonsten darfst du gar nicht mehr jagen!«, fügte mein Vater hinzu.

»Aber die Eidechsen sind doch echt eine Plage!«, rief ich zu meiner Verteidigung.

»Es bleibt bei der neuen Regel!« Mein Vater hob die Stimme, und ich hielt es für klüger, nichts zu erwidern.

Die Regel meiner Eltern interessierte mich nicht, und ich schoss weiter, was mir vor das Gewehr oder die Schleuder kam. Nur erzählte ich davon zu Hause nichts mehr und brachte nur noch selten die Beute mit, sondern überließ sie Ben.

Doch dann hatte ich einen großen Fischreiher erwischt, den ich voller Stolz nach Hause trug.

Paul, unser Gärtner, musste mir den Vogel zubereiten. Ich dachte zuerst, meine Eltern würden mir nur drohen, doch als ich Paul das Federvieh auf dem Hof rupfen sah, wurde mir übel.

Nach dem zähen Braten drehte sich mir der Magen um, und ich bekam Bauchkrämpfe. Das alte Tier bescherte mir zwei Tage lang Durchfall.

Diese Lektion saß.

Vernünftiger wurde ich danach aber nicht, im Gegenteil. Ich forderte noch so manches Mal das Schicksal heraus. Während der Regenzeit im Juli 1989 ging ein schwerer Sturm auf die liberianische Küste nieder. Dunkle Wolken türmten sich über dem grauen Meer auf, und der Wind peitschte es immer höher. Die Wellen erreichten bis zu fünf Metern Höhe und überschlugen sich schäumend. Es herrschte striktes Badeverbot an allen Stränden. Ich saß gelangweilt in meinem Zimmer und malte Figuren auf das salzverkrustete Fensterglas. Plötzlich tauchte wie aus dem Nichts eine Fratze an der Scheibe auf. Erschrocken sprang ich zurück. Trent, ein älterer Junge aus meiner Schule, den ich oft beim Surfen traf, grinste mich durch die regennassen Scheiben an. Ich winkte ihn zur Veranda, und dort gaben wir uns erst mal *high fives*.

»Hast du die Wellen in der Bucht gesehen? Wahnsinn, Mikel!«

»Ja, gigantisch. Bist du schon mal solche Monster geritten?«

Wir stachelten uns gegenseitig an. Trent zeigte auf sein Boogieboard, das er vor der Veranda abgelegt hatte. »Bei dem Wetter ist niemand am Strand. Keiner merkt etwas.«

»Du bist völlig verrückt!«, zischte ich.

»Komm schon. Hol deins, und ab geht's.«

Ich zögerte nur kurz. Lautlos huschte ich durchs Haus und zog mich um. Meine Eltern bemerkten nichts. Wenig später rannten Trent und ich im strömenden Regen zur Bucht.

So aufgewühlt hatte ich das Meer noch nie gesehen.

Trent blickte mich noch einmal prüfend an, dann rannte er schreiend in die tosenden Wassermassen hinein und warf sich auf sein Brett. Ich lief brüllend hinterher und stürzte mich in den nächsten schäumenden Brecher. Wir gewöhnten uns schnell an den Wellengang und nahmen bald die erste große Welle.

Wir schafften es bis auf die Spitze der Welle und rasten seitlich an ihr hinunter. Trent johlte und prustete, dann verschwand er in der Welle und tauchte Sekunden später lachend hinter mir wieder auf. Ich lenkte mein Brett aus der Welle hinaus und wollte schon die nächste nehmen, als ich einen Palmenstamm auf uns zurasen sah. »Pass auf, Trent!«, schrie ich, bevor ich im letzten Moment tief untertauchte. Der Stamm streifte mein Brett, verhakte sich kurz in der Schnur, die an meinem Bein befestigt war – und verschwand in den Wellen.

Trent schaute dem Holz hinterher und johlte.

Ich pfiff ihm zu und gab ihm Zeichen. Weiter hinten türmten sich noch höhere Wellen.

Trent verstand sofort und lachte.

Während die schwarzen Regenwolken immer tiefer sanken, paddelten wir mit unseren Brettern hinaus aufs offene Meer. Als ich mich umdrehte, wunderte ich mich, wie weit wir uns in der kurzen Zeit schon vom Land entfernt hatten. Die Palmen waren nur noch kleine grüne Punkte und der Strand eine feine weiße Linie.

»Hey, Trent, lass uns zurückschwimmen!« Wir wussten beide, dass es weiter draußen Haie gab. Er nickte.

Aber sosehr wir auch paddelten, wir kamen dem Strand nicht näher.

»Was ist denn das für eine Hammerströmung?«, erkannte Trent das Problem richtig.

Wir gaben alles. Unsere Kräfte schwanden, sonst tat sich nichts. Wir waren etliche Kilometer vom Ufer entfernt. Schweigend rangen wir um unser Leben. Ich sah auf meine Uhr. Wir hatten nur noch eine Stunde Zeit, um im Hellen das Land zu erreichen. Bei Dunkelheit wären wir endgültig verloren.

»Komm, Trent. Kämpfe!«, schrie ich meinen Freund an. »Ich erzähl allen Mädels an der Schule, was für ein Schlappschwanz du bist, wenn du nicht kämpfst!«

Seite an Seite paddelten wir gegen die Strömung an, aber es half nichts.

Erschöpft ruhten wir uns für einen Moment auf unseren Brettern aus. »Ich will nicht so sterben, Mann!«, brach es plötzlich aus Trent heraus.

»Mensch, Alter, ich auch nicht!«, brüllte ich zurück. Panik ergriff mich.

Ich dachte nur noch an die vielfältigen Möglichkeiten, im Wasser zu Tode zu kommen. Ertrinken, Bewusstlosigkeit mit anschließendem Ertrinken, Haiangriffe mit blutig geschäumtem Wasser ... Ich zitterte vor Angst.

»Ich will jetzt noch nicht sterben!«, schluchzte Trent. Er war genauso am Ende wie ich.

»Komm, Mann! Ein letzter Versuch!«, schrie ich und schwamm los. Trent folgte mir. Wieder versuchten wir, uns gegen die Kraft des Meeres zu stemmen.

»Uaaah! Meine Wade!« Das hatte noch gefehlt; meine Beinmuskulatur begann verrückt zu spielen. Mit größter Mühe schaffte ich es, mich an der Wasseroberfläche zu halten.

Trent kämpfte sich zu mir vor.

Endlich ließ der Krampf ein wenig nach ... oder spürte ich das Bein nur nicht mehr richtig?

Trent band unsere Boards zusammen. Wir waren so weit draußen im offenen Meer, dass wir den Strand nicht mehr sehen konnten. Wir wussten nicht einmal mehr, in welche Richtung wir schwimmen sollten, so verloren waren wir. Jedes Mal, wenn sich die Oberfläche neben uns bewegte, schwante uns, dass ein Haiangriff bevorstand, und wir schrien panisch.

Schließlich gaben wir auf. Leise schluchzend warteten wir auf den Anbruch der Nacht.

Ich sah noch einmal meine Familie vor mir, meinen Freund Ben und Beth ... als Trent anfing zu beten.

»Vater unser, der Du bist im Himmel ...«

Ich stimmte verzweifelt ein. Auf einmal schöpfte ich neue Hoffnung.

»Hey, Trent, unsere Eltern sind Missionare, und sie sind hierhergekommen, um anderen von Gott zu erzählen, richtig?«

»Ja ... aber was hilft uns das?«

»Wenn die in Deutschland und Amerika alles aufgegeben haben, um hier zu leben, dann muss da doch was dran sein, oder? Wenn die nicht dran glauben würden, dann wären die doch nicht hier! Ich fordere Gott heraus! Gott – wenn es Dich gibt – rette uns! Rette uns jetzt, und wir werden unser Leben lang an Dich glauben!«

»Oh ja, Gott!«, schrie Trent. »Wenn Du uns rettest, werde ich Missionar wie meine Eltern!«

»Aber Gott« – es wird gleich dunkel! Wir können nicht ewig warten! Bitte rette uns in zehn Minuten!«, brüllte ich den schwarzen Wolken zu.

»Rette uns JETZT!«, keuchte ich mit letzter Kraft und sah auf meine Uhr.

Trents Kopf verschwand wieder und wieder im Wasser. »Halte durch, Mann!«, japste ich. »Gib nicht auf!«

Nach neun Minuten hatte sich an unserer verzweifelten Lage noch immer nichts geändert. Aber dann – nach neun Minuten und dreißig Sekunden – war mir, als ob etwas an mir zerrte. Auch Trent hob unsicher den Kopf: »Die Strömung hat sich gedreht! Mikel, wohin werden wir gezogen?«

Ich ließ mich von einer Welle tragen. Oben auf ihrem Kamm gleitend sah ich eine feine weiße Linie, den Strand. Vor Freude schluchzte ich. Wir lagen uns in den Wellen in den Armen und lachten hysterisch vor Glück. Mit letzter Kraft versuchten wir zu schwimmen – und diesmal zeigte die Anstrengung Wirkung! Wie von einer unsichtbaren Hand wurden wir gezogen. *Danke, Gott, dass es Dich gibt, und dass Du Dich um uns kümmerst!*

Bei Einbruch der Dunkelheit spürten wir endlich wieder Sand unter den Füßen und stolperten ans rettende Ufer. Zitternd und keuchend lagen wir im nassen Sand und weinten vor Erleichterung und Freude.

Wir schworen beide, unser Leben ab jetzt Gott zu widmen.

FRÜHJAHR 1990 – EVAKUIERUNG

Ich erwachte um 6 Uhr morgens an einem gewöhnlichen Schultag. Draußen rauschte die Brandung. Doch dann nahm ich noch ein anderes Geräusch wahr ... Tacktacktack ... Tacktacktack ... Durch die offenen Türen hörte ich meinen Vater im Schlafzimmer nebenan husten.

Tacktacktack.

Ich versuchte, nur den Wellen zu lauschen, als mein Vater rief: »Michael, geh doch bitte mal auf dem Dachboden nachschauen, ich glaube, wir haben eine Ratte gefangen!«

Ich stöhnte. Mein warmes Bett wegen einer Ratte verlassen zu müssen, ärgerte mich.

Müde stapfte ich mit meiner Taschenlampe die Klappstiege hoch, leuchtete verschlafen in die Fallen, konnte aber nichts entdecken. Erleichtert darüber, dass ich so früh am Morgen kein Nagetier ins Jenseits befördern musste, stieg ich wieder hinab und wollte mich noch für ein paar Minuten zurück ins Bett begeben.

Tacktacktack ...

»Michael! Geh doch bitte mal gucken!«, rief mein Vater streng.

»Ich war schon oben, Papa – da ist nichts.«

Er murmelte etwas Unverständliches und stellte das Radio an.

Den Statikgeräuschen und dem Überspringen verschiedener Stationen folgte die Stimme eines Nachrichtensprechers.

Das Radio wurde lauter gedreht, und ich konnte mithören, was gemeldet wurde: »*We are in control, we are in control. The government soldiers are doing mopping up operations in Nimba and are in control of Liberia and ...*« – Dann folgte abermals Statikrauschen. Plötzlich wusste ich, woher die Geräusche stammten. Schüsse in der Stadt!

Sofort erinnerte ich mich an den Putsch, nach dem die Gios, zu denen auch Ben und seine Familie gehörten, verfolgt und diskriminiert worden waren. Ob wieder solch ein Angriff auf die Regierung Liberias stattgefunden hatte?

An Schlaf war nun nicht mehr zu denken. Am liebsten wäre ich sofort zu Ben rübergelaufen, aber ich musste mich für die Schule fertig machen. Vielleicht erfuhr ich dort mehr.

Auf dem Schulhof steckten alle die Köpfe zusammen. Kein lauter Gruß, kein Lachen. Gerüchte und Vermutungen wurden ausgetauscht, auch in meiner Clique. Unser Lehrer Mr Gates erzählte uns, dass es einen Aufstand gegeben habe, aber kein Grund zu Besorgnis bestünde. Wir könnten erst einmal nur abwarten, alles würde sich schon wieder beruhigen.

Die Stimmung in den nächsten Tagen war gedrückt. Nach einer Woche hörten wir das Gerücht, dass Regierungssoldaten 200 Gio-Kinder aus dem SOS-Kinderdorf in Monrovia an einem nahe gelegenen Strand lebendig begraben hätten.

Wir Jungen erfanden noch ein paar grausige Details hinzu und versuchten, mit unseren Geschichten die Mädchen zu erschrecken, was auch gelang. Ich galt inzwischen offiziell als Freund von Beth und nutzte schamlos aus, dass sie sich die Geschichten so zu Herzen nahm. Ihre Hand in meiner, begleitete ich sie dann immer nach Hause.

Trotz der Gerüchte über Bluttaten der Regierungssoldaten schienen alle um mich herum überzeugt zu sein, dass die Unruhen bald wieder vorbei wären. Doch am 27. April startete das erste Evakuierungsflugzeug vom Robertsfield

International Airport – eindeutiges Anzeichen dafür, dass die Sicherheit in Liberia weiterhin bedroht war.

Die Leitung des WACHS verlegte das Ende des Schuljahres auf den 3. Mai vor. Die Schüler brachen in Jubel aus. An diesem letzten Schultag sollte auch die Abschlussfeier für diejenigen stattfinden, die die Highschool verließen – zu ihnen gehörte Angelika. Zwei Tage vor der Feier schickte meine Mutter meinen Vater und meine Schwester nach Monrovia, um noch in letzter Minute eine Robe für ihren Abschluss zu besorgen und das WACHS-Symbol in einen Goldring gravieren zu lassen.

Als die beiden aus der Hauptstadt zurückkehrten, hörte ich meinen Vater schimpfen. »Andere packen ihre Koffer und verlassen das Land, und ich muss einen Ring kaufen.« Meine Mutter versuchte, ihn zu beruhigen, was ihn nur noch mehr in Rage brachte. »Mensch Erika, wir müssen uns ernsthaft Gedanken machen. Ich habe Donna getroffen, die Frau eines Missionars in Monrovia: Sie meinte, die Flughäfen würden über kurz oder lang geschlossen werden.«

Am Abend besprachen unsere Eltern mit uns die Lage. »Hört mal, Kinder, die Unruhen hier im Land machen uns Sorgen. Und da ja nun die Sommerferien früher beginnen, haben wir uns überlegt, dass wir schon übermorgen in den Urlaub fahren. Wir wollten diesen Sommer sowieso woanders verbringen.«

Meine Mutter muss mein erschrockenes Gesicht gesehen haben, denn sie fügte schnell hinzu: »Wir möchten mit euch nach Nigeria, mal richtig Ferien machen. Wir fliegen vorher einfach für drei Wochen an die Elfenbeinküste nach Abidjan. Wenn wir aus den Ferien zurückkommen, hat sich die Lage hier sicher beruhigt. Wie damals, als der Putsch war …«

»Und nur für den Fall, dass wir nicht so bald zurückkehren, packen wir unsere Sachen in die blauen Tonnen, die wir noch in der Garage haben, und schreiben die Bremer Adresse darauf. Die können uns ganz unproblematisch zugeschickt werden.« Mein Vater klopfte mit den Handflächen auf den Tisch, als gäbe es nichts weiter zu besprechen.

Ich schluckte.

»Aber wir kommen wieder, bestimmt?«

Meine Mutter nickte mir zu.

Wir packten noch an diesem Abend einen Urlaubskoffer. Außer ein paar Kleidungsstücken durfte ich zwei Karl-May-Bücher mitnehmen. Alle restlichen Bücher, die Medaillen und wichtigen Andenken legte ich in eine der hohen Plastiktonnen, die wir anschließend gemeinsam auf den Dachboden hievten.

Am nächsten Tag wollte ich erst einmal zu Beth. Und Ben musste ich natürlich auch noch sehen, bevor wir abreisten. Nach dem Frühstück brach ich gleich auf zum ELWA-Internat. Bevor ich auf den Weg zum Internat einbog, rannte ich noch hinunter zum Meer. Der Himmel strahlte heute mal wieder tiefblau, und keine Wolke war am Himmel. Das Meer lag ruhig da und lud zum Baden ein. Seufzend setzte ich mich für einen Moment in den Sand. Zu einem so langen Urlaub hatte ich gar keine Lust. Die schönsten Ferien waren die Ferien hier am Strand … mit Beth und den anderen … Ich rappelte mich wieder auf und lief kurz darauf durch den Vorgarten des Internats, vorbei an *unserer* Palme, unter der Beth und ich heimlich schon so manchen Kuss getauscht hatten. Die Treppen zur Eingangstür hinaufspringend, rief ich schon von weitem: *»Bok, bok!«*

Frau Decker, die Internatsmutter, öffnete.

»Oh, hallo Mikel. Beth ist leider nicht da.«

»Aber ich will mich verabschieden. Wir fliegen übermorgen nach Abidjan, und dann …«

»Tut mir leid, sie ist ganz plötzlich zu Verwandten gefahren. Ich weiß auch nichts Genaues. Aber sie kann dich ja anrufen, wenn sie wieder da ist.«

Ob ich Beth vor dem Abflug überhaupt noch treffen würde … oder wenigstens sprechen? Die Vorstellung, sie mehrere Wochen nicht zu sehen und mich nicht einmal verabschieden zu können, versetzte mir einen heftigen Stich.

Enttäuscht stolperte ich zum Strand zurück und ließ mich abermals im Sand nieder. Ich war völlig verzweifelt. Beth würde sich doch mehr als wundern, wenn ich auf einmal nicht mehr da war. Vielleicht war sie auch wütend. Und was, wenn sie in diesem Sommer einen anderen Jungen kennenlernte? Diese Gedanken machten mich verrückt … Ich überlegte fieberhaft, was ich tun könnte. Und denken konnte ich am besten, wenn ich mich dabei bewegte.

Ich lief zum Ferienlager Camp Lawana auf dem ELWA-Campus, wo ich in den Ferien den Rasen mähen sollte. Das war heute die letzte Gelegenheit, mein Versprechen einzulösen, und genau das Richtige, um ungestört einen Plan zu schmieden …

DIE TRENNUNG

Ich schob den Rasenmäher mit aller Macht durch das hüfthohe Gras und schrieb in Gedanken gerade einen Brief an Beth, als das Gerät plötzlich laut aufknatterte und mit einem Knall den Geist aufgab. Mit dem Handrücken wischte ich mir den beißenden Schweiß aus den Augen und bückte mich, um die stumpfen Schneidemesser von einem Grasbüschel zu befreien. Dabei musste ich vorsichtig vorgehen, denn es konnte sein, dass da eine grüne Mamba lauerte. Anschließend erhob ich mich und blickte über die Bahnen, die ich bereits gemäht hatte.

Da kam mir Ben entgegengelaufen. An ihn hatte ich vor lauter Liebeskummer gar nicht mehr gedacht. Unwillkürlich verzog sich mein Gesicht jetzt zu einem Lächeln, als er mir beim Laufen zuwinkte. Ich ließ den Rasenmäher stehen.

»Ich hab dich schon überall gesucht, GGG!«

»Komm, ich brauch einen Schluck Wasser«, sagte ich, und wir gingen zusammen zu dem Wasserhahn am nächsten Haus, wo ich meinen Kopf unter den kühlen Strom hielt. Erst als ich mich tropfend aufrichtete, bemerkte ich den Ausdruck der Sorge in Bens Gesicht. Er strich mir einige Grashalme vom Arm und legte dann seine Hand auf meine Schulter.

»GGG, bin ich dein Bruder?«, fragte er ernst.

»Natürlich – was stellst du für alberne Fragen!«, antwortete ich und strich mir die nassen Haare aus dem Gesicht.

Bens Blick ließ mir einen Schauer über den Rücken laufen, ohne dass ich hätte sagen können, warum.

»Deine Mutter hat mir eben erzählt, dass ihr übermorgen an die Elfenbeinküste fliegt. Wenn ich dein Bruder bin, dann nimm mich mit. Lass mich mit euch fliehen«, sagte er leise.

»Wer redet denn hier von Flucht, Mann?« Ich lachte irritiert. »Wir machen da Urlaub und sind nach den Ferien wieder hier.« Scherzhaft stupste ich ihn vor die Brust. »So lange hältst du es wohl auch ohne mich aus, oder?«

Der verletzte Ausdruck in seinen Augen gab mir klar zu verstehen, dass ihn meine Worte getroffen hatten. Ich legte einen Arm um ihn und versuchte, das Thema zu wechseln. »Willst du mal den Rasen mäh…«

»So oder so werde ich mit der Waffe in der Hand um mein Leben kämpfen müssen«, unterbrach er mich in einem Ton, den ich nicht an ihm kannte. Die Worte klangen zögernd und verbittert zugleich. Unvermittelt schrie er mich an: »Siehst du denn nichts? Liberia, meine Heimat, mein Leben, meine Zukunft – all das steht bald in Flammen! Und wer ist daran schuld? Die Rebellen aus Nimba. Sie sind vom Stamme der Gio wie ich. Schon jetzt durchsuchen die Regierungssoldaten die Häuser der Gios in der Hauptstadt, sie plündern sie, nehmen die Männer mit, und man hört nie wieder etwas von den Entführten!« Er senkte den Blick, und seine Stimme war nur noch ein Flüstern. »Abgehackte Köpfe werden wieder gefunden. Es ist nur eine Frage der Zeit, bis sie meinen Schwager Steven und mich nachts holen. Und wenn ich den Regierungssoldaten entkomme, werde ich für die Rebellen kämpfen müssen – alle Männer der Gio werden von ihnen im Urwald zwangsrekrutiert.« Er ergriff meinen Arm. »Nimm mich mit, bitte. Du bist mein einziges Ticket raus aus diesem Albtraum. Sonst werde ich hier sterben.«

Ich lachte verlegen und löste meinen Arm aus seinem festen Griff. »So schlimm kann es gar nicht sein, Ben. Meine Eltern haben gesagt, dass wir Urlaub machen und danach wiederkommen. Und dich den ganzen Sommer mitzunehmen, da machen meine Eltern und vor allem Steven bestimmt nicht mit.« Ich sah, wie Tränen in Bens Augen traten. Und jetzt wurde mir alles zu viel. Erst war Beth nicht da und jetzt das … »Nun fang doch nicht an zu heulen, Mann.« Ich fand es übertrieben. Wenn einer einen Grund zum Heulen hatte …. »Wenn ich zurück bin, lachen wir über dieses Gespräch.« Ich drehte mich um und ging zum Rasenmäher. Aber Ben zog mich zurück. Die Tränen rannen ihm über die schmalen Wangen.

»GGG, mein Bruder…« Er zog mich in eine feste Umarmung. Ich roch den Duft von Kokosbutter in seinen Haaren. Ich schob ihn weg, aber Ben ließ mich nicht ganz los. Er hielt meine Hand fest und schaute mich lange schweigend an. Dann drehte er sich einfach um und ging. Verstört warf ich den Rasenmäher wieder an und zwang ihn wütend in den Kampf. Das Dröhnen des Motors übertönte meine innere Unruhe, und bald konzentrierte ich mich wieder ganz auf grüne Mambas.

Hätte ich gewusst, dass dies unser letztes Treffen für sehr lange Zeit war, ich wäre Ben nachgerannt. Wir waren Freunde, beste Freunde, Blutsbrüder. Und ich hätte seine Angst fühlen müssen, so wie wir uns sonst blind verstanden. Einen solchen Freund wie Ben haben nur wenige Menschen.

SCHLIMMSTE BEFÜRCHTUNGEN

Mikels Worte hatten mich verletzt, und mich quälte der Gedanke, dass mich mein bester Freund, mein Bruder, hier zurückließ und mir nicht helfen wollte. Ob er wirklich glaubte, dass die Unruhen bald aufhörten und er wiederkommen würde? Oh, Mikel, du hast wirklich keine Ahnung! Vielleicht haben wir uns eben zum letzten Mal in unserem Leben gesehen! Mikel, denk noch einmal nach, flehte ich in Gedanken, während ich nach Hause lief. Als ich in unsere Straße einbog, sah ich drei fremde Männer mit Martha und Steven unter dem Baum vor unserem Haus zusammensitzen. Sie redeten auf meinen Schwager ein. Als ich mich näherte, verstummten sie. Ich begrüßte sie höflich und wollte mich dazusetzen, aber Steven winkte ab. »Geh hinein, Ben. Wir haben noch etwas zu besprechen.«

Ich knallte verärgert die Haustür hinter mir zu, schlich mich aber ins Wohnzimmer, dessen Fenster weit geöffnet waren. Auf allen vieren kroch ich durchs Zimmer, um vom Boden aus dem Gespräch zu lauschen.

Einer der Fremden redete in einem eindringlichen Ton: »… werden kämpfen – ohne Rücksicht auf Zivilisten. Liberia wird uns gehören, egal was es kostet, mein Lieber. Komm, mach mit dem Jungen …«

Martha stöhnte auf. Ich stellte mir ihr ängstliches Gesicht vor. Dann sprach ein anderer weiter: »Wir werden alle Mittel, die uns zur Verfügung stehen, anwenden, auch Joojoo ... Es wird hohe Verluste geben. Das ...«

»Oh my people, ya come for me!«, *rief meine Schwester wehklagend. »Steht mir bei!«*

»Lass unsere Freunde ausreden«, sagte Steven schroff, und der Fremde fuhr fort: »Das wollt ihr nicht miterleben ... Massaker, ganze Dörfer, Frauen und Kinder werden ...«

Martha jammerte leise, sodass ich nicht mehr alles verstand. Jetzt ächzte ein Stuhl, und ich ahnte, dass meine Schwester den Männern nicht länger zuhören konnte. Da vernahm ich auch schon ihre Schritte. Jeden Moment würde sie ins Haus kommen. Um nicht erwischt zu werden, robbte ich blitzschnell vom Fenster weg. Aber Martha nahm mich gar nicht wahr; sie lief in den Schlafraum, und nur ihr leises Wimmern drang durch die Tür. Ich fühlte mich schrecklich hilflos. Außer Mikel hatte ich niemanden, den ich um Hilfe bitten konnte. Aber noch einmal zu Mikel gehen ... Nein. Ich hatte Mikel angefleht, und er hatte mich verlacht.

Am nächsten Tag fand vor unserem Haus eine Familienversammlung mit allen Verwandten, die in der Nähe lebten, statt. Stevens Eltern und Schwestern mit ihren Kindern waren gekommen, auch einige ältere Tanten und Onkel. Die Älteren setzten sich auf Stühle, die Jüngeren auf Matten. Als alle einen Platz gefunden hatten, herrschte für einen Moment erwartungsvolles Schweigen.

»Meine Lieben«, begann Steven, »ihr wisst, dass uns schwere Zeiten bevorstehen. Unser Land ist in Gefahr. Die Rebellen haben die Dörfer und Städte im Norden schon fest in ihrer Hand. Sie kommen unaufhaltsam und unerbittlich näher.«

Ein Murmeln ging durch die Reihen.

Gebannt beugte ich mich vor, um bloß keines von Stevens Worten zu verpassen. Er räusperte sich und fuhr fort: »Ges-

tern haben mich und Martha drei Freunde unser Familie aus Nimba aufgesucht. Sie kämpfen als Rebellen für die Freiheit der Gios. Sie kamen hierher, um mich zu warnen. Die Regierungssoldaten verlieren jede Schlacht gegen die Rebellen. Sie verdächtigen jeden Gio, ein Rebell oder Spion zu sein, und erschießen ihn ohne Verhör. Unsere Freunde rieten mir, sofort von hier zu fliehen, bevor ich noch in die Hände der Soldaten gerate.«

Steven blickte Martha und mich ernst an. »Ich werde versuchen, mich über die Elfenbeinküste oder Sierra Leone nach Frankreich durchzuschlagen. Dort werde ich Asyl beantragen und Arbeit suchen. Sobald ich genug Geld habe, werde ich euch holen. Aber dies kann ein Jahr dauern ...« Martha, die vor mir saß, vergrub ihr Gesicht in den Händen und weinte leise, den Körper vor- und zurückschaukelnd.

Ich legte meine Hand auf ihre Schulter.

»Euch Alten, Frauen und Kindern wird so schnell nichts passieren. Aber falls es hier im Umland von Monrovia zu gefährlich wird, flieht zu euren Verwandten oder zu Marthas Familie nach Nimba. Sie haben genug Farmland und Platz für euch alle.« Steven schaute uns der Reihe nach an. Auf mir verweilte sein sorgenvoller Blick besonders lange. Schließlich war ich trotz meines jungenhaften Aussehens schon fast ein Mann. »Das ist mein Plan, und ich bitte euch, ihn zu respektieren. – Ich wünsche uns allen viel Glück! Gott sei mit uns!«

Im nächsten Moment erfüllte ein Stimmengewirr die Straße vor unserem Haus, jeder wollte Steven Glück wünschen, einen anderen trösten oder sein Schicksal beklagen ... Später saßen wir dann in einem kleineren Kreis zusammen und planten Stevens Flucht und unser Überleben – soweit dies möglich war.

EIN LETZTER BLICK ZURÜCK

Auf die Abschlussfeier von Angelika folgte der große Abschied. Die meisten Missionarsfamilien, die eine Tochter oder einen Sohn im Abschlussjahrgang hatten, verließen Liberia an einem der nächsten Tage. Ich bekam von den Feierlichkeiten kaum etwas mit, weil ich in Gedanken ständig bei Beth war, die sich immer noch nicht gemeldet hatte. Auch Ben sah ich immer wieder vor mir. Sein sorgenvoller Blick verfolgte mich geradezu. Ob er wirklich in Gefahr war? Schnell wischte ich den Gedanken fort und überlegte, wie Beth wohl auf den Brief reagieren würde, den ich ihr geschrieben hatte.

Am Abend aßen wir schweigend einen Eintopf, den Old Ma Annie uns rübergebracht hatte. Beim Abschied von ihr standen der älteren Frau Tränen in den Augen. Wir waren alle noch ergriffen, als unsere Teller längst leer waren. Warum fühlte sich dieser Abschied so endgültig an, wenn wir Liberia doch nur den Sommer über verließen? Ich war völlig durcheinander und starrte vor mich hin, als ich plötzlich vom Geklapper des Geschirrs aus meinen Gedanken gerissen wurde.

Meine Mutter war aufgestanden und räumte den Tisch ab. Ich sah ihr zu, wie sie die Küchenablage zum zweiten Mal abwischte. Sie hatte sie schon vor dem Essen gründlich gesäubert. Offenbar wollte sie sich ablenken.

Auf einmal sah ich meine Mutter in einer anderen Küche vor mir, sie wusch in Gedanken versunken immer und immer wieder den Küchentisch ab. Dieser Tisch stand in Dungas. Diese Erinnerung ist meine früheste Kindheitserinnerung. Damals sollte es mein Lieblingsessen geben, ein knuspriges Hähnchen aus dem Ofen. Gerade als meine Mutter das dampfende Geflügel zum Tisch tragen wollte, hörten wir einen Wagen vor dem Haus.

»Wie schön, da kommt Paps!«, hatte meine Mutter gerufen und war mit dem heißen Blech zur Tür gegangen. Aber es war nicht mein Vater, der aus dem Wagen stieg. Es war John Okers, ein Missionar, der sich um alle Belange der Missionare in Niger kümmerte. Er sagte leise etwas zu meiner Mutter, und im nächsten Moment lag das heiße Blech auf dem Boden.

»Mama, das Hähnchen!«, rief ich entsetzt. Doch dann sah ich ihre mit Tränen gefüllten Augen und verstand, dass etwas Schlimmeres passiert war.

Mein Vater war aus dem Land ausgewiesen worden, und wir mussten ihm schnellstmöglich folgen.

»Mikel, holst du uns noch ein bisschen Kool Aid?«, unterbrach mein Vater jetzt meine Gedanken.

»Klar!«, sagte ich und füllte unsere Gläser nach.

»Papa, wie war das eigentlich damals? Deine Ausweisung aus dem Niger?«, fragte ich, als ich mich wieder auf meinen Platz setzte.

Überrascht setzte mein Vater das Glas ab, das er schon an die Lippen gehoben hatte. »Dass du jetzt danach fragst … Damals musstet ihr drei auch so überstürzt abreisen, was?« Er blickte mich sanft an. Als er weitersprach, war seine Stimme aber ganz rau.

»Es herrschten damals politische Unruhen im Niger. Da wir völlig abgeschieden in Dungas lebten, hatten wir nichts von dem Versammlungsverbot mitbekommen, das die Regierung ein paar Tage zuvor ausgesprochen hatte. Und als ich während des Ramadan am Markttag auf dem Hauptplatz von Magaria predigte, zeigte mich ein Polizist an. Alles halb so wild, dachte ich ...«

Er trank sein Glas in einem Zug leer und drehte es in seinen kräftigen Händen. »Ich erhielt von der Polizei die Aufforderung, die Sache in Niamey vor einem Richter zu klären. Niamey liegt fast tausend Kilometer von Dungas entfernt. Deshalb wollte ich mit dem Missionsflugzeug fliegen. Aber der Motor tat es nicht. Der Pilot und ich werkelten stundenlang daran herum, ohne Erfolg. So fuhr ich viel zu spät mit dem Wagen los – über Nacht durch die Wüste. Und als ich mit einiger Verspätung und staubbedeckt vor dem zuständigen Kommissar stand, würdigte der mich keines Blickes: ›Da Sie nicht zum Gerichtstermin da waren, werden Sie des Landes verwiesen.‹«

»Gab es dort denn keine deutsche Botschaft, die dir helfen konnte?«, fragte Angelika.

Aus der Küche war Mutters bitteres Lachen zu hören. Sie guckte ins Wohnzimmer hinein und sagte: »Die haben sich fein zurückgehalten.«

Vater nickte. »Ich hatte keine Chance. Ich wurde abgeschoben. Ein paar Stunden später saß ich schon in einem Flieger. Stell dir vor – in kurzen Hosen! Ich hatte nichts bei mir außer den Sachen, die ich am Leib trug. Mann, habe ich gefroren am Frankfurter Flughafen.«

»Und wer hat dir dann geholfen?«, fragte ich.

»Das erzähle ich dir ein anderes Mal«, vertröstete mich mein Vater. »Wir müssen noch ein paar Dinge für unsere Abreise morgen besprechen ...«

»Kommen wir denn auch wirklich wieder?«, fragte Angelika vor dem Zubettgehen unsicher.

Ich sah meine Eltern gespannt an.

»Nichts ist gewiss …«, setzte mein Vater an. Meine Mutter unterbrach ihn.

»Jetzt mach den Kindern keine Angst, Heinz! Natürlich kehren wir zurück. Das ist nur eine Frage der Zeit.«

Erleichtert wünschte ich allen eine gute Nacht und ging in mein Zimmer, wo ich noch lange wach lag. Durch die salzverkrusteten Scheiben betrachtete ich den hellen Mond und lauschte dem vertrauten rhythmischen Klatschen der Brandung.

Am nächsten Morgen holte uns der Jeep in aller Frühe. Ich hatte noch gehofft, dass Ben zum Abschied vorbeikäme, aber alles ging ganz schnell. Ich konnte gerade noch Paul, unserem Gärtner, einen Brief für Beth in die Hand drücken mit der Bitte, ihn im Internat abzugeben.

Die ganze Fahrt über blickte ich stumm aus dem Fenster. Es waren keine Soldaten mit Gewehren zu sehen, aber die Straßen waren ungewöhnlich leer, nur streunende Hunde liefen durch den roten Staub. Immer wieder sahen wir Leute Gepäck auf einen Wagen laden. Fuhren die alle in den Urlaub?

Am Flughafen herrschte Gedränge. Angespannt warteten die vielen Reisenden, dass ihr Flug endlich aufgerufen wurde. Ich fühlte mich unwohl. Als wir endlich die Plätze in der Maschine einnehmen durften, war ich froh. Das Flugzeug startete. Ich presste mein Gesicht an die Scheibe des kleinen Fensters. Mein Blick schweifte über die Dächer einer Reihe Wellblechhütten, die in der Sonne blinkten. Der Regenwald leuchtete tiefgrün.

ZUFLUCHT ELWA
Angst, Hunger, Elend

Martha und ich saßen schweigend im Schatten des Baumes vor unserem Haus, vor uns die letzten Nahrungsmittel, die wir noch hatten: drei Tassen Reis, ein Maggibrühwürfel und eine Flasche Cola. Nachdem die Ausländer unser Land panisch verlassen hatten, war die Angst der Menschen vor einem Bürgerkrieg weiter gewachsen – wir ahnten noch nicht, dass dieser Krieg schon längst ausgebrochen war.

Viele hatten noch versucht, Vorräte anzulegen. Aufgrund der Hamsterkäufe herrschte nun gähnende Leere in den Supermärkten und Lagerhallen. Martha und ich trauten uns nicht in die Stadt. Die 50 US-Dollar, die mir Mikels Mutter zugesteckt hatte, als ich auf der Suche nach Mikel gewesen war, legten wir für einen Notfall beiseite, statt Nahrungsmittel zu kaufen.

Ich musste an die Worte von Mrs Jentzsch denken. »Pass gut auf dich und deine Schwester auf, Ben. Wir werden dafür beten, dass die Unruhen schnell vorbeigehen.« Dann hatte sie mir noch die Adresse in Abidjan aufgeschrieben, falls ich ihnen schreiben wolle, und mich in die Arme genommen ...

Vielleicht hätte ich Mrs Jentzsch und nicht Mikel fragen sollen, ob ich mit ihnen gehen dürfe. Mikel war wie ich noch ein halbes Kind ... Aber was wäre mit Martha, wenn ich Liberia tatsächlich verlassen hätte? Ich sah ihren verzweifelten Blick auf unsere Lebensmittel und verdrängte den Wunsch, bei Mikel und seiner Familie zu sein. Als ich den Kopf hob, sah ich auf der Straße, die ins Zentrum des ELWA-Dorfes führte, mehrere schwarze Familien mit ihren Ziegen und Hühnern, Säcken, Taschen, Matratzen und Kochgeschirr beladen.

»He, wo wollt ihr hin?«, rief ich ihnen zu.

»Wir gehen zur Radiostation ELWA. Dort sind die letzten Weißen. Und nur wo die Missionare noch aufpassen, gibt es Essen und Sicherheit. Sonst kann uns hier niemand mehr helfen.«

»Martha, geh ins Haus. Ich sehe mal nach, was im Dorf los ist.«

Ich schloss mich einer Gruppe Flüchtlinge an und traute meinen Augen nicht, als ich kurz darauf die vielen Menschen erblickte, die sich in den Straßen rund um die Radiostation niedergelassen hatten. Manche lagen da und dösten in der Sonne, andere brieten auf offenem Feuer ihre letzten Fleischrationen, Kinder spielten auf der Straße oder schrien nach ihren Eltern, die sie im Gewühl verloren hatten, hinter Büschen verrichteten Einzelne ihre Notdurft, und hier und da brach ein Streit aus, vermutlich, weil der Platz nicht ausreichte.

In der Luft lag eine Mischung aus beißendem Rauch von gebratenem Essen, Schweiß und Unrat. Ich lief weiter, um nach dem Haus von Mikel und seiner Familie zu sehen. In mir krampfte sich alles zusammen, als ich erkannte, dass es aufgebrochen worden war. Vor dem Haus saß eine Gruppe Flüchtlinge auf dem Rasen, blaue Plastiktonnen und Plastiktüten lagen zwischen ihnen. Erst jetzt nahm ich wahr, dass auch die umliegenden Häuser geplündert worden waren. Flüchtlinge hatten sie besetzt. Es schien hier niemand mit der Rückkehr der Weißen zu rechnen! Oh, Mikel, warum hast du mir nicht geglaubt … Steve Kjeir, ein Missionar, für den auch Steven oft gearbeitet hatte und der ohne Familie in Liberia war, lief hektisch durch das Meer von Schwarzen und versuchte, Ordnung in das Chaos zu bringen. Er verteilte Plastikplanen, mit denen sich die Flüchtlinge, die kein Dach über dem Kopf hatten, Unterkünfte als Schutz vor dem Regen bauen konnten, denn die Regenzeit würde uns noch einige heftige Schauer bescheren. Fassungslos irrte ich umher und vergaß völlig die Zeit. Dann fiel mir Martha ein, die sich bestimmt schon sorgte, und ich lief zurück.

Als ich ihr berichtete, was ich gesehen hatte, rannen ihr Tränen über die Wangen. »Oh, Ben, was wird mit uns geschehen?«

Ich legte einen Arm um sie. Ich wusste keine Antwort.

ABIDJAN
Elfenbeinküste

Bei der Landung in Abidjan, der Stadt an der Elfenbeinküste, in der wir die nächsten drei Wochen verbringen würden, sah ich die gleichen Wellblechhütten der Armenghettos wie am Flughafen in Monrovia. Ein Missionar, der sich mit dem Namen Enrice vorstellte, brachte uns zu unserer Gästewohnung. »Heute Abend gibt es ein Willkommensessen für euch! Ich hole euch in zwei Stunden wieder ab«, sagte Enrice, bevor er unseren Koffer aus dem Wagen wuchtete.

Wir waren alle völlig erschöpft, sodass wir nur das Nötigste auspackten und uns dann hinlegten. Ich fiel sofort in einen tiefen Schlaf.

Auf einmal spürte ich, wie jemand mich rüttelte. »Mikel, wach auf. Träumst du schlecht?« Angelika, mit der ich mir das Zimmer teilte, saß auf meiner Bettkante.

Ich rieb mir die Augen und fühlte Schweiß auf meiner Stirn.

»Du hast im Schlaf laut nach Ben gerufen!«

Ich winkte ab, weil ich mich an nichts erinnern konnte. »Hab bestimmt geträumt, dass mal wieder so eine Monstermuräne an Bens Leine angebissen hat«, sagte ich und versuchte zu grinsen, was mir wohl auch einigermaßen gelang, denn Angelika kroch ohne weitere Fragen zurück in ihr Bett.

Den ganzen Abend war ich bedrückt.

Die Wochen an der Elfenbeinküste schienen nicht enden zu wollen. Da wir in der Stadt wohnten, begrenzten sich meine Ausflüge auf eigene Faust auf den Weg zu einem Straßenstand, an dem ich jeden Morgen ein Baguette fürs Frühstück kaufte. Den Rest des Tages langweilte ich mich, da wir ohne Auto nicht viel unternehmen konnten und höchstens mal bei anderen Missionaren eingeladen waren. Die meiste Zeit verbrachten wir in unserer kleinen Gästewohnung und spielten Mühle, lasen oder hörten Radio.

Sehnsüchtig warteten wir alle vier auf die Abendnachrichten vom ELWA-Sender. Dann saßen wir gebannt um das kleine Gerät und lauschten den Berichten aus Liberia. Doch was wir zu hören bekamen, war alles andere als erfreulich. Es war von Flüchtlingsströmen die Rede, von Hungersnot und Massakern. Auch auf dem ELWA-Gelände war wohl ein Lager eingerichtet worden.

Es verging nun kaum eine Nacht, in der Angelika mich nicht weckte, weil ich schlecht geträumt hatte. Allmählich kam ich meinem Alptraum auf die Spur. Eines Morgens sah ich beim Aufwachen Bens dunkles Gesicht vor mir. In seinen vor Verzweiflung weit aufgerissenen Augen leuchtete das Weiß. Ich starrte die Decke an, aber Bens Gesicht wollte nicht verschwinden.

Tag und Nacht quälte mich die Frage, ob Ben Recht gehabt hatte. *Warum bloß hatte ich die Gefahr nicht erkannt? Hätte ich ihn retten können? Und wovor? Was passierte jetzt mit Ben in Liberia?* Mein schlechtes Gewissen peinigte mich ständig …

Immer wenn das Gespräch auf Liberia kam, zog ich mich leise zurück. Ich traute mich nicht, meiner Familie zu erzählen, was ich Ben angetan hatte. Dabei dachte ich in jedem Moment daran, wie es meinem Freund wohl ging.

Eines Abends saßen wir wieder am Radio, und mein Vater wunderte sich über das Rauschen auf der ELWA-Welle. Er versuchte, den Sender neu einzustellen, erfolglos. Das ELWA-Radio war endgültig verstummt. Fortan mussten wir uns bei anderen Sendern wie Voice of America und BBC über die Lage in Liberia informieren. Mir war eigentlich klar, dass in Liberia Grauenvolles geschah und wir nicht so schnell dorthin zurückkehren würden – aber ich wollte es nicht wahrhaben! Immer noch hoffte ich jeden Tag aufs Neue, vom Ende der Unruhen zu hören. Immer noch hoffte ich, Ben und natürlich auch Beth bald wiederzusehen …

SCHÜSSE, SCHREIE
und das Weinen von Kindern

Der Flüchtlingsstrom fand kein Ende. Täglich erreichten Hunderte von Menschen das ELWA-Dorf. Sie kamen über die Hauptstraßen, Nebenstraßen und sogar über die Urwaldpfade direkt hinter unserem Haus. Es waren hauptsächlich Frauen, Kinder und Greise, die mit ihrem Hab und Gut beladen Schutz auf dem ELWA-Gelände suchten. Nur noch zehn Missionare waren im Dorf, die die Notversorgung mit Strom und Wasser am Laufen hielten. Einheimische technische Mitarbeiter wie Steven waren aus Angst um ihr Leben längst geflohen. Mehrmals am Tag patrouillierten Regierungssoldaten durch das Dorf und durchsuchten die Häuser und die notdürftig errichteten Lager nach Rebellen. Sie wendeten erbarmungslos Gewalt an, wenn sie meinten, einen Kollaborateur entdeckt zu haben.

Ich wurde Zeuge unzähliger Übergriffe. Hätte ich eingegriffen, hätte ich mein Leben riskiert und trotzdem nichts ausrichten können.

Eines Morgens musste ich etwas mit ansehen, was ich mein Leben lang nicht vergessen werde. Ich besorgte gerade Wasser für Martha und mich, als ich drei Regierungssoldaten sah, die zwanzig Meter entfernt von mir erhobenen Hauptes über die Straße spazierten. Ein Junge, er war nicht viel älter als ich, saß im Kreis seiner Familie am Straßenrand und aß etwas. Einer der Soldaten wies mit seinem Gewehrlauf auf den Jungen, und im nächsten Moment packten die beiden anderen ihn, zogen ihn an den Schultern hoch und beschimpften ihn. Dann stießen sie ihn zu Boden und traten auf ihn ein. Der Junge lag bäuchlings vor den Füßen des Soldaten, der auf ihn gezeigt hatte, und flehte: »Großer Chef, bitte nicht …«

Ich hätte dem Jungen so gern geholfen, aber ich war mir sicher, dass ich damit mein eigenes Leben aufs Spiel gesetzt hätte. Schaudernd wollte ich mich abwenden, brachte es aber doch nicht fertig. Der Junge umklammerte das Fußgelenk des Soldaten und bettelte laut um Gnade. Tu das nicht!, wollte ich schreien. Der Uniformierte versuchte, sein Bein durch Tritte zu befreien, aber der Junge klammerte sich nur noch fester daran. Lass doch los! Du machst alles nur noch schlimmer!, *schrie es in mir; meine Kehle war wie zugeschnürt.*

Jetzt trat einer der beiden anderen Soldaten mit dem Stiefelabsatz heftig gegen den Kopf des Jungen, sodass dieser das Bein des Soldaten losließ und sich wimmernd den Kopf hielt.

Die Soldaten johlten und ahmten hämisch sein jammerndes Weinen nach. Erst jetzt blickte ich zu der Familie hinüber, die wie ich vor Angst erstarrt war. Fassungslos musste sie zuschauen, wie der eigene Sohn, Enkel und Bruder misshandelt wurde. Doch als die Soldaten den Jungen über eine Düne in Richtung Strand zerrten, konnte sich seine Mutter nicht mehr beherrschen. Schreiend sprang sie auf. Im letzten Moment hielt sie ein alter Mann zurück. Ihr hilfloses Jammern erfüllte die Straße, und es zerriss mir beinahe das Herz. Konnten wir denn gar nichts tun? Verzweifelt sah ich mich um. Die Flüchtlinge, die das Geschehen beobachtet hatten, saßen stumm und wie gelähmt da, die Köpfe gesenkt.

Hinter der Düne donnerte eine Salve, dann herrschte Stille.

Die Mutter des Jungen sank ohnmächtig zu Boden, und der ältere Mann, vielleicht der Großvater des Jungen, übergab sich auf die Straße.

Während von allen Seiten leises Weinen zu mir herüberdrang, kamen die Soldaten über die Düne zurück. Sie lachten und klatschten sich ab. Einer schwenkte die Schuhe des Jungen wie eine Trophäe. Sie liefen in meine Richtung. Zitternd senkte ich den Blick, drehte mich um und ging betend zurück nach Hause. Ich musste mich zwingen, nicht zu rennen. Mit jedem angstvollen Schritt machte sich Übelkeit in mir breit.

»Ben, was ist los? Was ist im Dorf geschehen?«, fragte Martha schon von der Tür aus.

Ich sah sie kopfschüttelnd an. Erst jetzt stiegen Tränen in meine Augen. Wie sollte ich mit Martha über solch ein grausames Erlebnis sprechen? Welche Worte gibt es überhaupt dafür? Zwei Tage lang blieb ich stumm. Wenn ich schlafen wollte, sah ich den Jungen, wie er am Straßenrand saß und aß. Und dann lief die grausame Tat noch einmal vor mir ab. Immer und immer wieder, sobald ich die Augen schloss. Wie sollte ich diese Bilder jemals wieder vergessen?

Es hieß, dass inzwischen rund 18 000 Flüchtlinge im ELWA-Dorf lebten. Da die Lebensmittelvorräte in den Häusern längst geplündert, die Früchte der Bäume geerntet und auch die Wasservorräte fast aufgebraucht waren, bestimmten Hunger und Durst unsere Tage. Selten kamen noch Händler ins Dorf, die ihre wenigen Waren zu horrenden Summen verkauften. Eine Tasse Reis kostete nun so viel wie früher ein ganzer 10-Kilo-Sack. Die Missionare versuchten, das Schlimmste zu verhindern, und verteilten jeden Mittag pro Familie einen Teller Reis. Um Marthas und meinen Hunger zu stillen, reichte diese Mahlzeit kaum. Wie sollten sich erst große Familien von dieser spärlichen Ration am Leben erhalten? In ihrer Not fällten schließlich einige der Flüchtlinge die Palmen, um an die essbaren Palmherzen zu gelangen. Wenn uns nun auch noch das Wasser ausging … Jeden Tag blickten wir sehnsüchtig zum Himmel und hofften auf Regen.

Als ich eines Morgens ein Prasseln auf unser Dach vernahm, war ich für einen Moment so glücklich wie lange nicht mehr. Ich sprang auf und lief zu unserer Regentonne vor dem Haus, deren Boden bereits bedeckt war. Immerhin würden wir in den nächsten Tagen nicht verdursten … Doch die sintflutartigen Schauer, die jetzt immer öfter über dem Land niedergingen, sorgten auch für blutige Auseinandersetzungen zwischen den Flüchtlingen, denn die überdachten Plätze waren rar. Martha und ich fürchteten uns so manches Mal, wenn wir eine Gruppe Obdachloser an unserem Haus vorbeiziehen sahen.

Als ich eines Mittags unsere Reisportion holte, hörte ich, wie hinter mir eine Frau zu einer anderen sagte: »Die haben uns bei den Soldaten angeschwärzt. Um ein Haar wären wir alle erschossen worden.«

Ich überlegte fieberhaft, ob ich Feinde hatte, die mich vielleicht bei den Soldaten verleumden würden … Der tägliche Weg ins Dorf fiel mir immer schwerer, doch ich musste ihn gehen, wenn wir nicht verhungern wollten. Ich sah schwangere Frauen sterbend im Sand liegen, die Leichen von Frauen, deren Babys kraftlos an der kalten Mutterbrust saugten, die kleinen Körper dürr und ohne Schutz. Niemand konnte diese todgeweihten Geschöpfe retten. Keiner von uns wusste, ob er selbst den nächsten Tag erleben würde.

Martha blieb, wenn möglich, im Haus, weil es für sie draußen zu gefährlich war. Die Regierungssoldaten, die eigentlich einen Eid geschworen hatten, uns Zivilisten zu beschützen, nahmen sich die Frauen, die ihnen über den Weg liefen, und vergewaltigten sie auf offener Straße.

Mich packte so große Verzweiflung, dass ich nicht ein noch aus wusste. Als wir hörten, dass sich die Rebellen Monrovia genähert hatten, schöpften wir Hoffnung, dass sie uns helfen würden, wenn sie erst einmal zu uns vorgedrungen wären. Wir beteten, das war im Moment das Einzige, was wir tun konnten.

Es herrschte Krieg – Schüsse, Schreie und das Weinen von Kindern war die »Musik« unseres Alltags. Am Straßenrand lagen Schlafende neben Toten, wir stiegen über sie hinweg und beachteten sie kaum noch.

Um Trost in dieser Hölle zu suchen, ging ich eines Nachmittags voller Trauer zu Mikels altem Haus und setzte mich auf die Verandastufen. Wie weit lag die Zeit zurück, als ich hier mit meinem Freund und Bruder gesessen hatte. Dabei waren seit der Evakuierung der Weißen nicht einmal sechs Wochen vergangen. Ach, Mikel … Ich versuchte, mir sein Gesicht vorzustellen. Aber so viele Schreckensbilder überdeckten all das, was ich verloren hatte. Mikel … Mikel … Auf einmal meinte ich, sein Lachen zu hören … Mikel … Jetzt sah ich seinen weißblonden Schopf zwischen den Palmen auftauchen … Mikel … Ich wischte mir die Tränen aus dem Gesicht und blickte zum Strand hinüber. Von den Palmen waren nur noch die Stümpfe übrig. Ich weiß nicht mehr, wie lange ich so dasaß und weinte, hemmungslos weinte, vor Schmerz und Verzweiflung bebend.

Die Flüchtlinge, die vor und in Mikels Haus campierten, beachteten mich nicht. Keiner von ihnen fragte, was los sei, keiner versuchte, mich zu trösten. Jeder war für sich allein.

Mitte Juni kam ein Junge zu unserem Haus und überreichte mir einen Brief. Ob Steven schrieb? Gespannt ließ ich Martha den Umschlag öffnen. Sie zog ein Blatt und zwei einzelne formell bedruckte Papierstreifen hervor … und las vor.

Liebe Martha und lieber Ben,
ich weiß, dass ihr im ELWA-Dorf großen Hunger leidet. Bestimmt wisst ihr nicht mehr weiter. Ich möchte euch helfen und schicke euch zwei Karten, die euch die Aufnahme in das Flüchtlingslager des Roten Kreuzes in der Lutheran Church in der Innenstadt von Monrovia ermöglichen. Das Camp ist

sauber, sicher, und wir bekommen zu essen und zu trinken. Soldaten haben keinen Zutritt. Hier sind viele Gios, und ich habe schon etliche aus unserer Gegend getroffen, die ich kenne. Die Karten sind sehr kostbar, da das Camp fast voll besetzt ist.

Bitte kommt, so schnell es geht, ich freue mich auf euch. Gemeinsam werden wir nach Nimba zu unseren Familien zurückkehren.

Euer Onkel Benjamin S.

»Martha, endlich weg hier und in Sicherheit«, freute ich mich. »Das Rote Kreuz ist eine internationale Organisation. Es bietet Schutz. Dort sind wir sicher! Ey, lass uns schnell packen!«

Martha zögerte. »Ach, Ben …«

»Essen gibt es dort auch! Das ist unsere Rettung!«

Sie blickte mich mit müden Augen an.

»Ey, Schwester. Was ist los?«

»Ben, wir werden so oder so erschossen werden, verhungern oder … Ich möchte wenigstens in meinem eigenen Haus sterben. Oder willst du, dass unsere Gebeine von den Hunden auf der Straße gefressen werden? Zurück nach Nimba kommen wir niemals! Und warum sollte es in der Stadt mehr Nahrungsmittel geben als hier?«

Marthas Worte jagten mir einen Schauer über den Rücken, ganz so, als hätte der Tod höchstpersönlich zu mir gesprochen. Verzweifelt flehte ich sie an. »Aber Onkel Benjamin ist doch ein guter Freund der …«

»Auch er kann dem Krieg nicht entkommen … wir werden alle sterben. Nein, nein, nein! Wir bleiben hier! Und nun kein Wort mehr über diesen Brief!« Damit war für Martha das Gespräch beendet, und als jüngerer Bruder hatte ich mich ihrer Entscheidung unterzuordnen.

Nachdem Martha sich zurückgezogen hatte, trat ich mit meinem bloßen Fuß wütend gegen die Wand. Ich werde

Michaels Vater beim Predigen im Niger

Angelika im Niger

Michaels Mutter bei ihrer Arbeit als Krankenschwester

Der Blick aus dem Haus, in dem Michaels Familie in Liberia lebte

ELWAs Palmenallee vor dem Krieg

Auf den Schlammstraßen ist Autofahren ein Wagnis

Michaels Vater zeigt seinen Kindern exotische Früchte

Beim Spielen am Strand

Beste Freunde und Blutsbrüder – Ben und Michael

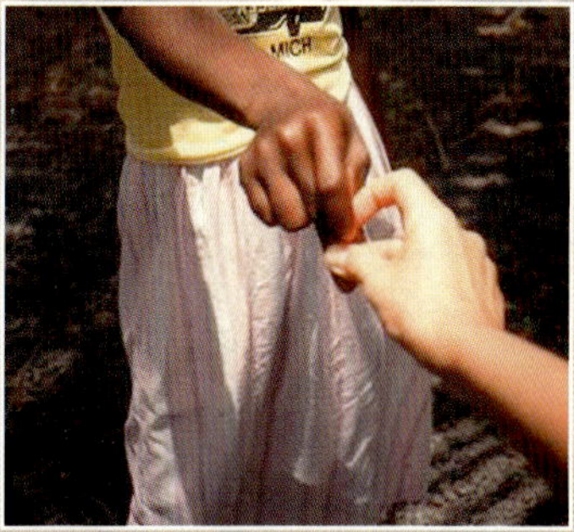

So sieht eine echte liberianische Begrüßung aus!

Ein Kugelfisch war damals in Liberia ein großer Fang

Michaels Familie kurz vor der Flucht nach Deutschland

Panzerfäuste auf dem ELWA-Gelände

Die Palmenallee nach dem Krieg

Bens Großmutter und Eltern

Das Haus, in dem Ben heute mit seiner Familie, seinen Eltern und der Großmutter lebt

Ben und Michael heute – ein Wiedersehen nach langen Jahren!

hier nicht sterben ... Schon gar nicht wegen meiner blöden Schwester ... Dann gehe ich eben allein!, *beschloss ich und fasste heimlich einen Plan. Am nächsten Tag wollte ich zu Onkel Benjamin fliehen. Ich wollte leben. Ich würde nicht einfach aufgeben!*

Beinahe die ganze Nacht lag ich unruhig wach und lauschte den Geräuschen. Vereinzelt hörte ich Schüsse. Noch vor Sonnenaufgang stand ich auf, um ein letztes Mal durch das Dorf zu gehen. Flüchtig benetzte ich mein Gesicht mit Wasser aus der Regentonne und lief zum Sendehaus, wo die meisten Flüchtlinge ihre Notunterkünfte errichtet hatten. Auf dem Weg dorthin kam ich an einer Gruppe Jugendlicher vorbei. Ich hörte, wie ein Junge den anderen aufgeregt erzählte: »... die gesamte Lutheran Church. Alle Flüchtlinge sind tot, Leute!«

Das kann nicht sein, *dachte ich. Ich packte den Jungen am Arm: »Mann, was erzählst du für einen Unsinn! Schäm dich, hier solche Lügengeschichten aufzutischen. Hau ab!«*

»Ich schwör's, mein Freund. Dahinten – der Mann hat es auf BBC gehört! Und was die sagen, stimmt! Frag ihn doch selbst, ey.«

Ich rannte quer über die Straße zu dem Mann, der mit anderen Erwachsenen zusammenstand. In meinem Kopf hämmerte es: Gott, lass es nicht wahr sein ... lass Onkel Benjamin noch am Leben sein ...

»Hey, was ist da dran? Was ist mit den Flüchtlingen in der Lutheran Church?«, rief ich dem Mann schon aus einigen Metern Entfernung zu.

Bereitwillig gab er mir Auskunft. »Das Flüchtlingslager wurde überfallen. Ich habe es eben auf BBC gehört. Es waren fast nur Gios dort untergebracht. Die Regierungstruppen behaupten, dass sie alle Rebellenkämpfer gewesen seien – so ein Blödsinn! Aber was will man gegen die Lügen tun? In der Nacht haben die Soldaten alle, die außerhalb der Kirche schliefen, mit ihren Silent Weapons geköpft. Diesen barbarischen Sichelschlägen entkamen nur wenige. Die Flüchtlinge verbarrikadierten sich in der Kirche. Doch das half ihnen nichts. Die Soldaten warfen brennende Fackeln in das Gebäude. Jeder, der sich aus einem Fenster retten wollte, wurde geköpft. Über 600 Menschen wurden ermordet, hieß es in den Nachrichten … so viele Frauen und Kinder, selbst Babys.«

»Jetzt soll Amerika endlich was tun!«, rief ein alter Mann, der sich neben mich gestellt hatte. »Es muss uns doch jemand helfen!«

Ich hatte genug gehört. Ich fühlte nichts als eine hoffnungslose Leere in mir. Onkel Benjamin war tot. 600 Gios waren ermordet worden. Meine einzige Hoffnung war zunichte …

Erst allmählich dämmerte mir, dass Martha und ich auch unter den Toten hätten sein können. Wenn ich sie am Tag zuvor überredet hätte und wir sofort losgezogen wären, dann würden wir jetzt ebenfalls geköpft unter den Brandtrümmern der Lutheran Church liegen. Meine Kraft verließ mich, und ich sackte mitten auf der Straße zusammen. Erst als die Sonne bereits am Himmel stand, stolperte ich staubbedeckt und mit roten Augen nach Hause. Nur stockend konnte ich Martha wiedergeben, was ich erfahren hatte. Gemeinsam trauerten wir um unseren getöteten Onkel Benjamin und die vielen Männer, Frauen und Kinder.

Am nächsten Tag fragte ich mich immer wieder, wie es nun weitergehen sollte. Da die Regierungssoldaten Gios nun generell als Rebellen oder deren Spione ansahen, würde ich weder im ELWA-Dorf noch in der Stadt Zuflucht finden. Plötzlich wusste ich, was ich zu tun hatte. Ich rief Martha und erklärte ihr meinen Plan.

»Meine liebe Schwester«, ich legte Martha meine Hand auf die Schulter. »Es gibt hier keinerlei Schutz mehr für mich.

Ich kann nicht länger im ELWA-Dorf bleiben. Auch in der Stadt ist die Gefahr, getötet zu werden, zu groß. Ich muss weg von der Stadtgrenze, wenn ich mein Leben retten will.«

Martha wollte mir widersprechen, aber ich hob energisch die Hand. Sie verstummte.

»Ich werde zu den Rebellen gehen und sie als Stammesbrüder um Hilfe bitten. Und dann holen wir dich hier heraus. Martha, glaub mir, das ist die einzige Chance, die wir haben.«

Martha zitterte am ganzen Körper. Sie weinte leise, während ich mich auf meine gefährliche Reise vorbereitete und die wenigen Habseligkeiten packte, die mir auf dem Weg helfen konnten.

»Möge Gott dich beschützen, Ben, denn du gehst in die Höhle des gefährlichsten Löwen!«, verabschiedete Martha mich schweren Herzens. Sie ergriff meine Hände und betete für mich.

Ich nahm Martha zum Abschied minutenlang in den Arm, dann lief ich los. Nur einen kurzen, schmerzvollen Blick warf ich auf mein Zuhause und meine liebe Schwester.

NIGERIA

Kinder, jetzt machen wir Urlaub!«, rief mein Vater am Morgen, als wir Abidjan verließen, um nach Lagos in Nigeria zu fliegen. »Es hilft den Menschen in Liberia nicht, wenn wir uns vor Sorge um sie hinter dem Radio verkriechen. Wir werden weiter jeden Morgen und Abend für sie beten.«

»Euer Vater hat Recht!« Meine Mutter nickte mir zu. »Du kannst Ben und deinen anderen Freunden nicht helfen! Wir müssen abwarten, was weiter passiert. Und wir sollten jetzt erst einmal Kraft tanken.«

»Wir sind in Nigeria auch ganz nah an der Grenze zum Niger. Ihr wisst ja, dass ich dort noch immer nicht einreisen darf, aber ein paar Freunde von früher haben versprochen, uns zu besuchen. Die sind schon gespannt, wie groß ihr inzwischen seid.«

Wenn ich auch froh war, Abidjan zu verlassen, so konnte ich die Freude meiner Eltern nicht teilen. Ich hing immer noch meinen Gedanken an Ben nach. Wie sollte ich »Urlaub machen«, während er im Krieg um sein Überleben kämpfte. Das war nicht gerecht!

Eine Hitzewand, wie ich sie nicht einmal in Liberia erlebt hatte, raubte mir nach der Landung in Nigeria den Atem.

»Bleibt dicht bei mir!«, rief mein Vater, und wir drängten uns durch Gruppen zwielichtiger Personen zum Zollschalter durch. Dort wurde meinem Vater nahegelegt, eine bestimmte Summe Geld zu bezahlen, Schmiergeld genau genommen. Aber mein Vater weigerte sich, zumal wir kaum Geld besaßen. Als der Zollbeamte einsah, dass wir uns nicht erpressen ließen, schickte er uns wild fluchend fort. Wir machten, dass wir schleunigst aus seinem Blickfeld kamen, bevor er sich noch mehr in Rage schrie.

Wir nahmen ein Taxi zu einem Missionsgästehaus in Kano. Wir würden dort ein paar Tage verbringen, denn mein Vater wollte sich zuerst mit einem alten Freund treffen. Er hieß Mallam Garba, ein ehemaliger Medizinmann, der jetzt Pastor in Dungas war und extra nach Nigeria reiste, um Vater ein letztes Mal zu sehen. Mein Vater kannte ihn seit seiner ersten Nigerreise. All die Jahre hatte er mit ihm in engem Kontakt gestanden.

Als wir das Gästehaus erreichten – es machte einen äußerst schäbigen Eindruck –, mussten wir uns erst einmal gedulden, da unser Zimmer »gerade gesäubert wurde«, wie es hieß. Meine Mutter, die sich diese Reinigungsaktion anschauen wollte, kam entsetzt zu uns in den Speisesaal.

»Hier bleiben wir nicht! Spinnen und Rattenköttel haben die entfernt, das Zimmer ist ein einziger Schweinestall!«

Wir verzogen alle die Mundwinkel.

»Entweder es wird richtig gesäubert oder wir suchen uns etwas anderes! Ich habe ja schon viel erlebt, aber das …«

Mein Vater sorgte dafür, dass das Zimmer noch einmal gründlich geputzt wurde, und am Abend bezogen wir den kleinen Raum ohne Fenster und ohne Lüftung. Keiner von uns vieren machte in dieser Nacht ein Auge zu. Bei 43 Grad Hitze war an Schlaf einfach nicht zu denken.

Unsere einzige Hoffnung, die uns am Morgen auf die Beine brachte, war das im Prospekt hochgelobte amerikanische Frühstück. Tatsächlich servierte man uns Toast und Wasser mit verdünnter Kondensmilch. Mit afrikanischer Gelassenheit begegnete das Personal unseren Beschwerden. Am dritten Morgen kapitulierten wir und kauften in einem Supermarkt Baguettes und Butter.

Mir gefiel es in Kano nicht, und in dem muffigen Zimmer fiel mir die Decke auf den Kopf. Nicht mal zum Lesen hatte ich Lust. Mir fehlte Bewegung, ich vermisste mein Sportprogramm, das Meer und den Regenwald. Wie sollte ich Urlaub machen, wenn ich all meinen Lieblingsbeschäftigungen nicht nachgehen konnte? Ganz zu schweigen von den schlaflosen Nächten, in denen ich unaufhörlich an Ben dachte. Immer wieder erinnerte ich mich an die Nacht, in der er zu mir gelaufen war, nachdem er bei Verwandten in der Stadt nur knapp dem Tod entronnen war. Ich war niedergeschlagen. Erst als mein Vater verkündete, dass wir weiter zur Missionsstation Miango fahren würden, verspürte ich eine gewisse Erleichterung, denn dort konnte ich endlich wieder angeln, jagen und durch den Busch streunen.

Ich borgte mir schon am dritten Tag nach unserer Ankunft ein Luftgewehr von einem afrikanischen Mitarbeiter der Station und versorgte fortan seine und andere schwarze Familien mit Tauben und kleinen Tieren, die ich schoss. Als Dank hoben sie mir Leckereien aus der Küche auf oder machten mir nach Sonnenuntergang die Lichter auf dem alten Basketballplatz an, damit ich in der kühlen Abendluft ein paar Körbe werfen konnte.

»Hey, darf ich mit dir trainieren?«, rief eines Abends ein junger Mann. »Ich bin Rudi.«

»Klar.« Ich stellte mich ebenfalls vor. »Wohnst du hier?«

»Nein, ich bin bei meinen Eltern zu Besuch. Ich lebe in Pennsylvania, dort gehe ich aufs College.«

Rudi war ein begnadeter Basketballer. Wir verabredeten uns sogleich für den nächsten Abend.

»Ich wäre auch gern so gut wie du …«, gestand ich Rudi nach unserem zweiten Spiel.

»Hey, das ist doch kein Problem, du musst nur üben, üben, üben. Pass auf, ich mache dir mal einen Trainingsplan.« Rudi schrieb etwas auf einen kleinen Block, den er aus seiner Hosentasche gefischt hatte.

»Vier Stunden pro Tag?« Ich sah abwechselnd auf den Block und zu Rudi.

»Vier Stunden sind Minimum, wenn du richtig gut werden willst.«

»Hm ... Na gut. Hab sowieso nichts Besseres zu tun«, sagte ich lachend.

Es war wohl die beste Therapie gegen meine Traurigkeit. Jeden Tag trieb ich mich nun an meine körperlichen Grenzen und lebte deutlich auf. Während sich die anderen Kinder und Jugendlichen in der Mittagshitze einen schattigen Platz suchten und sich ausruhten, tigerte ich über den Asphalt des Basketballplatzes und versuchte, legendäre Spielzüge einzustudieren. Ich träumte davon, als Topspieler der National Basketball Association (NBA) gefeiert zu werden. Und dafür gab ich alles!

Nachdem Rudi abgereist war, freundete ich mich mit Mike Powers an, einem 32-jährigen Mechaniker aus Kalifornien, der ebenfalls für einige Wochen in der Missionsstation zu Besuch war. Mit Mike konnte ich nicht nur gnadenlos um den Ball kämpfen, mit ihm hatte ich auch endlich wieder jemanden zum Reden gefunden. Es tat mir gut, ihm von Liberia und von Ben und Beth zu erzählen, auch wenn ich ihm nichts von meinen quälenden Sorgen verriet, die durch die BBC noch geschürt wurden. Mit den Berichten über immer mehr Tote sank meine Hoffnung, in ein paar Wochen nach Liberia zurückzukehren. Ob ich ELWA je wiedersehen würde? Waren wir nicht in einem gewissen Sinn auch Flüchtlinge? Wir waren mit nur einem Koffer überstürzt aufgebrochen und hatten in Liberia all unsere persönlichen Dinge zurückgelassen. Wir hatten nicht einmal genug Kleidung für den weiteren Aufenthalt. Dass wir länger blieben als nur ein paar Wochen, stand bald fest.

»Ich kann als technischer Mitarbeiter in der Missionsstation arbeiten«, sagte mein Vater eines Tages beim Abendbrot.

»Und du, Mikel, könntest in Hillcrest zur Highschool gehen. Das ist eine christliche Schule mit immerhin 600 Schülern.«

Mein Gesicht muss sich aufgehellt haben, denn meine Mutter sagte: »Freu dich nicht zu früh, es gibt einen Haken.«

Gespannt wartete ich, was jetzt kam.

»Du müsstest dort im Internat wohnen, Mikel. Am Wochenende kommst du uns dann natürlich besuchen. Was meinst du?«

»Yeah!«, rief ich und riss zum Erstaunen meiner Eltern die Faust hoch. Für mich war die Vorstellung, ohne meine Eltern und unter lauter anderen Jugendlichen zu leben, grandios.

Gleich am nächsten Tag fuhren wir nach Hillcrest. Meine Internatseltern Hillary und Steve Beacham mochte ich auf Anhieb. Steve, Sportlehrer an der Schule, war ein schlaksiger Zweimeterriese. Wie er hatte seine Frau Hillary das Herz am rechten Fleck und jede Menge Temperament.

Der Wechsel in dieses neue, geordnete Schulleben, die freundschaftliche Fürsorge von Steve und Hillary und das Zusammensein mit Gleichaltrigen taten mir gut. Ich dachte nur noch hin und wieder an Liberia, und die Alpträume ließen allmählich nach. An Beth dachte ich schon seit einiger Zeit nicht mehr ständig. Jetzt gab es auch Christy. Mit Steves 16-jähriger Tochter verbrachte ich die meiste Zeit. Ich himmelte sie an.

Für mich hätte nun alles so bleiben können. Ich hatte es trotz des schweren Abschieds von Liberia geschafft, mich in der neuen Umgebung einzufinden und mich wohl zu fühlen;

ich hatte Freunde gefunden und ging leidenschaftlich meinen sportlichen Interessen nach.

Aber dann eröffneten mir meine Eltern bei einem Wochenendbesuch, dass unser Abschied von Nigeria nahte.

Warum wieder fortgehen? Warum? Aber ich stellte meinen Eltern diese Frage nicht. Vielleicht war ich es als Missionarskind einfach schon gewohnt, dass ich immer wieder fortmusste. Angelika und ich versuchten zusammenzuzählen, wie oft wir schon umgezogen waren … Es waren etliche Male.

FLUCHT ZU DEN REBELLEN

Ich hatte Glück. Ein Händler nahm mich auf der Ladefläche seines alten Lkws ein Stück mit, bis wir auf eine Flüchtlingsgruppe trafen, die stadtauswärts in Richtung Roberts International Airport lief. Ihr schloss ich mich an. Ich hatte meinen Pass, die 50 Dollar von Mikels Eltern, einige Fotografien von mir und Mikel mit seiner Familie und seine Adresse in Abidjan in meiner Tasche. Wir waren auf der Hauptstraße noch nicht weit gekommen, als vor uns Tumulte ausbrachen.

»Da vorn sind zwei Dutzend Regierungssoldaten, die jeden Zivilisten nach Bargeld durchsuchen!«, rief ein alter Mann vor uns. »Wer versucht zu fliehen, wird erschossen!«

Langsam bewegte sich der Tross Flüchtlinge weiter. Am Straßenrand lagen entkleidete Leichen wie achtlos weggeworfen im Staub. Es waren nur noch wenige Meter bis zu dem Kontrollpunkt der Soldaten. Im Gedränge konnte ich nicht sehen, was dort genau vor sich ging. Vor Angst krampften sich meine Hände zusammen.

»Wer möchte zum Camp des Leidens fahren? Kostenlose Fahrt!« Am Straßenrand stand ein bulliger Soldat, der, während er seinen Spruch immer wieder aufsagte, den vorbeigehenden Frauen an die Brüste fasste. Mit gesenkten Köpfen schoben wir uns weiter.

Kein Augenkontakt, bloß kein Augenkontakt, *sagte mir eine innere Stimme. Wir waren nur noch wenige Meter vom*

Kontrollpunkt entfernt, als ein älterer Mann vor mir ein schwarzes abgenutztes Funkgerät aus seiner Hosentasche zog, es einschaltete und hineinflüsterte. Plötzlich begann ein vielleicht zehnjähriger Junge laut zu schreien. Er deutete dabei immer wieder auf den Mann mit dem Funkgerät. Im nächsten Moment packten mehrere Soldaten den Alten auch schon und zerrten ihn an den Straßenrand. Der Mann beteuerte, dass er kein Spion sei und nur seine Familie informiert habe, aber einer der Soldaten hielt ihm den Gewehrlauf an die Schläfe und drückte ab. Der tote Körper stürzte zuckend in den Straßengraben.

Nun hieß der Soldat, der den Schuss abgefeuert hatte, den Jungen vorzutreten. Wir anderen machten ihm Platz. Der Soldat klopfte dem Jungen auf die Schulter.

»Commander Sir, ich will auch Soldat werden. Kann ich mithelfen?«, hörte ich den Jungen fragen. Die Antwort verstand ich nicht mehr, denn ich wurde nach vorn geschubst und musste aufpassen, dass ich im Gedränge nicht stolperte. Fassungslos fragte ich mich, ob dieses Kind tatsächlich stolz darauf war, einen Mord angezettelt zu haben. Vor Furcht bebend, schlich ich vorwärts. Nur noch wenige Meter, und ich war dran.

»Ausziehen!«, schrie ein Offizier und stieß den Jungen vor mir, der etwa in meinem Alter war, so heftig mit dem Gewehrlauf in die Seite, dass er hinfiel. Mit dem Gesicht im Dreck flehte der Junge um sein Leben. »Sir, bitte, Sir. Ich habe nichts gemacht – ich bin nur Student an der University of Liberia. Bitte, bitte, Sir, seien Sie gnädig.«

»Solche Akademiker wie du haben unser Land kaputtgemacht. Zieh dich sofort aus, und lauf weg!«, brüllte der Offizier und trat nach ihm. Der Junge ahnte wohl, dass er nicht weit kommen würde. Er blieb vor Angst schlotternd liegen und schluchzte erbärmlich. Wie hungrige Straßenköter stürzten sich drei Soldaten auf ihn, traten und schlugen ihn und zerrten ihn hoch.

»Lauf zu dem Wald dort drüben, oder wir knallen dich gleich hier ab!«, schrie der Offizier. Gebückt stolperte der Junge in Richtung Wald. Er kam vielleicht zwanzig Meter, da hob der Offizier sein Gewehr und schoss auf seinen Rücken. Ich sah kein Blut, aber drei kleine, runde Einschusslöcher. Der Junge ging kopfüber zu Boden. Ich starrte noch auf seinen leblosen Körper, als mich eine Hand nach vorn zerrte. Ich blickte in die mörderischen Augen des Offiziers.

»Und wer bist du? Papiere her!«, knurrte er.

Ich gab ihm meinen Pass.

»Aha, ein Gio, eh? Genau auf solche Spinner haben wir gewartet. Was machst du hier? Willst du dich den Rebellen anschließen und unsere Position verraten, du Hund?«

»Nein, nein, Sir, ich will nur Essen suchen. In der Stadt gibt es nichts mehr, und ich verhungere. Glauben Sie mir, Commander, Sir!« Ich merkte, dass meine Stimme einen ebenso flehentlichen Klang hatte wie all die anderen vor mir. Das erschreckte mich.

»Taschen leeren!« Der dünne, schwarze Lauf des Gewehrs zuckte wie eine dunkle, todbringende Schlange in der Nähe meiner Hosentaschen. Zitternd befolgte ich den Befehl und holte hastig alles heraus, was ich besaß. Ich zeigte dem Offizier die 50-Dollar-Note, die drei Bilder von Mikel und seiner Familie und den Zettel mit der Adresse. Das Geld steckte der Offizier wortlos ein. Den Blick auf die Fotografien geheftet fragte er: »Kollaborierst du mit den Amerikanern oder den Europäern, du Hurensohn?«

»Nein, Sir, das ist nur ein alter Schulkamerad, Sir!«

Er zerriss die Bilder und die Adresse und warf die Fetzen auf den Boden. Dann stieß er mich weg und versetzte mir einen Tritt in den Rücken, sodass ich stürzte. Trotz der Schmerzen sprang ich – so schnell ich konnte – wieder auf meine Füße, um nicht die Jagdlust dieses blutrünstigen Soldaten zu wecken. Ich war noch nicht wieder oben, als mich ein Kolben-

schlag am Kopf traf. Mir wurde für einen Moment schwarz vor Augen. Verschwommen nahm ich wahr, dass nun noch weitere Soldaten auf mich zukamen. Ich drehte mich um und stürzte davon. Vor Angst fast von Sinnen, stolperte ich fort, setzte Fuß vor Fuß, ohne auch nur einmal zurückzuschauen.

Jeden Moment erwartete ich, von Kugeln durchlöchert zu werden, doch die Schüsse blieben aus.

»My people, ya come for me, eh!«, *stammelte ich entsetzt vor mich hin. Und mein Ruf nach Hilfe sollte erhört werden. Nach mehreren Kilometern traf ich auf eine Flüchtlingsgruppe. Auf einmal rief eine Stimme: »Ey, Ben. Das ist ja ein Zufall!«*

Ich sah mich um und entdeckte Nazra, einen Schulfreund. Und da waren ja auch David und Joel, die mussten alle drei zusammen aufgebrochen sein ... Ich drängelte mich zu ihnen durch, und wir begrüßten uns stürmisch. Auf dem Weg erzählten wir uns, was wir seit dem Ausbruch der Unruhen erlebt hatten. Als ich meine Freunde fragte, ob einer wisse, was das Camp des Leidens sei, senkte Nazra den Blick. »So nennen die Soldaten eine Baracke am Strand, zu der sie Gios bringen, um sie als Zielscheiben für die Übungen junger Rekruten zu benutzen. Du wirst entweder von Kugeln durchbohrt oder bekommst die Bajonette der Soldaten zu spüren. Sie rammen sie in dich, als wärst du ein Sack Mehl! Die Entsorgung der Leichen überlassen sie den Haien in der Bucht.«

Dass ein Krieg Fürchterliches anrichtet, das war mir klar gewesen, aber wie unmenschlich die Regierungssoldaten waren, wie abartig ihre Lust am Töten war, wie unbändig ihr Hass, das erkannte ich erst jetzt. Nazra, David, Joel und ich trennten uns bald von dem Flüchtlingstreck, da dieser die Aufmerksamkeit von Soldaten auf sich zog. Wir schlichen parallel zur Hauptstraße durch den Wald. Als wir nach einigen Stunden Marsch den nächsten Kontrollpunkt am Horizont sahen, machten wir einen weiten Bogen darum. Wir kamen an einem Reisfeld vorbei, als plötzlich Schüsse durch die Luft peitschten und Kugeln an unseren Köpfen vorbeisurrten. Das klang, als ob die Luft von einem Bienenschwarm erfüllt sei. Jemand schrie Befehle. Wir rissen die Hände in die Höhe.

»Tut uns nichts. Brüder, bitte, verschont uns!«, jammerte Joel. Wir anderen stimmten in das Flehen ein. Geduckt und mit erhobenen Händen liefen wir durch das Feld. Mir blieb vor Angst fast die Luft weg. Aus allen Richtungen sah ich Mündungsfeuer aufblitzen. In die Bäume am Rand des Feldes schlugen Kugeln ein – aber ich entdeckte keinen der Angreifer.

Panik erfasste mich.

Hier werden wir sterben, *dachte ich, als die Schüsse plötzlich verstummten. Nur noch unser Jammern war zu hören. Der Geruch von Pulver lag über dem Reisfeld. Wir blickten uns ängstlich um.*

Was war geschehen?

»Ey, Mann, was war das? Ein Geistergefecht?«, flüsterte ich.

»Joojoo-Kämpfer, Mann!« Joel atmete laut auf. »Da haben wir noch mal Glück gehabt.«

Gebückt schlichen wir aus dem Feld.

»Joojoo-Männer? Du meinst, die gibt es wirklich?«

»Kannst du dir das da eben irgendwie sonst erklären, Bruder? Wegen dieser schrecklichen Joojoo-Angriffe sind die Regierungssoldaten doch auch so brutal gegen uns. Die verlieren jeden Kampf, wenn schwarze Magie im Spiel ist.« Joel hob die Arme zum Himmel.

»Da weiß man gar nicht, vor wem man jetzt mehr Angst haben soll …« Nazra verstummte.

O mein Gott, beschütze uns alle, und zeige deine Kraft! Wir kämpfen nicht gegen Fleisch und Blut, sondern gegen Mächte der Finsternis – dieser Vers aus der Bibel fiel mir plötzlich ein, und ich betete ihn stumm immer wieder, wäh-

rend wir weiter vorsichtig durch hohes Gras und über Felder liefen.

Nach mehreren Stunden Fußmarsch schrien wir plötzlich wie im Chor auf. Vor uns lagen sechs geköpfte Leichen im Gras. Jemand rief: »Wer seid ihr?« Unsere angstvollen Blicke wanderten zu einem Baum in der Nähe. Mir stockte erneut der Atem, als ich die sechs grauen, ausgebluteten Köpfe erblickte, die auf dem Boden um den Stamm aufgereiht standen. Die leblosen Augen starrten uns an. Darüber baumelten die Beine eines Mannes, der nur mit einer Unterhose bekleidet war. Mit einer blonden Damenperücke auf seinem schwarzen Schopf thronte er auf einem Ast. Er rief: »Na los, antwortet schon, wer seid ihr? Kommt her!«

War das ein Rebell? Ein Joojoo-Mann? Oder bloß irgendein Verrückter?

Zögernd traten wir näher. »Wir sind Gios«, sagte Nazra leise.

Ich brachte keinen einzigen Ton hervor.

Erst jetzt sahen wir, dass der muskulöse Körper des Kriegers mit getrocknetem Blut und Dreck befleckt und zudem mit eitrigen Kratzwunden übersät war. Doch am furchterregendsten war der Blick aus seinen eiskalt blitzenden Augen, unter denen sich rituelle Stammesnarben in tiefen Furchen durch das Gesicht zogen.

Der Mann winkte uns ungeduldig näher heran und wies uns mit seinem Maschinengewehr Plätze zu. Völlig verängstigt traten wir zwischen die leblosen Häupter wie in einen Kreis stummer Zeugen.

»Name?«, fragte er.

Nazra antwortete zaghaft: »Nazra Bulley.«

»Aha. Und was bedeutet dein Name in Gio?«

»Schnelle Schildkröte.«

»Richtig. Du bist ein Gio – geh weiter!«

Ich erschrak zutiefst. Ich wusste nicht, was mein Name Kwato Zahn bedeutete. Nie hatte mir jemand erzählt, dass mein Name überhaupt eine Bedeutung hatte. Außerdem hatte ich die letzten Jahre bei Steven und Martha meist Englisch gesprochen. Die Sprache meines Volkes war mir längst nicht mehr so vertraut wie früher als Kind in Nimba.

Während ich verzweifelt überlegte, was ich antworten könnte, hatten Joel und David ihre liberianischen Namen und deren Bedeutung genannt und durften nun ebenfalls weitergehen.

»Hey, du – wie heißt du?«

Ich zitterte am ganzen Leib und stammelte: »Ben – Benjamin Kwato Zahn«

Er schwenkte das Gewehr, was so viel hieß wie »Los, weiter, die Bedeutung«, und wartete.

»Sir, das ist nur ein Name, er hat keine Bedeutung«, stammelte ich.

»So, so. Schau mal an. Keine Bedeutung.« Er sprang von dem Ast herunter und baute sich vor mir auf. »Okay – letzte Chance. Wie heißt Stachelschwein in Gio?«

»Oh, Sir – ich habe die letzten Jahre fast nur Englisch geredet.« In meiner Panik sprach ich immer schneller und kreischte. »Ich – ich weiß nicht mehr alle Wörter, Sir. Bitte, bitte, glauben Sie mir.«

Der Krieger drehte sich um, bückte sich und hob eine blutverschmierte, gekrümmte Sichel aus dem Gras auf.

»Meine Herren«, wandte er sich an meine Freunde, die abseits zusammenstanden und ängstlich herüberblickten. »Ihr habt einen Feind bei euch. Wollt ihr ihn mit hinter unsere Linien nehmen, damit er unsere Geheimnisse ausspioniert? Ich werde diesen Mann entsorgen!«

Stachelschwein auf Gio, na los, ich muss das doch wissen, Stachelschwein, Stachelschwein …, *hämmerte es in meinem Kopf.*

»Ihr vergesst diesen Verräter jetzt und geht weiter. Wenn ihr aber noch mal so jemanden mitbringt, schlachte ich euch alle. Und jetzt haut ab!«

Sein Gesicht kam meinem ganz nahe. »Und knie dich hin!«

»Aber wirklich, Sir. Ich bin ein Gio aus Nimba!«

»Es stimmt. Er ist ein Gio!«, rief David.

»Er ist kein Verräter!«, schrie Nazra.

»Er kommt aus demselben Dorf wie ich!«, beteuerte Joel.

»Ruhe! Wer die Sprache der Gio nicht spricht, ist ein Feind!«

Ich spürte schon die rostige Klinge an meinem Nacken, da fiel mir plötzlich das Wort »tic« ein.

»Tic!«, rief ich. »Tic. Stachelschwein.«

»Sag's noch mal, du Hund!«, knurrte der Krieger.

»Tiiiiic«, wiederholte ich laut. Meine Stimme überschlug sich fast.

Er nickte verwundert. »Mann, haut bloß ab, ihr Idioten. Und du, Hund, lern deine Sprache erst mal richtig.«

»Danke, danke!«, rief ich, und wir stürzten über die Wiese davon. Aus Angst, dass er uns doch noch erschießen könnte, drehte ich mich immer wieder um. Der Krieger fluchte laut hinter uns her, machte aber keine Anstalten, uns zu verfolgen. Jetzt wusste ich, woher er diese Kratzwunden auf der Brust hatte. Die Opfer hatten sich gewehrt … Beinahe hätte er mich auch ermordet.

Am ganzen Körper zitternd torkelte ich wie ein Betrunkener hinter meinen Freunden her, bis wir im Schutz einiger Bäume anhielten und uns vor Erleichterung euphorisch in den Armen lagen.

»Das war ein Rebell. Der scheint die Gegend zu kontrollieren. Also wird das Lager der Rebellen nicht weit sein«, sagte Nazra und versuchte zu lächeln.

Doch dann kam die Ernüchterung.

»Wenn das alles solche Teufel sind, dann weiß ich nicht, ob wir das Richtige tun …«, sagte ich leise.

Joel nickte. »Aber wo sollen wir sonst hin?«

»Wir haben keine Wahl. Wir können nicht zurück, und wir können auch nirgendwo anders hin. Wir müssen uns in das Lager der Rebellen durchschlagen. Das ist unsere einzige Chance!«

Schweigend zogen wir weiter. Nach einer halben Stunde etwa hörten wir auf einmal Schüsse in der Nähe. Nazra kletterte auf einen Baum. »Dahinten ist ein Dorf. Da kommen die Schüsse her. Aber Menschen sehe ich keine. Auch keine Soldaten.«

»Hoffentlich nicht schon wieder so ein Joojoo-Angriff!«, zischte David.

Wir warteten eine Stunde lang im Gebüsch, bis der letzte Schuss verhallt war. Dann schlichen wir in das Dorf. Wir gingen durch die verlassenen Straßen und kamen zu einem zweistöckigen Wohnhaus, einem ungewöhnlich hohen Gebäude für diese Gegend. David rief mutig: »Bok! Bok!«

Schritte näherten sich, und dann trat ein Mann ins Tageslicht, bei dessen Anblick wir alle ein paar Schritte zurückwichen. In seinen abstehenden Haaren hingen Laub, tote Insekten und dicke Schmutzklumpen. Seine schwarze Hose stammte wohl von einem feinen Anzug. Sein nackter Oberkörper war mit Krusten aus Schlamm und Blut bedeckt. Ein beißender Gestank nach Schweiß und Urin überrollte uns wie eine Welle, als sich der Mann zu uns vorbeugte.

Ich musste beim Anblick dieses Verrückten leise kichern. David stieß mir den Ellenbogen in die Seite und flüsterte: »Lass das, sonst bist du tot!«

Der Verrückte zog eine Pistole aus seinem Gürtel, lud sie durch und grinste uns an: »Wer seid ihr?«

»Wir sind Gio-Flüchtlinge, die Rettung bei euch suchen, Sir!«, antwortete Nazra für uns.

»Namen?«

Oh nein, nicht schon wieder. Wenn der jetzt wieder die Bedeutung …

»Namen!«, wiederholte der Verrückte und zeigte auf Nazra.

Nachdem dieser seinen Namen genannt hatte, ging der Mann die Reihe weiter durch. Schließlich fragte er mich.

Mit klappernden Zähnen presste ich »Benjamin Kwato Zahn« hervor.

»He? Sag das noch mal!« Der Lauf der schwarzen Pistole verharrte zwischen meinen Augen.

»B-Benjamin Kwato Zahn, Big Commander Sir«, stammelte ich. Vor Angst brach mir die Stimme.

»Zahn, eh? Mitkommen!«

Die Pistole sank vor meinen Augen wie eine gelangweilte schwarze Kobra. Unhörbar ließ ich die angehaltene Luft aus meiner Lunge entweichen.

Wir folgten dem Mann durch dunkle Flure bis zu einem kleinen Eckzimmer.

»Wer das Zimmer verlässt, wird erschossen!« Damit knallte er die Tür zu.

Wir standen eine Weile und horchten, dann legten wir uns auf den Boden. Erst jetzt spürten wir, wie müde wir von unserem langen Marsch waren. Während das wenige Tageslicht verschwand, diskutierten wir im Flüsterton, wo wir hier wohl gelandet waren. Ob dieser verdreckte Kerl tatsächlich zu den Rebellen gehörte, und ob noch mehr von diesen Typen hier herumlungerten? Aber im Haus blieb es still, die Nacht brach an, und wir schliefen erschöpft ein.

Jäh wurde die Tür aufgetreten. Ich allein wurde hochgerissen und aus dem Zimmer gezerrt. Zwei Männer stießen mich wortlos die Stufen in einen Hof hinunter, wo ein großes Feuer brannte. Im Schein der Flammen konnte ich etwa dreißig junge Rebellen ausmachen, die um das nächtliche Feuer herumsaßen oder lagen. Manche schliefen, manche reinigten ihre Waffen, andere tranken oder spielten mit Würfeln. Weiter hinten in einer dunklen Ecke machten meine Augen die Umrisse eines Rebellen aus, der sich über eine Frau beugte. Sie stöhnte vor Schmerzen. In einer anderen Ecke lag noch eine Frau reglos da. Nur ihr Wimmern zeugte davon, dass sie noch am Leben war.

Einer der Rebellen schubste mich zu einer Gruppe Kindersoldaten. Sie saßen zu Füßen eines Mannes, der auf einer umgedrehten Getränkekiste hockte und aus einer großen Schüssel Löffel voll Reis in seinen Mund schaufelte.

»Commander Hopeless, das ist der Junge!«, sagte einer meiner Begleiter.

Jemand stieß mich, und ich landete bäuchlings vor dem Commander auf dem Boden. Ich wagte nicht, zu ihm aufzuschauen. Was für Folterspiele hatten die Männer jetzt mit mir vor? Ich war ihnen hilflos ausgeliefert.

»Setz dich so zum Feuer, dass ich dein Gesicht sehe!« Die tiefe Stimme klang heiser und müde.

Ich richtete mich auf und hockte mich zitternd auf die umgedrehte Cola-Kiste, die einer meiner Bewacher mir zuschob. Nun erst wagte ich es, den Commander anzusehen.

Er kaute schweigend weiter und erwiderte meinen Blick, während ihn das Flackern des Feuers in ein dunkelrotes Licht tauchte. Ich konnte meine Augen eine ganze Weile nicht abwenden. Sein Gesicht war kantig, und ein ungepflegter Bart bedeckte seine Wangen. Das Weiße seiner Augen und seine Zähne schienen rot zu glühen. Kleine Knochen waren in seine Haare eingefädelt. Er trug mehrere Halsketten, die ebenfalls aus Knochen und jeder Menge anderer seltsamer Bestandteile zusammengeknotet waren. Eine tote, inzwischen getrocknete Schlange hing ihm um den Hals, und über seiner Brust und überall an seinem Körper baumelten Joojoo-Säckchen.

Um die Oberarme hatte Commander Hopeless jeweils mindestens zehn Riemen mit diversen bunten Schächtelchen gebunden, die bei jeder Bewegung leise rasselten. Er trug eine Armeeweste, deren Taschen mit Munition gefüllt waren. Zwei lange Streifen großkalibriger Munition kreuzten sich um seine Brust, und um die Hüfte hatte er den Gürtel für die Sichel gebunden, die er neben sich abgelegt hatte. Zwei glänzende Pistolen und ein traditionell verzierter Dolch steckten im Gürtel.

Wer war dieser mächtige Mann, dem die Rebellen anscheinend gehorchten? Und was wollte er von mir?

»Wie heißt deine Großmutter, Sohn?«, fragte er in ruhigem Ton.

»Beahali, Commander Sir.« Ich konnte meine Lippen vor Angst kaum kontrollieren. »Sir, ich flehe Sie an, verschonen Sie bitte mein Leben, Commander Sir!«

Ungerührt fragte er: »Und wie heißt der Fluss, der direkt hinter ihrem Haus fließt?«

»Zlan Creek.« Ich war erleichtert, dass ich die Fragen beantworten konnte.

Der Commander grinste mich an.

Ich grinste zurück, um ihn nicht zu verärgern.

»Willkommen, mein Kleiner! Hier bist du erst mal sicher. Meine Informanten haben mir erzählt, dass ein Verwandter kommt. Ich bin dein Onkel Johnson.«

»Mein – mein Onkel Johnson?« Es gab tatsächlich einen entfernten Onkel mit Namen Johnson, den ich aber noch nie im Leben gesehen hatte. War dieser Onkel Johnson ein Rebell, ein Commander, Commander Hopeless? Es dauerte eine Weile, bis ich begriff, dass ich diese Nacht ganz sicher überleben würde. Fassungslos vor Erleichterung starrte ich meinen Retter an.

»Du kannst ruhig den Mund schließen, Ben«, lachte Onkel Johnson. »Du schaust aus, als ob du einen heartman *gesehen*

hättest.« Jetzt lachte er schallend, und die Kindersoldaten um uns herum stimmten schnell mit ein. »Aber nun erzähl mir, wie du es bis hierher geschafft hast. Und wie ist die Lage in der Hauptstadt?«

Er zog meine Kiste näher zu sich heran und bot mir einen Löffel an. Dann durfte ich mit meinem Onkel, dem Commander, am Lagerfeuer aus derselben Schüssel essen. Ich hatte einen Bärenhunger. Während ich hastig kaute und so viel wie möglich hinunterschlang, fühlte ich mich zum ersten Mal seit Wochen wieder beschützt. Mein Onkel Johnson, ein Rebellen-Oberhaupt, dessen Anblick einen bereits das Fürchten lehrte … Sein Schutz war meine Sicherheit.

REBELLENLEBEN, die Hölle der drei Türen und ein alter Bekannter

Ich erzählte Onkel Johnson von meinem Leben auf ELWA, von Mikel, von Martha und Steven, von der Abreise der Missionare, der Ankunft der Flüchtlinge und dem Brandanschlag auf die Lutheran Church.

Da riss mein Onkel wütend seinen Dolch aus seinem Gürtel und rammte ihn in den Boden. »So wird die Rache aussehen, Ben! Wir werden jeden einzelnen Krahn wie die Hühner schlachten!« Seine Augen funkelten wild. »Wie bist du ihnen denn entkommen, mein Kleiner?«

»Ich – ich konnte flüchten«, antwortete ich zaghaft. Er hob die Hand, als wollte er mir zurufen, weiter, nur weiter. Ich erzählte ihm also von den Kontrollpunkten der Soldaten, von den vielen Leichen und schließlich von dem mysteriösen Feuergefecht auf dem Reisfeld. Ein Leuchten in den Augen meines Onkels ließ mich stocken.

»Es war, als hätten uns Geister angegriffen«, erzählte ich. »Manchmal meine ich, wir können das nur geträumt haben.«

»Mein Kleiner, siehst du das hier?« Er deutete auf seine Halskette. »Schau mal genau hin – aber nicht berühren!«

Ich beugte mich vor, konnte aber nicht ausmachen, was diese dunklen, verschrumpelten Anhänger darstellen sollten.

»Das sind Menschenohren! Damit mich keiner hört, wenn ich mich anschleiche! Du siehst, es funktioniert. Ich lebe noch!«

»Aber, Onkel …« Ich sah ihn verstört an.

»Es gibt große Geheimnisse auf dieser Welt – und ungeahnte Kräfte, Ben.« Er rief einen Rebellen, der mich finster anblickte. »Sieh!« Commander Hopeless hob den linken Unterarm des Rebellen, und im Schein der zuckenden Flammen entdeckte ich drei Beulen an dem muskulösen Körperteil.

»Wenn er Unsichtbarkeit braucht, Ben, drückt er diesen Punkt. Wenn er Schutz vor feindlichen Kugeln braucht, den mittleren. Und wenn er im Nahkampf unbesiegbar bleiben will …« Er deutete auf die dritte Ausbuchtung. »Man darf diese Kräfte nur sparsam einsetzen, denn sie sind schnell aufgebraucht und können nur durch Kinderopfer wieder erneuert werden.« Der Rebell und mein Onkel blickten mich düster an, dann lachten sie. »Wir werden diesen Krieg überleben. Unser Joojoo ist stark.«

Entsetzt starrte ich auf die seltsamen Ausbuchtungen. Wo war ich gelandet? Was waren das für Menschen? Waren das alles Joojoo-Männer? »Onkel, warum waschen sich deine Krieger nicht?«, fragte ich, als ich mit Commander Hopeless wieder allein war. Ich musste unbedingt mehr über die Leute im Lager erfahren, um sie besser einschätzen zu können.

»Meine Krieger haben einen Eid geschworen, sich nicht zu waschen, bis der Kampf vorbei ist. Dies ist ihr Joojoo, das sie unsterblich macht.«

Diese Männer, die wir für Verrückte gehalten hatten, waren also nicht nur kriegerische Rebellen, sondern sie hatten sich allesamt dunklen Mächten verschrieben. Wie sollten ich und meine Freunde zwischen so viel Bösem überleben? Waren wir umgeben von heartmen, gab es sie also wirklich? Und was würde passieren, wenn mein Onkel und seine Männer herausfanden, dass wir an Gott glaubten? Ich wagte nicht, es mir vorzustellen.

»Onkel, können meine Freunde bitte auch etwas zu essen bekommen? Sie haben mir etliche Male das Leben gerettet und sind sehr hungrig.«

Onkel Johnson lachte schallend und schlug mir auf die Schulter. »Ey, die haben wir ganz vergessen, deine Freunde.« Er rief einen seiner Männer. »He, Rambo, bring den anderen Jungen Reis.«

Sofort lief der Mann ins Haus.

Meine Freunde und ich versuchten, im Camp der Rebellen so wenig wie möglich aufzufallen. So verbrachten wir die meiste Zeit in unserem Zimmer. Doch am Abend wurden wir genötigt, uns mit ans Lagerfeuer zu setzen.

Die Rebellen gaben viel darum, aufzufallen. Darum trugen einige sogar Damenperücken und Frauenkleider. Ein Kämpfer namens No Mercy, der nur nackt in den Kampf zog, hatte den Schädel eines Esels präpariert und sich über den Kopf gestülpt. Vor allem im Dunkeln sah er furchterregend aus – wie auch die zahlreichen Halsketten aus Menschenknochen, getrockneten Penissen, Ohren, Nasen und Fingern, bei deren Anblick ich jedes Mal aufs Neue zusammenzuckte. Das Lagerfeuer warf einen gespenstischen Schein auf die Krieger, und es schien mir manchmal, als ob die Finger an den Halsketten nach den Hälsen ihrer Mörder griffen. Nazra, David, Joel und ich blieben möglichst immer zusammen und ließen uns nicht aus den Augen.

Mit ihren Heldengeschichten versuchten die Rebellen, sich gegenseitig zu übertrumpfen. Ich vermutete, dass sie auch dem Selbstschutz dienten. Denn je verrückter, unberechenbarer und furchtloser ein Krieger im Kampf auftrat, desto mehr Abstand hielten die anderen zu ihm. Es herrschte Chaos im Camp, keiner war seines Lebens sicher, zumal viel getrunken wurde. Selbst gebrannte Schnäpse machten die Runde, die so scharf waren, dass man sie leicht hätte anzünden können. Manche waren zusätzlich mit Marihuana oder Schwarzpulver versetzt. Nach dem Genuss eines solchen Trunks waren die Männer wild und unberechenbar, rannten nackt durch lodern-

des Feuer und dachten sich eine schreckliche Mutprobe nach der anderen aus. Kein Wunder, dass die Rebellen mit Kampfmaschinen verglichen wurden!

»Hier, probier mal«, forderte mich eines Abends ein Junge auf, der etwa so alt wie ich war und sich Double Trouble nannte. Ich traute mich nicht, das Getränk abzulehnen. Vorsichtig nippte ich daran. Schon diese kleine Menge brannte derart heftig in Mund und Rachen, dass ich das Gemisch sofort wieder ausspucken musste. Der junge Rebell lachte schallend.

»Ich kriege hier keinen Sold, aber ich darf behalten, was mir im Kampf zufällt«, erzählte mir Double Trouble. »Wenn ich irgendetwas haben will, hole ich es mir. Autos, Bargeld, Essen, Häuser zum Übernachten und natürlich Mädchen – so viele ich will. In meinem Dorf hätte ich es nie zu so viel Reichtum und Ruhm gebracht wie im Krieg. Da musste ich ohne Lohn auf der Farm meines Vaters schuften. Hier kann ich innerhalb von zehn Minuten 20 000 US-Dollar verdienen. Ich geh einfach an die Straße und halte den nächstbesten Wagen an, der vorbeikommt.« Er zwinkerte mir zu. »Wäre das nicht auch etwas für dich und deine Freunde?«

Ich tat so, als würde ich darüber nachdenken.

»Ihr bleibt erst einmal hier im Camp, dann sehen wir weiter«, hatte mein Onkel gesagt. Hatte auch er im Sinn, einen Rebell aus mir zu machen? Im Stillen betete ich, dass wir von weiteren Angeboten verschont blieben und endlich zu meinen Eltern nach Nimba gelangen würden.

Meine Freunde und ich lebten im Lager ständig in der Angst, den Zorn eines Joojoo-Mannes auf uns zu ziehen. Die Rebellen zögerten nicht, eine Messerstecherei oder Schießerei vom Zaun zu brechen. Die Wahrscheinlichkeit, dass einer von ihnen im Drogenrausch mit seiner Kalaschnikow auf uns ballerte, war groß. Viele Rebellen nahmen auch Kokain oder ein Aufputschmittel namens Pervitin ein. Als einer erwähnte, dass dieses Mittel aus Deutschland käme, wurde ich traurig. Ich fragte mich, wo mein Freund Mikel jetzt sein mochte. Wie es ihm wohl ging? Was hätte ich alles gegeben, um bei meinem weißen Freund und seiner Familie zu sein! Ich versuchte, mir Mikels Gesicht vorzustellen, wenn ich ihm das hier alles erzählte. Würde er mir überhaupt glauben? Das hier war so viel schlimmer als die Gewalt in den Filmen, die wir heimlich gesehen hatten. Wenn ich es selbst nicht erleben würde …

Auch Frauen und Mädchen hausten im Camp; die meisten waren Flüchtlinge wie wir. Sie übernahmen das Kochen. Da das Flusswasser wegen der verwesenden Leichen darin nicht genießbar war, garten sie den Reis in Fanta oder Coca Cola. Ihre Hauptaufgabe aber war, den Rebellen Tag und Nacht zur Verfügung zu stehen, wann immer es einen nach einer Frau gelüstete. Mädchen von zwölf Jahren mussten mehreren Männern an einem Abend ihre Liebesdienste anbieten oder sie wurden erschossen.

Achtung vor anderen Menschen oder gar Nächstenliebe kannten die Rebellen nicht. Mit ihrem unerschütterlichen Glauben an die eigene Unverwundbarkeit und mit einer Sichel am Gürtel warteten sie auf den nächsten Kampf.

Nach einer Woche kam Onkel Johnson morgens in aller Frühe zu uns ins Zimmer und überreichte jedem von uns eine Kalaschnikow. »Ich muss neue Munition in der Stadt besorgen, Jungs. Falls Soldaten hierherkommen, kämpft an der Seite meiner Männer! Und Ben, wenn es möglich ist, hole ich Martha nachts und schicke sie nach Nimba. Mal mir am besten auf, wo euer Haus genau liegt. Nicht, dass ich eine Falsche rette.« Er lachte.

Wir sprangen von unseren Matten auf. Ich zeichnete hastig mit einem Stück Kohle einen Lageplan auf altes Zeitungspapier. Dann begleiten wir meinen Onkel zu seinem Wagen.

»Einmal mehr zu schießen, ist immer besser, als selber zu sterben, Jungs! Hört ihr!?«

Wir hoben nicht ohne Stolz die Gewehre und winkten, als er in einer Staubwolke mit quietschenden Reifen davonraste. Danach liefen wir zum Waldrand und schossen ein paar Salven in die Palmen. Welch ein Gefühl! Im Unterschied zu einem Luftgewehr musste man die Kalaschnikow gut festhalten, sonst verfehlte man bei dem Rückstoß das Ziel. Mit den Gewehren im Arm stolzierten wir ins Camp zurück. Keiner der Kämpfer traute sich an diesem Tag, einen frechen Spruch in unsere Richtung zu schicken. Ich spürte zum ersten Mal die Macht, die einem solch ein Gewehr verlieh!

Die nächsten Tage blieben ruhig. David, der eine Zeit lang in Monrovia bei einem Inder gearbeitet und von ihm das Backen gelernt hatte, bereitete uns seit drei Morgen warmes Maisbrot zum Frühstück zu. So auch an diesem Tag, an dem das Camp mit rund vierzig Kämpfern und fast fünfzig Flüchtlingen besetzt war. Es hing ein süßwürziger Duft in der Luft, die vom Morgennebel getrübt war. Nazra, Joel und ich wollten gerade zu David in den Hof hinunter, als wir ein leises Pfeifen vernahmen, das nach und nach lauter wurde.

»Mist, Leute! Raketen! Auf den Boden!«, schrie Nazra plötzlich und warf sich auch schon auf seine Schlafmatte. Wir taten es ihm nach, und im nächsten Moment gab es eine so gewaltige Explosion, dass die Erde zitterte. Ich rang nach Luft. Das schnelle, trockene Rattern von Maschinengewehren wechselte sich ab mit dem dumpfen Krachen von Mörserraketen und dem hellen Pfeifen kurz vor dem Einschlag einer Granate. Nazra robbte zu dem kleinen Fenster, von dem aus man in den Hof blicken konnte. Er wagte einen vorsichtigen Blick.

»Regierungssoldaten, überall, ey!«

Ich kroch zu Nazra hinüber, als ich Davids Schreie hörte … Er lag gekrümmt in einer Blutlache und wand sich vor Schmerzen. Hilflos kauerten wir unter dem Fenster, während die Kugeln ohne Unterlass in Haus und Hof einschlugen.

Davids Schreie waren bald verstummt.

»Wir müssen hier weg!«, schrie Nazra. Im nächsten Moment durchsiebte eine Maschinengewehrsalve die Wand und riss zwischen uns drei faustgroße Löcher ins Mauerwerk.

»Oh my people, ya come for me, oh!«, *schrie Joel. Nazra gab uns das Zeichen, am Boden zu bleiben, und schlich auf allen vieren Richtung Flur. Ich hielt mir zitternd die Ohren zu. Mit der Wäscheleine, die quer durch den Flur gespannt gewesen war, kam Nazra zurück. Er legte die lange Schnur mehrmals übereinander, sodass ein dickes Seil entstand.*

Jetzt verstand ich seine rettende Idee. Er wollte uns durch das zweite Fenster abseilen, das an der Außenwand lag und mit Lianen bewachsen war! Joel und ich halfen ihm und knoteten das Ende der Leine am Türgriff fest. Dann legten wir sie vorsichtig aus dem Fenster. Wir hörten polternde Schritte im Flur, die Soldaten schienen die Häuser zu stürmen.

Im Schutz der grünen Ranken kletterten wir unentdeckt an der Hauswand hinunter und rannten in geduckter Haltung zum nahe gelegenen Wald. Um uns herum flogen Geschosse und Raketen durch die Luft. Eine armlange Rakete zischte über uns. Wir warfen uns schreiend auf den Boden. Die Explosion blieb aus. Als wir uns zögernd aufrichteten, sahen wir das Geschoss in einer weichen Bananenstaude zwei Meter von uns entfernt stecken. Sie war nicht in die Luft gegangen. Wir lebten noch! Atemlos blickten wir zurück.

Im gleichen Moment traf eine Granate unser Quartier. Es schien, als ob sich das Haus erheben und um seine eigene Achse drehen würde. Dann versank es in Schutt und Asche. Volltreffer. Eben waren wir da noch drin gewesen!

Staubwolken bedeckten die Verletzten und Toten unter den Trümmern. Dann hörten wir Jubelrufe und einzelne Pistolenschüsse …

»David«, flüsterte ich entsetzt.

»Wir können ihm nicht mehr helfen … Los kommt, weg hier!« Joel schob uns voran. Als erneut Schüsse fielen, hechteten wir in den Wald hinein und zu einem Fluss in der Nähe. Wir erreichten das Ufer – und stellten fest, dass Joel fehlte. Nazra und ich sprangen in das braune Flusswasser. Solange es meine Lunge aushielt, tauchte ich durch die Stille des Wassers. Was passierte, wenn ich mich nach oben wagte? Waren die Soldaten schon am Fluss? Wo war Joel? Lebte David noch?

Als ich zum Luftholen an die Wasseroberfläche musste, nahm ich einen Schatten wahr. Ich erschrak. Doch dann erkannte ich, dass ein Baumstamm neben mir schwamm. Ohne lange zu überlegen, griff ich zu und zog meinen Oberkörper hinauf. Da zerfetzte Maschinengewehrfeuer vom Ufer her den Stamm direkt neben mir. Ich ließ mich ins Wasser fallen – in der verzweifelten Hoffnung, dass der Schütze mich für tot hielt.

Wieder versuchte ich, so lange wie möglich unter der Wasseroberfläche zu bleiben. Meine Lunge brannte schon, als ich vorsichtig mein Gesicht an die Luft drückte. Noch immer peitschten Schüsse über den Fluss, aber sie waren nicht mehr auf mich gerichtet.

Auf einmal griff etwas nach mir und zog mich ein Stück in die Tiefe. Nazra. Lieber Gott, lass das Nazra sein, flehte ich und packte zu. Wie froh war ich, als Nazras nasser Schopf neben mir auftauchte. Wir ließen uns von der Strömung treiben.

Erst jetzt nahm ich den Geruch von Verwesung wahr, der über dem Fluss hing. Und ich schmeckte Fäulnis. Wie viele Leichen hatte dieser Wasserlauf wohl schon fortgetragen?

»Ben, du bist getroffen worden.« Nazra zeigte auf eine Fleischwunde oberhalb meiner Hüfte, nachdem wir endlich an Land gekrochen waren. Erst jetzt spürte ich einen feurigen Schmerz und sah den Streifschuss.

»Ist nur oberflächlich«, sagte ich. »Das heilt an der Luft.«

Wir schauten uns vorsichtig um, denn es war denkbar, dass der Umkreis des Rebellencamps bewacht wurde.

Nazra und ich liefen durch dichtes Buschwerk, um nicht entdeckt zu werden, und nach zwei Stunden erreichten wir ein kleines Dorf. Die Lehmhütten lagen wie verlassen da. »Keine Menschenseele zu Hause?« Wir sahen uns misstrauisch um. »Hallo?«, riefen wir leise.

Da brüllte plötzlich jemand: »He! Stehen bleiben, wo wollt ihr hin? He?«

Aus einer Gasse torkelten zwei Regierungssoldaten auf uns zu, die offensichtlich stark betrunken waren.

»Knall die einfach gleich ab, Mann«, lallte der Größere der beiden. »Können dem Rest Gesellschaft leisten, hehehe!«

Er gab nun den Blick frei auf den Marktplatz hinter ihm, auf dem Leichen lagen, Alte und Kinder, Frauen und Männer.

Ein Soldat lud seine Kalaschnikow und zielte auf mich. Ich schrie auf und duckte mich instinktiv vor den Kugeln. Aber es blieb still. Das Gewehr feuerte nicht. Es klickte noch mehrere Male, aber es löste sich kein Schuss.

»Komm! Weg!«, rief Nazra, und wir rannten um unser Leben; ich sprang mal nach rechts und mal nach links, um den Soldaten kein präzises Ziel zu bieten … Ich hatte den Jungen vor Augen, der beim Weglaufen erschossen worden war, die drei kleinen runden Löcher in seinem Rücken. Schließlich versteckten wir uns keuchend im Dickicht des Waldes.

Kein Schuss war gefallen, und ich staunte über das Wunder, dass ich noch am Leben war. Nazra umarmte mich erschöpft, dann stolperten wir weiter – fort von dem Tod in diesem Dorf.

Leise schlichen wir weiter, jeder in seine Gedanken versunken und immer auf der Hut, im nächsten Moment abermals einen Gewehrlauf vor sich zu haben. Mein Magen knurrte und riss mich aus meinen Gedanken. »Lass uns Früchte suchen, Nazra. Sonst fallen wir beide noch vor Hunger tot um.«

Nachdem wir eine Weile herumgestöbert hatten, entdeckten wir einen Mangobaum, dessen unreife Früchte wir gierig verschlangen. An den Stamm gelehnt lutschte ich an dem sauren Fruchtfleisch. Ich erinnerte mich an einen Tag, an dem ich mit Mikel aus Spaß grüne Mangos gegessen hatte, die wir mit Pfeffer und Salz gewürzt hatten. Ich schloss die Augen und vergegenwärtigte mir noch einmal die Schärfe.

Welch köstliches Mahl du mir bereitet hast, mein weißer Bruder, *hörte ich mich zu Mikel sagen. Wir hatten beide lachen müssen.*

Gestärkt vom Mangofleisch und der Erinnerung an eine gute Zeit liefen wir weiter in die Richtung, in der wir Norden vermuteten. Weit vor der Dämmerung stießen wir auf eine Straße, auf der ein endloser Flüchtlingsstrom wanderte – all diese Menschen wollten nach Norden.

Ein weiterer Kontrollpunkt der Rebellen lag vor uns, und diesmal gab es keinen Weg daran vorbei. Hinter einem großen Haus mit drei Türen sah ich einige Zelte und Häuser um einen großen Hof. Dort waren bestimmt die Baracken, in denen die Flüchtlinge untergebracht wurden, dachte ich, als mich ein vielleicht zehnjähriger Junge mit einem Maschinengewehr antrieb, schneller weiterzugehen. Ich schloss wieder zu Nazra auf. Am Straßenrand standen noch mehr Kindersoldaten, schrill gekleidete Rebellen und sogar vereinzelte bewaffnete Frauen. Vor einem braunen, feucht glänzenden Seil, das über die Straße gespannt war, ging es nur langsam weiter. Dieses Seil war auf der einen Straßenseite an einem Baum festgebunden, auf der anderen stand ein Rebell, der es hochhielt, wenn eine Gruppe Zivilisten Durchlass erhalten hatte. Hin und wieder alberten ein paar Rebellen herum und sprangen johlend über das Seil. Als wir näher an das Seil heranrückten, stellten sich mir vor Grauen die Nackenhaare auf.

»Nazra, das sind Gedärme! Nazra, das sind menschliche Gedärme! Sieh nur, da liegt der Mann. Siehst du den offenen Bauch?« Vor Übelkeit würgte ich beinahe den wenigen Mageninhalt hinaus.

»Ben, reiß dich zusammen!«, zischte Nazra, der keine Miene verzog.

Um die Schranke aus menschlichen Gedärm herum standen Dutzende Rebellen und Kindersoldaten.

»He du, herkommen, ausziehen!«, schrien die Rebellen immer wieder. Jetzt durchsuchten sie die ärmliche Kleidung einer alten Frau, die am Boden lag, am Kopf den Gewehrlauf eines Kindersoldaten.

Im Straßengraben lagen Leichen. Menschen wurden wahllos erschossen, während Nazra und ich uns der Schranke langsam weiter näherten. In dem Lärm aus Schüssen, Flehen, Gelächter, Wehklagen und Babygeschrei verstanden wir kaum das eigene Wort.

»Wir können nicht zurück! Wir müssen hier durchkommen«, zischte mir Nazra ins Ohr.

Ich wollte etwas erwidern, zuckte aber im gleichen Moment zusammen. Ein Kindersoldat führte einen älteren Mann zu der linken Tür des Hauses. Als sich der Mann nun wehrte, schubste der Junge ihn mit dem Gewehrlauf an die Wand und drückte kaltblütig ab.

Nazra und ich blickten uns stumm an.

Ich umfasste seine Hand und lehnte mich an ihn. Nazra verlor nun auch langsam die Fassung. Er stammelte leise: »My people, my people ya come for me!«

Nun begriff ich, wofür jede Tür stand: Die linke bedeutete den sicheren Tod. Die mittlere Tür war für Frauen und Mädchen gedacht, die die Soldaten sofort vergewaltigten, und die rechte Tür führte in ein Zimmer, in dem sie verhörten und folterten.

Viele der jungen Frauen, die durch die mittlere Tür gingen, hatten Babys oder kleine Kinder bei sich. Die Rebellen entrissen sie ihnen, töteten sie sofort, indem sie die kleinen Körper an die Hauswand klatschten, oder warfen sie lebend in ein Massengrab neben dem Haus.

Ein Rebell pries laut lachend Babys zum Verkauf an. »Wer ohne Schmerzen ein Baby kriegen möchte, kann sich hier sofort bedienen. Holt sie euch jetzt ab, sonst spielen wir mit ihnen, haha! Sonderangebot!«

Einige Flüchtlingsfamilien nahmen Babys mit und retteten ihnen so das Leben. Zwei Mädchen, die wohl erst sieben oder acht Jahre alt waren, standen hinter mir in der Flüchtlingsmenge. Ich sah keine Eltern oder andere Erwachsene, die sich um sie kümmerten, und ich bedauerte sie. Diese beiden Kinder gingen todesmutig zu den Soldaten und luden sich auf jeden freien Arm einen schreienden Säugling, den sie retten wollten. Ich wollte sie warnen, dass sie niemals eine Flucht mit vier Babys überleben würden, aber ich schwieg, betroffen und tief beschämt von ihrer Selbstlosigkeit. Die kleinen Ersatzmütter reihten sich tapfer wieder hinter mir ein. Ihr Anblick ließ mich verzweifeln, und mein Lebenswille sank. Es war bereits dunkel geworden, als wir an der Reihe waren. Ich zog Nazra neben mich, damit wir nicht getrennt wurden.

»Name?«, schrie mich ein Rebell an und presste mir seinen Gewehrlauf in den Bauch. Schmerz durchbohrte mich.

»Benjamin K. Zahn, aus Nimba, Cousin von Commander Johnson Zahn, alias Commander Hopeless.« Ich gab meinen Onkel an, in der Hoffnung, dass sein Name mich retten würde.

»Klar, du Möchtegern. Dann beschreibe ihn mal, von dem habe ich schon viel gehört!«, befahl der Kämpfer mürrisch.

Ich beschrieb meinen Onkel, Aussehen, Stimme, seine Wesensart und alles, was mir einfiel.

»Komm mit!«, rief der Rebell über den Lärm einiger Schüsse hinweg, und ich zog Nazra mit mir.

»Als Verwandter von Commander Hopeless darf dir hier nichts passieren. Dies ist ein Tal des Todes. Unsere Commander sind Leutnant General Nelson Gaye, chief of staff strike force marine division, und Geneneral Jack the rebel. Bestimmt habt ihr von ihnen gehört.« Er lachte höhnisch. »Wahre Dämonen!«

Dann führte er uns zu einer Baracke und stieß mit dem Fuß eine Tür auf. »Hier könnt ihr heute Nacht schlafen. Aber kommt erst am Morgen wieder heraus, wir erschießen alle, die wir bei Dunkelheit draußen erwischen. Essen wird euch morgen gebracht.«

In dem dunklen Zimmer stank es nach Verwesung, wie ich es noch nie gerochen hatte. Wir tasteten uns mühsam vorwärts. Nur der Mond und ein großes Lagerfeuer in der Nähe warfen ein schwaches Licht in den Raum. In der Ecke stand ein breites Bettgestell mit einer dünnen Matratze, sonst nichts. An Schlaf war aber nicht zu denken. Der bestialische Gestank, die Schreie, die Exekutionen, die minütlich stattfanden, die Vergewaltigungen, dann das Gejohle von Betrunkenen … Warum quälten die Rebellen ihr eigenes Volk so inbrünstig? Warum töteten sie die Zivilisten? Wollten sie die Regierungssoldaten im Völkermord übertrumpfen?

Nazra und ich hielten es in dem Zimmer kaum aus. Wir stellten uns ans Fenster, um wenigstens etwas Luft von draußen zu erhaschen. Da sahen wir zwei Rebellen, es mussten Kommandeure sein, die ein paar junge Mädchen vor sich herstießen. Sie schienen sich bis eben mit ihnen vergnügt zu haben. Jetzt grölten und lachten sie und riefen: »Hier kommt

Frischfleisch, bestes Frischfleisch!« Als sie die Mädchen weiter in Richtung Kochstelle jagten, ahnten wir das Unfassbare. »Lass das nicht wahr sein, Ben! Bitte, lass das –« Die Todesschreie der Mädchen gellten zu uns herüber, dann erklang das Gejohle der Soldaten..

Am frühen Morgen, als die Sonne ihr sanftes Licht durch das kleine Fenster schickte, lagen Nazra und ich wie benommen von dem Gestank auf der Matratze. Plötzlich hörten wir ein Glucksen unter dem Bett. Ich beugte mich hinunter – und entdeckte die steife, kalte Hand eines Toten. Ich sprang auf. Keine Ahnung, wie lange die Leiche dort schon lag. Die Verwesungsgase hatten anscheinend die geschwollene Bauchdecke platzen lassen. Der ganze Körper war in einem schrecklichen Zustand.

Wir rannten raus in den Hof und wollten nur noch fort. Doch wir liefen geradewegs in die Arme des Rebellen, der uns in das Zimmer einquartiert hatte.

»Na, Jungs? Gut geschlafen?« Er grinste unverhohlen. »Wir versorgen euch jetzt mit Waffen, und dann kämpft ihr für uns! Wartet hier!«, herrschte er uns an.

Nazra und ich trauten uns nicht, zu widersprechen. Wir warteten, bis er außer Sichtweite war. Dann gingen wir so unauffällig wie möglich an einer Zeltreihe vorbei, hinter der sich ein Wald erstreckte. Niemand schenkte uns Aufmerksamkeit. Die meisten Rebellen schliefen oder lagen betrunken um ein heruntergebranntes Lagerfeuer herum. Sobald wir im Schutz des Dickichts waren, rannten wir abermals um unser Leben.

Drei Tage lang wanderten wir in Richtung Norden. Wir trafen keine Menschenseele, nur ein kleiner schwarzer Hund lief uns am zweiten Tag zu und folgte uns. Wir fanden kaum etwas zu essen oder zu trinken, und ich war bald so geschwächt, dass mir selbst die Schuhe an den Füßen zu schwer wurden. Ich lief barfuß weiter, um Kraft zu sparen. Ich trug nur noch mein T-Shirt und eine kurze Hose, aber selbst das erschien mir tonnenschwer. Stolpernd schleppte ich mich vorwärts.

Dann erreichten wir ein kleines Dorf. Die Bewohner fragten uns, ob wir ihnen unseren Hund geben würden. »Nur im Tausch gegen Zuckerrohr und Kokosnüsse«, sagte Nazra. Und so verhalf uns das kleine Tier zu etwas Proviant.

Zwei Tage nachdem wir das Dorf verlassen hatten, sahen wir den Hund wieder. Er war den Bewohnern wohl entkommen und unserer Fährte gefolgt. Wir lachten anerkennend. Er hatte scheinbar genau wie wir um sein Leben gekämpft. Inzwischen war Hundefleisch begehrt, denn überall waren die Fleischvorräte verbraucht oder geraubt worden.

Wasser hatten wir nach wie vor nicht. Trotz des Zuckerrohrs verlor ich zusehends an Kraft und sogar an Sehschärfe. Irgendwann sackte ich zusammen. Nazra versuchte mich zu tragen, aber er war viel zu schwach. Wir stürzten beide keuchend zu Boden, und ich flehte ihn an: »Geh und suche Hilfe, mein Freund. Ich kann nicht mehr.«

»Oh, Ben, lass uns zusammenbleiben und sterben«, schluchzte er.

Ich war so müde, dass ich ihm fast zugestimmt hätte, doch dann fühlte ich eine warme, kitzelnde Schnauze auf meiner Haut. Die raue Zunge des Hundes fuhr mir über das Gesicht. Ich war so bewegt, dass auch mir die Tränen kamen. Der Hund leckte meine Tränen auf, so als wolle er mir Mut zusprechen.

»Nazra, geh du weiter und bring mir Hilfe. Ich halte durch.« Langsam hob ich die Hand und streichelte den kleinen Kopf des Hundes.

»Oh, Ben … Ich werde wiederkommen, ich verspreche es!« Nazra stand schweren Herzens auf und machte sich auf den Weg. Der kleine Hund folgte ihm.

Ich kroch mit letzter Kraft in den Schatten einer einsamen, ausgebrannten Hausruine und flehte stumm: Gott, Du hast mich durch die Kugelhagel gebracht, Du hast mich durch die Hölle der drei Türen gebracht– hast Du mich bis hierher gebracht, um mich jetzt verhungern zu lassen? Ich glaube nicht, Herr! Es gibt Menschen, die noch Nahrung haben; schick sie zu mir! Bitte!

Eine Ewigkeit später hörte ich eine Stimme. Sie drang wie aus der Ferne zu mir. Martha? Rief mich meine Schwester? Ich öffnete langsam die Augen. Da sah ich einen Schatten neben mir. Jetzt wusste ich auch wieder, wo ich war. Jemand hielt sich an der Ruine auf, entdeckte mich aber nicht! Ein Mensch, der aus eigener Kraft stehen konnte! Das konnte nicht Nazra sein. Rettung!

Ich schrie –, aber kein Laut drang aus meiner trockenen Kehle. Ich wusste – jetzt oder nie – dies ist meine letzte Chance zu überleben. Ich musste mich aufrichten. Los, komm schon!, *feuerte ich mich an. Mit letzter Kraft drückte ich mich an der Wand hoch und kroch auf allen vieren auf den Schatten zu. Ich versuchte zu schreien, aber meine Stimme versagte.* Lauf nicht weg, mein Retter! Ich bin gleich da! Bitte!, *flehte ich lautlos.*

Ich schob meine zitternde Hand um die Ecke und berührte einen menschlichen Knöchel. Der Fuß zu diesem Knöchel sprang entsetzt weg, doch dann beugte sich jemand über mich …

Ich verlor das Bewusstsein.

Als ich wieder zu mir kam, lag ich auf einer Matte in einer Lehmhütte. Der Duft von kochendem Reis und gewürzter Fleischsoße stieg mir in die Nase, und ich versuchte, mich hinzusetzen. Da hörte ich eine bekannte Stimme. Nazra! Und dann erlebte ich wieder ein Wunder. Ich erkannte Anthony. Anthony war ein Bekannter aus Monrovia, dem ich mal ein

Fahrrad verkauft hatte. Das Geld für das Fahrrad hatte er nie bezahlt, und ich war deswegen ewig hinter ihm her gewesen. Nach Monaten hatte ich aufgegeben. Alle Freunde rieten mir damals, Anthony zu verklagen und ins Gefängnis zu bringen. Aber ich wollte das nicht. Jetzt hatte Anthony mir und Nazra das Leben gerettet. Er drückte mich voller Freude fest an sich.

»Bitte, Anthony, brich mir nichts, ich bin zu schwach!«

Fast zärtlich ließ er mich auf die Matte niedersinken und lachte. »Jetzt trinkst du erst mal ordentlich, und gleich gibt es Essen!« Er wollte sich schon abwenden, aber dann sagte er noch: »Mann, die Geschichte mit dem Fahrrad tut mir echt leid.«

Ich winkte ab. Er hatte es jetzt tausendfach abbezahlt.

Nazra nahm meine Hand und erzählte: »Ich stieß zufällig auf das Dorf hier. Anthony ging dich suchen und trug dich hierher ins Dorf zu seiner Familie.«

»Wobei das keine große Anstrengung war bei deinem Gewicht, du altes Skelett!«, rief Anthony grinsend. Er ging kurz zum Feuer vor der Hütte, um den Reis umzurühren.

Ich schloss die Augen, und die letzten Wochen liefen noch einmal wie ein Film vor mir ab. Ich konnte gar nicht zählen, wie oft ich jetzt schon dem Tode nahe gewesen war. Immer war ich in letzter Sekunde gerettet worden. Und Gott hatte mich auch diesmal beschützt. Ich schickte ein Dankgebet hoch zum Himmel.

Der Duft von gebratenem Fleisch, Okraschoten und Reis schmeichelte meiner ausgehungerten Nase. Sofort lief mir das Wasser im Mund zusammen. Anthony reichte mir das dampfende Mahl, und ich verschlang den ersten Bissen – ohne zu kauen. Nach drei Happen konnte ich nicht mehr. Ich fühlte mich mehr als satt. Ich legte den Löffel beiseite.

»Welches Datum haben wir heute?«, fragte ich Anthony.

»Es ist der 22. August 1990, Alter! Wieso fragst du?«

Ich schloss die Augen und versuchte, mich zu erinnern. »Ich habe seit Mitte Mai keine ordentliche Mahlzeit mehr bekommen. Und heute ist der 22. August. Ich kann nicht mehr als diese drei Löffel essen. Mein Magen ist wohl geschrumpft.«

Nazra und ich erholten uns die nächsten Tage bei Anthony, und ich schaffte nun auch jeden Tag ein paar Löffel Reis mehr.

Am fünften Tag setzte sich Anthony mit ernster Miene zu uns. »Freunde, es gibt einen neuen Befehl für uns Gios. Alle jungen Männer ab neun Jahren müssen sich beim nächsten Rebellenlager melden. Es dürfen nur Frauen und kleine Kinder mit Autos nach Nimba fahren. Wer in seinem Wagen junge Männer transportiert, wird mitsamt der Insassen erschossen!«

–FREMDE HEIMAT DEUTSCHLAND–

Zurück in Deutschland im Sommer 1990, bewölkter Himmel, Nieselregen … und ich mit knielanger Hose, T-Shirt und Gänsehaut. Meine Eltern freuten sich, wieder in Bremen zu sein. Für mich und Angelika aber war hier vieles fremd, auch wenn wir vor drei Jahren schon einmal hier gelebt hatten. In der Jugend sind drei Jahre eine lange Zeit. Die kühle Luft, die distanzierten Menschen und ihr trockener Humor, die ungewohnten Umgangsformen, die vielen Häuser, die wenigen Bäume – wir fühlten uns nicht zu Hause. Es gab ständig etwas, das hier anders gemacht wurde.

Man reicht sich in Deutschland zur Begrüßung und zum Abschied die Hand oder umarmt sich kurz, aber ansonsten wird Körperkontakt eher vermieden. Ganz anders in Afrika, wo der Körper ins Sprechen mit einbezogen ist und man den anderen oft und gern berührt. Ihm die Hand auf den Arm legt, ihn stupst, ihm über den Rücken streicht, seine Hand nimmt …

In Afrika ist es völlig normal, einen Fremden anzusprechen, mit ihm ein wenig Smalltalk zu halten und ihm freundschaftlich auf die Schulter zu klopfen. So war ich es gewohnt. Doch hier wichen die Leute zurück, wenn ich ihnen so offen und freundlich begegnete. Mir passierte es mehrere Male, dass ich jemandem freundlich etwas zurief, dieser Jemand mich aber völlig irritiert ansah und stumm seiner Wege ging. Und dabei sprach ich kein schlechtes Deutsch. Ich verwechselte manchmal Wörter und benutzte ein falsches, aber im

Grunde redete ich fließend. Dennoch hatte ich ständig das Gefühl, hier nicht hinzugehören, etwas Unpassendes getan oder gesagt zu haben, ein Fremder zu sein.

Auch beim Essen musste ich mich erst einmal umstellen. Nicht nur die Zutaten und Gewürze waren andere, die deutsche Esskultur war das genaue Gegenteil von der afrikanischen. Dort bedeutet ein gemeinsames Essen ein lebendiges Zusammensein. Meist sitzen viele Personen aus allen Generationen um einen Tisch herum oder auf dem Boden zusammen, ein, zwei große Töpfe in der Mitte, aus dem alle gemeinsam löffeln. Essensreste werden selbstverständlich auf den Boden entsorgt, wo sie einer der Haushunde dankbar aufschleckt. Es wird laut gelacht und palavert. Selbst wenn meine Eltern, Angelika und ich in Liberia allein beim Abendbrot zusammengesessen hatten, war es lockerer zugegangen als jetzt in Deutschland.

Unser Familienleben, den Alltag, die Gewohnheiten – alles erfuhr ich neu, und was ich erfuhr, gefiel mir meist nicht. Ich war dem Pass nach ein Deutscher, war 15 Jahre alt und hatte schreckliches Heimweh nach Liberia. Ich wollte unbedingt dorthin zurück.

»Wann gehen wir endlich zurück nach Liberia?«, platzte es an einem Samstagmorgen, als wir beim Frühstück saßen, aus mir heraus.

Meine Eltern guckten mich völlig überrascht an.

»Michael, du weißt, dass wir nicht nach Liberia zurückkönnen. Der Krieg dort findet noch kein Ende. Schon jetzt steht im ELWA-Dorf, nach allem, was man hört, kein Stein mehr auf dem anderen. Es ist schlimm …«

»Hier ist es auch schlimm!«, zischte ich und ließ den Rest meines Toasts fallen, sprang auf, schnappte mir meine Jacke und rannte aus der Wohnung und durch die grauen Straßen. Mein Vater rief mich nicht zurück. Ich musste an meine Freunde denken, zuallererst an Ben und Beth natürlich, aber auch an die anderen. Wir waren eine richtige Clique gewesen. Wir gaben uns gegenseitig Selbstvertrauen, und ich wurde von jedem geschätzt. All die Jahre, die ich als Außenseiter verbracht hatte, waren längst vergessen – bis jetzt. In Bremen kannte ich kaum jemanden, und alles war wieder auf null gesetzt. Ich sah mich in der Stadt um und stieß nur auf verschlossene Türen, Fenster mit Gardinen und Vorhängen. Die Menschen dahinter nahm ich nicht wahr. Auf der Straße liefen die Leute geschäftig hin und her; kein Blick wanderte zur Seite, kein Wort wurde gewechselt. Wie sollte ich mich hier jemals heimisch fühlen?

An meinem ersten Schultag, ich kam in dieselbe Klasse wie bei unserem Heimaturlaub, zog ich trotz der angekündigten Regenschauer eine kniekurze Hose, ein weißes T-Shirt und meine Lieblings-Converse an. Dazu trug ich Basketballschuhe in Größe 49, eigentlich drei Nummern zu groß, aber es hatte auf dem Markt in Nigeria nur diese oder viel kleinere Schuhe gegeben. Weil es am Morgen noch kühl war, streifte ich noch meinen neuen Pullover über, ein Geschenk von meiner Großmutter, einen selbstgestrickten schwarzen Baumwollpulli mit goldenen Längsstreifen.

Ich war etwas spät dran, und die Klassenzimmertür war bereits geschlossen. Also klopfte ich an und trat ein. Da ging auch schon das Lachen und Prusten los. Im ersten Moment dachte ich, dass etwas Lustiges passiert sein musste, aber alle Blicke waren auf mich gerichtet.

»Komm herein, Michael! Schön, dich wiederzusehen«, sagte meine Lehrerin Frau Müller.

»Hallo«, presste ich unsicher hervor und suchte nach Torsten, mit dem ich in der 7. Klasse befreundet gewesen war. Ich entdeckte ihn in einer hinteren Reihe, und er nickte mir freundlich zu.

Schnell lernte ich in den nächsten Wochen den Dresscode der Jugendlichen in Deutschland kennen. Diesel, Jean Pascal und andere Markennamen gehörten zum gängigen Vokabular. Schon in Liberia hatten meine Eltern kein Geld für teure Kleidung gehabt, aber da es allen Kindern und Jugendlichen im ELWA-Dorf so ergangen war, hatte es mich nie belastet.

Hier war ich nun ein Außenseiter, einer der auffiel, über den man lachte, und der anders war.

Ich vermisste den Unterricht im Freien und die vielen Sportangebote an den Nachmittagen. Die Schule war spätestens um 13.20 Uhr beendet, und jeder trabte nach Hause. Wollte ich einen Schulkameraden besuchen, musste ich mich verabreden oder vorher anrufen. In Liberia ging man einfach zu dem Haus des Freundes, und wenn er nicht da war, kümmerte sich die Familie um einen, bis er zurückkehrte. In Liberia hatten die Menschen viel Zeit füreinander.

Einer der wenigen Menschen, die in Deutschland Zeit hatten, war mein Vater, der nun nicht mehr als Missionar tätig war. Er ging immer wieder auf Jobsuche, doch es schien keine Stelle für ihn zu geben. In Afrika hatte er als angesehener und erfahrener Berater in vielen Dörfern Wertschätzung genossen, jetzt wurde er wegen fehlender Zeugnisse oder aufgrund seine Alters abgewiesen. »Unvermittelbar, weil zu alt«, konstatierte er oft mürrisch, wenn er vom Arbeitsamt zurückkam.

Meine Mutter, die eine Teilzeitstelle als Gemeindekrankenschwester angenommen hatte, hielt uns mit ihrem bescheidenen Gehalt über Wasser. Für meinen Vater, der sein Leben lang gern und hart gearbeitet hatte, war die unfreiwillige Arbeitslosigkeit mit 55 Jahren ein schweres Los. An manchen Tagen war er ungenießbar. Der Rollentausch traf ihn tief, und die Situation belastete uns alle. Wir stritten uns auch häufiger als früher. Ich wollte mir nicht mehr alles sagen lassen, sondern eigene Regeln aufstellen, was meinen Eltern jedoch nicht besonders gefiel. Vielleicht waren es die typischen Auseinandersetzungen eines jeden Jugendlichen mit seinen Eltern …

Ich entfloh dieser Enge am liebsten in die Welt der Filme. Eine Entdeckung war für mich das Kino. Ich war in Afrika ohne Fernseher und Kino aufgewachsen, hatte aber schon in Liberia jede Möglichkeit ergriffen, einen Film zu sehen – in der Regel ohne Wissen meiner Eltern. Jetzt gab ich mein wöchentliches Taschengeld an der Kinokasse aus. Geschichten und Bilder aus fernen Welten faszinierten mich, und meine Begeisterung für amerikanische Actionhelden war ungebrochen.

Abends lag ich oft noch wach und träumte von Liberia. Dann lief ich mit Ben durch den Urwald und jagte Vögel. Doch diese Träume wiegten mich nicht in den Schlaf, sondern rissen all die Wunden auf, die noch gar nicht richtig verheilt waren. Ich hatte meinen besten Freund, meinen Blutsbruder, zurückgelassen. Und jetzt war Ben irgendwo in diesem furchtbaren Krieg … wenn er überhaupt noch lebte. Vielleicht hatte ich ihn auf dem Gewissen … Der Alptraum, der mich in Abidjan fast jede Nacht verfolgt hatte, kam wieder. Morgens wachte ich schweißgebadet auf – hilflos, weil ich nichts tun konnte. Ich stand auf, duschte und ging in die Schule.

Ich begann, Deutschland zu hassen. Ich fühlte mich nicht wie ein Deutscher und wollte auch gar nicht Deutscher sein. Ich hatte den größten Teil meines Lebens in Liberia gelebt und wollte nur dorthin zurück.

Ich wollte, dass alles wieder so war wie früher …

— AUSBILDUNG ZUM REBELLEN —

Wir haben keine Wahl«, sagte Anthony. »Lasst uns morgen früh gemeinsam zur Basis der Rebellen in Buchanan aufbrechen.«

Nazra und ich schwiegen. Wir hatten das Leben der Rebellen gesehen. Töten, quälen, sich am Eigentum Fremder bereichern ... Auf solch eine Ausbildung wollte ich gern verzichten. Ob Nazra das Gleiche dachte? Aber Anthony hatte Recht, es gab keine Alternative – außer zu sterben.

Am nächsten Morgen machten wir uns auf den Weg, die Hauptstraße entlang in Richtung der Hafenstadt Buchanan, in deren Nähe sich das größte Rebellenlager des Landes befand. Noch am selben Abend wurden wir von einem Laster voller Rebellen an der Straße aufgesammelt und zwangsrekrutiert. Gemeinsam mit 5 000 anderen Männern sollten wir im Buchanan Camp für den Krieg ausgebildet werden. Für die Grundausbildung wurden wir in Bataillone eingeteilt. Anthony und Nazra blieben zusammen, ich kam in ein anderes. Es blieb uns kaum Zeit, uns zu verabschieden und Glück zu wünschen, da waren die beiden mit einer Gruppe junger Rekruten auch schon zwischen den Zelten verschwunden.

Mein Bataillon, aus 66 Jungen und jungen Männern bestehend, wurde zur Küche geschickt, wo wir unsere Reisration erhalten sollten. Allein beim Anblick der Kochstellen wurde mir schlecht. In ehemaligen Ölfässern war Wasser erhitzt worden. Gerade füllten zwei Kämpfer säckeweise Reis in die Tonnen. Schon nach wenigen Minuten griffen einige der hungrigen Kämpfer, die ebenfalls um die Kochstellen herumstanden, mit bloßen Händen in das heiße Wasser und fischten sich die noch harten Reiskörner heraus. Sobald die neuen Rekruten dies sahen, entstand ein Gerangel. Immer mehr Kämpfer versuchten, schnell auch eine Portion Reis zu bekommen, bevor die Fässer leer waren. Mich widerte das alles an, und ich sah bloß zu, wie die Männer und Jungen gierig die harten Körner verschlangen.

Nach dem Essen gingen wir zu unseren Baracken, wo ich einen Schlafplatz in einem Sechsbettzimmer erhielt.

In dieser Nacht fand ich jedoch keine Ruhe. Das lag nicht einmal an dem wilden Rumoren im Camp und den andauernden Schüssen. Ich dachte fieberhaft darüber nach, was dieser Aufenthalt für mich bedeutete. Mir war es schon zuwider, einem anderen seine Portion Reis wegzunehmen, dabei war ich hier, um zu lernen, einem anderen das Leben zu nehmen. Immer wieder sah ich Rebellen vor mir, Onkel Johnson, Double Trouble, No Mercy, der Verrückte auf dem Baum umringt von seinen Trophäen … Ich konnte mir nicht vorstellen, so zu werden wie sie. Aber wenn ich hier den Umgang mit Waffen lernen würde, könnte ich mich später auch besser gegen Angriffe wehren, Angriffe von Soldaten und Rebellen. Also vielleicht war es doch nicht das Schlechteste, hier zu sein. Vielleicht war es meine einzige Chance, diesen Krieg zu überleben. Ich bat Gott darum, mir zu helfen, das Richtige zu tun, und mich zu beschützen.

Am nächsten Morgen bekam jeder neue Rekrut eine Kalaschnikow, und die Schießübungen begannen.

Unsere Ausbilder waren harte Krieger, die uns brutal trainierten und ohne Rücksicht zuschlugen, wenn wir einen Be-

fehl nicht sofort ausführten. Sie jagten uns über Felder und ließen uns keine Sekunde aus den Augen.

Ich schaffte das Pensum kaum, und nur die Angst, geschlagen zu werden, hielt mich auf den Beinen. Am Abend aß ich inzwischen wie die anderen halbgaren Reis. Ohne Nahrung würde ich den Anforderungen keine Woche standhalten können. Und was passieren würde, wenn einen die Kraft verließ, das wollte ich nicht erfahren. Manche Rekruten verschwanden über Nacht und wurden nie wieder gesehen. Außerdem war eine Handvoll Reis in diesen Zeiten Gold wert. Im ganzen Land herrschte Hungersnot, und auch hier im Lager blieb an manchen Tagen der Magen leer. Da Salz nirgends mehr zu kriegen war, wurde der Reis in sandigem Meerwasser gekocht. So knirschte es immer zwischen den Zähnen.

Vier Wochen lang lernten wir das Schießen mit den Maschinengewehren. Dazu gehörte auch, die Gewehre mit verbundenen Augen zu bedienen, auseinanderzunehmen und wieder zusammenzubauen. Wir trainierten Nahkampftaktik und alles, was man fürs Überleben auf dem Schlachtfeld brauchte. Um mich im Camp zwischen den anderen Rebellen behaupten zu können, übte ich, brutal aufzutreten. Ich herrschte andere Kämpfer beim leisesten Konflikt sofort an, tat unberechenbar und trug mein Gewehr immer schussbereit mit mir herum. Ich nahm die Kalaschnikow sogar mit ins Bett. So bastelte ich an meinem Image eines sehr gefährlichen Rebellen. Und meine Bataillonskameraden hatten tatsächlich Respekt vor mir. Nazra und Anthony sah ich nicht wieder, aber ich fragte mich, ob es ihnen ähnlich erging wie mir.

Ich wollte es mir nicht eingestehen, aber ich genoss meine Macht auch. Ich fand ganz allmählich sogar Spaß daran, mit meiner Waffe zu drohen, und absolvierte ehrgeizig die Ausbildungsstunden. Ich wurde immer mehr geachtet, auch von den Trainern. Und das gefiel mir. Doch noch war es ein

Spiel, noch hatten wir keinen Einsatzbefehl, keinen Befehl zum Töten.

Eines Morgens wurde ich zum Port Buchanan geschickt, um für unser Zimmer einen Sack Reis abzuholen. Die Rebellen hatten es mal wieder geschafft, mehrere Schiffe mit Hilfslieferungen für die verhungernde Bevölkerung Liberias abzufangen, und so lagerten nun im Hafen Container voller Reissäcke für uns Kämpfer. Jedes Zimmer erhielt einen Sack. Schwer beladen mit unserem Sack kehrte ich nun zum Lager zurück.

»He! Ben, Ben!«, rief Kao, ein Zimmergenosse, und rannte auf mich zu. »Ein General hat unser Zimmer beschlagnahmt, um sich dort mit seinen Huren zu vergnügen!«

Wütend gab ich Kao eine Ohrfeige. »Wieso hat man dich als Soldat ausgebildet? Wozu hast du ein Gewehr, he? Damit dich irgendein General aus deinem Zimmer vertreiben kann?«

Die anderen Zimmergenossen kamen nun ebenfalls herbeigelaufen.

»Aber Ben. Der ist doch …«

Ich ließ Kao nicht ausreden, sondern herrschte ihn und die anderen an. »Wollt ihr draußen im Dreck übernachten? Ich nicht! Geht mir aus dem Weg!«

Ich entsicherte mein Gewehr, stürmte brüllend in die Baracke und stieß die Tür zu unserem Zimmer mit dem Fuß auf.

Eine Frau lag halb entkleidet auf meinem Bett, zwei andere in anderen Betten.

»Raus! Sofort raus!« Ich zerrte die Frau, die auf meinem Bett lag, hoch und zur Tür. Die Frauen zeterten und schrien mich an. Aber ich jagte die eine davon, und die zweite stürzte von selbst aus dem Zimmer. Die dritte hatte ich gerade zur Tür hinausgeschubst, als ihr »General« um die Ecke bog. Er

hatte nur eine Hose an und eine Pistole im Hosenbund stecken. Fassungslos blickte er mich an.

»Wer die Türschwelle überschreitet, den erschieße ich sofort!«, knurrte ich. »Dies ist mein Zimmer, und niemand nimmt es mir weg. Fass die Tür an, und du stirbst!«, sagte ich ruhig, das Gewehr auf ihn gerichtet. »Meine Familie glaubt sowieso, dass ich tot bin. Ich habe also nichts zu verlieren. Es macht mir nichts zu sterben!«

»Der spinnt doch!«, schrie die Frau. »Von so einem kleinen Jungen lässt du dir was sagen? Mach doch endlich was! Du sagst doch, dass du so ein mächtiger Soldat bist.«

»Tu endlich was!«, keifte eine andere, die zurückgekommen war.

Der General griff langsam zu seiner Waffe, da lud ich meine Kalaschnikow durch und zielte auf seinen Schritt. »Tu´s nicht«, warnte ich. »Ich sterbe gern hier, aber du hast bestimmt Kinder, die dich vermissen werden. Überlege es dir gut! Und ihr Frauen, wenn euch euer Leben lieb ist, rate ich euch: Bleibt nicht hinter ihm stehen. Sonst treffen euch die Kugeln, die ihn durchsieben sollen. Geht!«

Die Frauen sprangen zur Seite und aus dem Haus. Und der General brüllte: »Das werde ich den höheren Stellen melden! Dafür wirst du büßen!«

»Sobald deine Weiber weg sind, hast du auch keinen Mut mehr, was?«, verhöhnte ich ihn und zielte zwischen seine Augen.

Fluchend verließ er nun ebenfalls das Haus.

Die anderen Zimmertüren öffneten sich.

Ich brüllte durch das ganze Haus: »Keiner – nicht mal dieser beschissene General – wagt es, sich mit dem Rebelfighter Benjamin Kwato Zahn anzulegen!«

Johlendes Gelächter und Klatschen waren die Antwort.

Die Geschichte machte die Runde, und am nächsten Tag schlugen mir viele Rekruten auf die Schulter. Als ich zum Es-

sen ins Kochzelt ging, sprach mich E-man an, ein Junge, der ebenfalls in der Grundausbildung war. Er war mir aufgefallen, weil er so oft in der Bibel las.

»Ich muss dich warnen«, flüsterte E-man, ohne mich anzusehen. »Aber nur unter vier Augen.«

»Heute Abend beim Wachdienst«, flüsterte ich zurück.

Ich hielt am Abend am Rande des Lagers Wache. Im Schutz der Nacht schlich E-man zu mir, und nachdem er sicher war, dass uns niemand zuhörte oder beobachtete, sagte er: »Wie du weißt, bin ich dem Bataillon des Generals zugeteilt. Ich konnte hören, dass der General seiner Truppe den Befehl gegeben hat, dich zu töten. Heute Nacht werden sie dich und dein Bataillon zu einem Einsatz in den Dschungel rufen. Du sollst ihn leiten. Es ist geplant, dich hinterrücks zu erschießen und deine Leiche im Urwald zu vergraben. Anschließend wird es heißen, dass ihr in einen Hinterhalt geraten seid und du im Kampf gefallen bist. Nutze die Information. Wenn rauskommt, dass ich dich gewarnt habe, werden sie mich foltern. Verrate mich bloß nicht!« E-man verschwand in der Nacht.

Ich dankte Gott für diesen mutigen Informanten und verließ nach meiner Schicht das Camp, um mir in der Stadt einen Schlafplatz zu suchen. Als ich am nächsten Morgen in die Baracke zurückkam, herrschte helle Aufregung.

»Die haben uns diese Nacht in den Urwald gebracht, und um ein Haar wären wir alle erschossen worden«, berichtete Kao aufgebracht. »Erst als wir immer wieder geschworen haben, dass du gar nicht unter uns bist, haben sie uns laufen lassen.«

»Na, dann habt ihr ja noch mal Glück gehabt«, sagte ich grinsend. Aber mir war auch klar, dass ich den Tötungsabsichten des Generals nur einmal entkommen konnte.

Als ich dem General etwas später zufällig im Camp begegnete, fragte er: »Was – immer noch nicht tot? Was bist du für ein Mann?«

»Na, wäre ich eine Frau, hätte ich einen Rock an«, entgegnete ich ruhig. »Pass auf, du Verlierer, alles, was du gegen mich planst, sehe ich in meinen Träumen. Dein letzter Plan wurde mir auch im Traum gezeigt! Ich bin mächtiger als du! Mein Joojoo zeigt mir all deine Pläne im Voraus! Und ich warne dich – wenn ich noch einmal träume, dass du mich töten lassen willst, heißt es für dich: Game over! Dann knall ich dich ab! Hast du mich verstanden?«

Wenn er abergläubisch war, dann hatte ich ihn jetzt hoffentlich abschrecken können. Immerhin wandte er sich kopfschüttelnd ab, ohne ein Wort zu sagen.

Als ich an diesem Tag ein Mittagsschläfchen halten wollte, die Nacht in der Stadt hatte mir nicht viel Schlaf beschert, huschte jemand in mein Zimmer.

Es war E-man. Er streckte mir stillschweigend einen Zettel hin und verschwand lautlos wieder im Flur.

Ich faltete das kleine Papier auseinander und las:

»Jetzt wollen sie dich in aller Öffentlichkeit erschießen, hier in den Baracken. Es soll wie ein Fehlschuss aussehen. Flieh!«

FLUCHT NACH NIMBA
und das Joojoo-Dorf Bunnalian

Während ich das Nötigste packte – mein Gewehr schob ich unter das Bett –, überlegte ich fieberhaft, wie ich von hier weg und nach Nimba gelangen konnte. Um einen der Züge nehmen zu dürfen, brauchte ich eine offizielle Genehmigung … und die hatte ich nicht. Zu Fuß käme ich bestimmt nicht weit, und ein Auto, wenn es überhaupt noch Benzin gab, würde mich gewiss auch nicht mitnehmen. Ich konnte also nur mit dem Zug fahren. Ich musste mir irgendwie eine Genehmigung beschaffen. Ich musste sie mir selbst ausstellen …

Vorsichtig schlich ich durch die Baracke und zu dem Bataillonsbüro, in dem unserer Einheit die offiziellen Schreiben ausgehändigt wurden. Dieses Zimmer war um die Mittagszeit wie auch die anderen Räume in der Regel leer und zum Glück nicht einmal abgeschlossen. Unbemerkt gelangte ich hinein, kniete mich neben den Schreibtisch, um nicht durch das Fenster gesehen zu werden, und zog einen Papierstapel nach dem anderen vom Tisch, auf der Suche nach einem offiziellen Briefbogen.

Endlich hatte ich Glück, kroch um den Schreibtisch herum zu der Schublade und fand Stempel und Stempelkissen. Gleich mehrere Briefbögen versah ich mit dem offiziellen Emblem des Buchanan Camps, steckte die Bögen und einen Stift ein und sortierte alles andere rasch wieder an seinen Platz.

So unauffällig wie möglich spazierte ich durch das Camp und zum Ausgang, wo ich einen günstigen Moment abpasste und hinaus auf die Straße huschte, ohne dass mich einer der wachhabenden Posten bemerkte.

Da ich kein Gewehr bei mir trug, sah ich wie jeder andere Zivilist aus. Ich fiel nicht auf, als ich mich auf dem Weg zum Bahnhof unter eine Flüchtlingsgruppe mischte. Dort angekommen hockte ich mich in eine ruhige Ecke und schrieb rasch meinen Beurlaubungsbefehl auf das offizielle Papier. Dann ging ich erhobenen Hauptes zu den zwei Schaffnern, die am Bahnsteig vor dem wartenden Zug standen. Ich wedelte mit den Befehlsscheinen vor ihren Nasen herum und sagte herrisch: »Meine Brüder im Kampf, ich habe den Befehl, mit dem nächsten Zug nach Nimba zu fahren. Hier könnt ihr es lesen!«

»Nur Frauen und Kinder dürfen mit«, entgegnete der Ältere der beiden. »Für alle anderen ist die Mitfahrt strengstens verboten, Bruder!«

»Ich weiß, Freunde«, lenkte ich nun freundlicher ein. »Aber erstens habe ich einen Befehl von meinem Bataillonskommandanten, zweitens brauche ich dringend afrikanische Medizin von zu Hause, und drittens muss ich mich mit meinem Joojoo-Mann auf den Kampf vorbereiten! Dann werde ich Hunderte Feinde töten können!«, prahlte ich.

Der Schaffner las die Papiere, die ich ihm gereicht hatte, mehrere Male durch, hielt sie seinem Kollegen hin, und die beiden diskutierten heftig miteinander. Schließlich nickte der Ältere mir mürrisch zu und führte mich an drei Waggons vorbei, die bis unter die Decke mit Reissäcken beladen waren. Er wies mir einen Platz in einem hinteren Wagen zu, in dem einige schrottreife Autos transportiert wurden.

Kurz darauf ging ein Ruck durch den Zug, und wir verließen Buchanan. Ich atmete tief durch und hoffte, ohne Zwischenfälle nach Nimba zu kommen. So viele Jahre hatte ich meine Eltern und die meisten meiner Geschwister nicht gesehen. Jetzt hoffte ich, sie wohlbehalten wiederzusehen.

Als wir nach einigen Kilometern an einem Dorf vorbeikamen, hielt der Zug, und die Schaffner warfen einige Säcke Reis ab. Dieser Vorgang wiederholte sich in jedem weiteren Dorf, sodass wir nur langsam vorankamen. Ich kletterte zu den Schaffnern in die Reiswaggons und half ihnen, die Säcke an die hungrige Bevölkerung zu verteilen.

Stunden später erreichten wir die Endstation Saniquelli in Nimba, und ich sprang glücklich vom Zug. Auf einmal bemerkte ich einen anderen Kämpfer, der anscheinend heimlich mitgefahren war und sich nun mit einem Sack Reis davonmachte. Von den Schaffnern war weit und breit keiner zu sehen. Ich wandte mich um und wollte mir auch einen Sack Reis nehmen, aber die Waggons waren leer. Ich dachte an meine Familie und lief hinter dem Kämpfer her, der sich den letzten Sack gegriffen hatte. »Ey, der Sack gehört mir!«, rief ich laut, sodass auch andere Reisende stehen blieben.

Überrascht drehte sich der Reisdieb um.

»Lass sofort mein Eigentum los!«, brüllte ich.

»Aber …«, begann er, durchschaute dann jedoch meine Absicht und besann sich auf seine Fäuste.

Ich konnte mich gerade noch wegbücken. Dann sprang ich ihm mit eingezogenem Kopf gegen den Brustkorb. Wir landeten beide mit einem dumpfen Krachen auf dem Boden. Wild schlugen wir aufeinander ein. Als er mich in den Schwitzkasten nehmen wollte, biss ich ihn in den Arm. Während er noch schrie, rissen uns starke Arme hoch und auseinander.

Die Wachleute des Bahnhofes, die von Umstehenden alarmiert worden waren, stellten uns auf unsere Füße. »Mitkommen!«, befahl einer von ihnen und brachte uns ins Büro des Bahnhofsvorstehers.

Dort ergriff ich sofort das Wort: »Gentlemen, ich bin ein großer Kämpfer und komme aus Buchanan. Mein Comman-

der hat mich ausnahmsweise nach Nimba geschickt, um mein Joojoo aufzufrischen. Den Sack Reis habe ich von meinem Commander als Geschenk für meine Familie erhalten. Dieser freche Dieb hat ihn mir klauen wollen.« Mit gespielter Selbstsicherheit und herablassender Miene blickte ich auf meinen Feind. »Ich bin mir sicher, dass er keine Erklärung hat.«

Jetzt sahen alle erwartungsvoll zu dem Kämpfer.

»Meine Herren, ich bin in der Nähe stationiert und soll diesen Sack meiner Kampfeinheit mitbringen. Dieser Mann aus Buchanan lügt!«

Wir logen beide.

»Du besorgst für den Buchanan-Kämpfer Logis und Essen für heute Nacht«, befahl der Bahnhofsvorsteher meinem Rivalen. »Morgen kommt ihr beide wieder, und dann entscheiden wir, wer den Reis kriegt.«

Sollten wir uns nachts gegenseitig umbringen, oder was erhoffte sich der Vorsteher? Ich konnte nichts anderes tun, als mit Sherif, so nannte sich der Kämpfer, das Büro zu verlassen. Der Sack Reis blieb selbstverständlich in Gewahrsam des Bahnhofsvorstehers, und ich war mir sicher, dass am Morgen nur noch die Hälfte davon da sein würde.

Als wir allein in einem schäbigen Zimmer waren, das uns Sherif besorgt hatte, schlug er vor: »Was streiten wir uns um den Reis? Ich gebe dir gern die Hälfte ab. Wenn du morgen sagst, dass das alles ein Missverständnis war und der Sack mir gehört, nehme ich ihn und warte draußen auf dich. Dann teilen wir gerecht.«

»Gute Idee«, gab ich als Antwort, aber ich vermutete, dass eine List dahintersteckte. »So machen wir es«, stimmte ich scheinheilig zu.

Wir legten uns zum Schlafen hin. Bei dem leisesten Geräusch wachte ich sofort auf. So stand ich bei Sonnenaufgang wenig erholt auf. Zusammen gingen Sherif und ich zum Büro des Bahnhofsvorstehers.

»Wir hatten gestern ein Missverständnis, Herr Vorsteher. Mein Freund Ben aus Buchanan wird euch jetzt alles erklären«, sagte Sherif freundlich.

»Meine Herren, wie ich gestern bereits sagte, dieser Mann ist ein Krimineller. Er hat mir meinen Sack gestohlen und hat es soeben zugegeben. Und so ein Verhalten von einem Soldaten der National Patriotic Front of Liberia! Wie sollen wir Krieger in Monrovia, die täglich unser Leben einsetzen, um euch hier zu befreien, kämpfen, wenn wir von den eigenen Leuten bestohlen werden? Aber er hat das Missverständnis ja eben zugegeben, und ich will ihm vergeben. Wir sind ja Kollegen.« Mit diesen Worten legte ich meine Hand auf den inzwischen deutlich kleiner gewordenen Sack Reis und warf ihn mir über die Schulter. »Kann ich jetzt endlich gehen?«, fragte ich ungeduldig.

»Natürlich, Private Zahn. Natürlich. Und grüßen Sie mir die Kämpfer in Monrovia. Alles Gute für die weiteren Kämpfe!«, entgegnete der Bahnhofsvorsteher, und die anderen Polizisten öffneten respektvoll die Tür.

Sherif stand mit offenem Mund da. Ich ging schnellen Schrittes aus dem Büro und zur Hauptstraße.

Schon nach einigen Metern wusste ich, dass ich mit dem Gewicht auf dem Rücken zu Fuß nicht weit kommen würde. Autos fuhren aber kaum. Am Straßenrand standen nur Autowracks. Deren Besitzer hatten vermutlich die Reifen abgenommen und mit der Batterie zusammen irgendwo vergraben – die einzige Chance, sein Auto vor den Rebellen zu schützen. Während ich in Gedanken versunken die Straße entlanglief, blieben immer wieder Leute stehen und sahen auf den Sack Reis. Ein Mädchen, es mochte vielleicht dreizehn Jahre alt sein, blickte mich flehend an. »Kann ich dir irgendetwas geben für eine Handvoll Reis, großer Krieger?«, fragte sie und hob ihren zerlumpten Rock ein wenig hoch.

Noch bevor ich über das Angebot nachdenken konnte, erblickte ich Sherif auf der anderen Straßenseite. Ich ballte die Fäuste kampfesbereit, aber er winkte mir fast freundschaftlich zu. »Mann, da hast du mich aber reingelegt. Aber bitte, bitte, gib mir etwas ab von dem Reis. Den Sack kannst du sowieso nicht allein tragen.«

Sherif hatte Recht. Ich schüttete ihm, dem Mädchen und einigen Zivilisten, die sich schaulustig um uns herum versammelt hatten, einige Handvoll Reis in die hastig entgegengestreckten Behälter oder T-Shirts.

Als ich den Sack wieder zuband, blickte ich mich nach dem Mädchen um, aber es hatte sich davongestohlen.

Ein langer Fußmarsch lag nun vor mir, und ich ärgerte mich, dass ich meine Kalaschnikow nicht doch mitgenommen hatte. Wie sollte ich mich jetzt wehren, wenn mir jemand eine Waffe entgegenstreckte, um meinen Reis zu stehlen? Während ich durch die sengende Hitze stapfte, dachte ich darüber nach, was ich in den letzten Wochen alles erlebt hatte. Ich war ein Rebell geworden. Ich hatte kaum noch Interesse an den Worten der Bibel und betete immer seltener zu Gott. Ich war mein eigener Herr und Retter geworden ... Wenn ich nur wieder ein Gewehr hätte, ging es mir durch den Kopf. Dann musste ich schmunzeln, auch ohne Waffe wendete sich das Schicksal zu meinen Gunsten: Der Sack Reis war immerhin ein dreister Gewinn. Dieser Krieg veränderte mich, das spürte ich, aber hatte ich eine Wahl, wenn ich überleben wollte?

Als ich weiter über die staubige Straße lief, stellte ich mir die Gesichter meiner Eltern vor, wenn sie mich wiedersahen. Es dauerte eine Weile, bis ich mich an die fröhlichen Augen meines Vaters und den ernsten, aber liebevollen Blick meiner Mutter erinnerte. Ich beschleunigte meine Schritte, aber als die Dämmerung anbrach, musste ich mir einen sicheren Platz zum Schlafen suchen. In der Nacht war es zu gefährlich auf der Straße.

Ich fand eine Ruine, in der ich mich zum Schlafen ausstreckte. In der Ferne dröhnten immer mal wieder Schüsse. Die Stille dazwischen war mir beinahe noch unheimlicher.

Hatte ich mich so sehr an den Krieg gewöhnt?

Auf einer verlassenen Straße wanderte ich am nächsten Morgen weiter. Plötzlich hörte ich ein Motorengeräusch. Ich sah mich ungläubig um. In der staubigen Hitze tauchte der verschwommene Umriss eines Busses vor mir auf. Ich winkte wie verrückt, in der Hoffnung, dass der Fahrer mich ein Stück mitnehmen würde.

Das klapprige Gefährt hielt tatsächlich neben mir an, und ich blickte in den bis zum Dach mit Flüchtlingen beladenen Wagen. Für den Sack Reis war der Fahrer bereit, mich mit in mein Heimatdorf zu nehmen, allerdings würde er einen Umweg über ein anderes Dorf machen. Ich kletterte hinauf auf das Dach, wo sich noch ein Platz für mich fand. Jetzt würde ich ein bisschen schneller zu Hause sein.

Holpernd setzte sich der Bus in Bewegung. Ein Mädchen mir gegenüber lachte mich neugierig an, und ich nickte fröhlich zurück. Da kletterte sie geschickt über die Gepäckstücke und setzte sich dicht neben mich. »Dich habe ich ja noch nie in dieser Gegend gesehen. Wie heißt du?«, fragte sie.

Ich stellte mich vor, und sie sagte mir ihren Namen, Younghata. Wir unterhielten uns, scherzten über den schaukelnden Fahrstil und lachten. Auf einmal knirschte der Motor beim Schalten laut. Kurz darauf schlugen Rauchschwaden aus den Ritzen der Motorhaube hoch zu uns aufs Dach. »Halt an, der Bus brennt ja gleich mit uns allen ab!«, schrie eine Frau zu dem Fahrer hinunter.

Schimpfend stoppte der Mann den Wagen, hob die Motorhaube und suchte nach dem Problem, während wir einer nach dem anderen vom Dach kletterten.

Als wir alle um ihn herumstanden, knallte der Fahrer die Motorhaube unwirsch wieder zu. »Wie weit ist es zum nächsten Dorf?«, fragte er. »Ihr müsst den Bus dorthin schieben.«

Younghata, die neben mir stand, antwortete: »Mein Dorf Bunna Lian ist nur etwa zwei Kilometer entfernt – die Straße immer weiter und dann rechts.«

Bei dem Namen Bunna Lian ging ein leises Raunen durch die Menge, und die meisten der Reisenden traten einen Schritt zurück. Ich konnte nicht ausmachen, ob aus Angst oder vor Respekt.

»Na, dann los. Schieben!«, brüllte der Fahrer, während er sich gemütlich ans Steuer setzte.

Die Einwohner von Bunna Lian beobachteten misstrauisch unsere langsame Ankunft im Dorf. Obwohl Younghata ihnen von dem Motorschaden erzählte und sie uns wohl ansahen, dass wir einen anstrengenden Weg hinter uns hatten, boten sie uns nicht einmal Wasser an.

»In diesem Dorf leben die größten Dämonenbeschwörer des Landes. Hier bekommen Kämpfer ihr Joojoo …«, erzählte mir eine alte Frau leise, während sie sich mit ihrem Kopftuch den Schweiß vom Gesicht wischte. Sie hatte mit uns auf dem Dach gesessen.

Ich erschrak bei ihren Worten. Zum einen hatte ich inzwischen genug über die dunklen Mächte erfahren, zum anderen fürchtete ich, dass mich irgendein Rebellenkämpfer, der hierherkam, um sein Joojoo aufzufrischen, als Deserteur entlarven könnte.

»Ey, ich muss dringend weiter!«, rief ich dem Fahrer zu. »Meine Familie erwartet mich. Wie lange brauchst du denn noch?«

Von mir angesteckt, murrten nun auch einige andere Reisende. Die Antwort des Fahrers, der bis zur Hüfte unter der Motorhaube steckte, war nur gedämpft zu vernehmen: »Ich gebe mir ja Mühe, Freunde. Aber vor morgen wird es nichts.«

Beim bloßen Gedanken, hier übernachten zu müssen, liefen mir kalte Schauer über den Rücken. Ich malte mir aus, wie mir im Schlaf jemand mein Herz herausschnitt, um es für Menschenopfer zu gebrauchen. Plötzlich griff eine Hand in meinen Nacken und drückte zu.

»Aaah, my people, ya come for me!«, *schrie ich panisch.*

»Das war vielleicht der heartman, *Junge!« Hinter mir stand die alte Frau mit dem Kopftuch und lachte. Und auch Younghata und die anderen amüsierten sich über meine Furcht.*

Ich wollte mitlachen und verzog meinen Mund, aber es muss nur eine Grimasse herausgekommen sein, denn jetzt konnte sich Younghata kaum mehr einkriegen vor Lachen.

Als ich sie so sah, kam mir eine Idee. Ich wollte gern den Spaßvogel geben, wenn ich dafür etwas zu essen und eine sichere Schlafstätte bekäme.

»Younghata, siehst du, wie klein und hohl mein Bäuchlein ist? Hast du nicht fünf Reiskörner, die da hineinpassen würden?«, fragte ich nun grinsend. »Natürlich würde sich mein Bäuchlein auch über mehr Reiskörner freuen. Es ist schon sehr klein.« Während ich redete, hob ich mein Hemd hoch und zog den Bauch tief ein.

Younghata lachte herzlich, und auch die umstehenden Leute schmunzelten. Insgeheim hofften sie wohl, ebenfalls etwas Essen von dem Dorfmädchen zu bekommen. Aber Younghata antwortete voller Mitleid: »Es ist in unserem Dorf verboten, Fremden Nahrung zu geben. Ich darf es nicht.«

Ich versuchte, sie mit einem Trick wieder aufzuheitern und für mich zu gewinnen: Ich hob kleine Steine vom Boden auf, verschluckte sie und würgte sie dann unter Beifall wieder heraus.

Younghata kicherte. Aber es gab weder Essen noch einen Schlafplatz für mich. Und der Fahrer bewachte den Sack Reis, den er von mir bekommen hatte, wie seinen Augapfel. Jedem war klar, dass er hiervon niemandem etwas abgeben würde. Mit den anderen Reisenden schlief ich im Bus oder auf dem Dach, wo gerade ein Platz frei war. Die Fahrt ging jedoch nicht am nächsten noch am übernächsten Tag weiter.

Younghata, die meine einzige Hoffnung gewesen war, an Nahrung zu kommen, amüsierte sich über mich und folgte den Dorfregeln. Mein Hunger wurde von Tag zu Tag größer und meine Witze schlechter, mir war auch nicht mehr spaßig zumute. Ich fürchtete zudem täglich, Rebellen zu begegnen.

Eines Morgens kam Younghata wieder. Ich bettelte sie mit Blicken an, mir zu helfen.

»Heute Mittag um zwölf Uhr nehme ich dich mit zu unseren Vorratshütten. Da kannst du dir etwas nehmen. Um die Zeit treffen sich die Erwachsenen alle zu einer Sitzung des Geheimbundes. Dann ist das Dorf leer. Sei pünktlich, kleines Bäuchlein«, flüsterte sie mir zu.

»Danke, großes Bäuchlein«, antwortete ich und gesellte mich wieder zu den anderen Fahrgästen in den Schatten des Busses.

Mittags holte Younghata mich ab, und wir taten so, als ob wir spazieren gingen. Als keiner uns beobachtete, verschwanden wir zwischen zwei Hütten und verließen das Dorf. Endlich umgab uns die kühle Stille des Urwalds. Younghatas Stimmung hellte sich auf, und sie fing wieder an zu scherzen und zu lachen.

»Ben, wusstest du, dass mein Vater der Vorsitzende des Dorfes und der stärkste Zauberer in der Gegend ist? Er kann alles!«

Ich schluckte, und mein Herz fing an zu klopfen. Hoffentlich entdeckte mich ihr Vater nicht. Was würde er wohl mit einem jungen Mann tun, der mit seiner Tochter im Urwald verschwand?

Schweigend gingen wir weiter, als mein Blick auf eine Lichtung fiel, auf der drei Lehmhütten standen. Es schien jedoch weder Eingangstüren noch Fenster zu geben.

»Younghata, meine liebe Freundin, warum baut man Hütten, die man nicht betreten kann?«, fragte ich sie vorsichtig.

»Mein lieber Kwato, du siehst keinen Eingang. Erst als Mitglied unserer Joojoo-Geheimgesellschaft wirst du in der Lage sein, die Tür zu entdecken.«

»Wie das?«

»Dann wirst du mit einem Puder eingerieben, das dir die Augen für den Eingang der power houses *öffnet.«*

Ich wollte mir diesen ganzen magischen Unsinn nicht anhören und wäre am liebsten geflohen, aber die Aussicht auf Nahrung ließ mich äußerlich ruhig bleiben.

Younghata fuhr fort: »Mein Vater hat mir erzählt, dass in der ersten Hütte die Krieger unverwundbar gegen Kugeln und Messer gemacht werden. In der zweiten Hütte kannst du Tötungen auf Distanz kaufen, also wenn du willst, dass jemand umgebracht wird. Und in der dritten Hütte gibt es alles, was Zwietracht in menschliche Beziehungen sät. Wenn du dort Opfer bringst, erhältst du aber auch Belohnung für deine Arbeit oder bekommst einen guten Posten. Du kannst dort auch den Namen eines Menschen nennen, den du als Freund gewinnen willst.« Sie lachte fröhlich auf und nahm meine Hand in ihre, doch dann ließ sie erschrocken los. Wir hörten den monotonen Gesang einer großen Menschenmenge, die sich uns zu nähern schien.

»Los, versteck dich schnell hinter dem Baum. Die Versammlung ist heute früher zu Ende. Wenn sie dich hier sehen, werden sie dich töten.« Damit huschte sie weg.

Ich sprang hinter den breiten Stamm eines Baumes und verkroch mich dahinter in einem Busch. Ich hörte, wie Young-

hata grüßte und verschiedene Stimmen zurückgrüßten. Vorsichtig lugte ich hinter dem Busch hervor und sah die Prozession, die nun singend vorbeizog. Rasch schloss ich die Augen. Ich wollte vermeiden, dass jemand meine Blicke spürte.

Als die Stimmen sich immer weiter entfernten, raschelte es plötzlich neben mir. Ich öffnete die Augen. Younghata kniete neben mir und reichte mir einige überreife Bananen. Ich bedankte mich überschwänglich und schlang sie alle hinunter.

Wir warteten noch eine Weile. Plötzlich nahm Younghata meine Hand und blickte mir tief in die Augen. »Kwato, mein Schatz, du bist immer so witzig. Ich liebe deine Art, und ich liebe dich.« Erwartungsvoll sah sie mich an.

Fast hätte ich geschrien: Lieben? Wie soll ich dich lieben? Ich will nur schnell fort von hier. Aber ich sagte: »Mein schönes Mädchen, ich habe auch viele Gefühle für dich. Aber lass uns nichts überstürzen. Ich habe zu Hause eine Freundin und will keiner von euch weh tun. Gib mir Zeit …«

»Oh, wie ehrlich du bist, Kwato, du sollst die Zeit bekommen.«

Wir gingen über einen verborgenen Weg zurück, und als wir uns dem Dorfplatz näherten, sah ich, dass der Bus beladen wurde: Die Reise würde endlich weitergehen.

Auch Youngatha bemerkte den Aufruhr, drückte mich fest an sich und küsste mich. Ich stieß sie weg und rief: »Ich muss los! Meine Familie wartet!«

Younghata stand einsam da und winkte dem Bus hinterher. Ich hob zögerlich die Hand zum Abschied. Hätte ich Younghata in einem anderen Dorf und zu einem anderen Zeitpunkt kennengelernt, hätte ich sie vielleicht lieben können. Angst und Hunger waren die einzigen Gefühle, die mich jetzt beherrschten. Immerhin war dank Younghata mein Hunger inzwischen ein wenig besänftigt. Ich blickte beschämt in die Staubwolke hinter dem Bus …

Gegen Abend erreichten wir endlich vertrautes Gebiet. Ich klopfte laut auf das Fahrerdach, und der Bus kam in einer roten Staubwolke quietschend zum Stehen. Ächzend und mit schmerzenden Knien kletterte ich vom Dach.

»Gute Fahrt!«, rief ich dem Mann am Steuer zu.

Mürrisch murmelte er einen Abschiedsgruß und fuhr rumpelnd an. Als sich der Staub gelegt hatte, sah ich in der Ferne die Dächer der Hütten meines Dorfes.

ZERRISSEN zwischen zwei Welten

Als mich ein paar Dorfbewohner am Ortseingang wiedererkannten, begannen sie zu jubeln. »Kwato! Kwato ist zurück!«, riefen sie laut, umarmten mich und begleiteten mich fröhlich durch das Dorf zu meinem Elternhaus.

Bald erkannte ich die vertraute Hütte und reckte den Hals. Ein schlohweißer Schopf erschien im Eingang. Ich wollte kaum glauben, wie alt mein Vater geworden war. So viele Jahre hatten wir uns nicht mehr gesehen.

»Kwato! Welch ein Wunder! Du lebst, mein Sohn!« Mein Vater strahlte mich an. »Kwle, Martha, kommt schnell raus, Kwato ist wieder da!«, rief er ins Dunkel der Hütte hinter sich.

Martha. Martha, meine liebe Schwester, war hier! Weiter reichten meine Gedanken nicht … Mein Vater umarmte mich immer wieder innig, während um mich herum die freudigen Rufe kein Ende fanden. Dann hielt er mich auf Armesabstand, betrachtete mich eingehend und rief: »Dünn bist du geworden!«

»Kwato, mein Junge«, hörte ich in diesem Moment die zitternde Stimme meiner Mutter. Mein Vater machte ihr Platz. Sie zog mich zu sich hinunter, und ich drückte ihren schmächtigen Körper fest an mich. Ich spürte, wie sie schluchzte und bebte. Als ich mich wieder aufgerichtet hatte, lächelte sie mich liebevoll an und strich mir immer wieder mit beiden Händen über die Wangen.

»Lass mich dich auch umarmen!«, rief Martha. Sie stand hinter meiner Mutter und hatte ihre Arme ausgebreitet. »Oh, Kwato, dir habe ich zu verdanken, dass ich gerettet wurde. Aber das nächste Mal warnst du mich vor, wenn du mir mitten in der Nacht solch einen Rebellenonkel vorbeischickst.« Sie lachte, und wir hielten uns für eine Weile einfach nur aneinander fest.

»Schlachtet zehn Hühner und eine Ziege! Los, ein Festmahl!«, befahl mein Vater überglücklich.

»Wartet – my people!*«, rief ich mit fester Stimme.*

Erstaunt verstummten alle um uns herum. Fragende Blicke trafen mich.

»Bevor wir meine Rückkehr feiern, muss ich unbedingt etwas wissen.« Ich sah meinem Vater fest in die Augen. »Was bedeutet mein Name?«

Verdutzt schauten sich meine Eltern an.

»Sagt schon. Was bedeutet Kwato?«

»Warum interessiert dich das, mein Junge?«, fragte mein Vater. »Deine Rettung ist doch viel wichtiger!«

»Ich muss es endlich wissen«, sagte ich. »Weil ich die Bedeutung meines Namens nicht weiß.« Meine Augen füllten sich mit Tränen. »Und ich deshalb fast ermordet wurde, Vater!« Meine Stimme brach.

Mein Vater nahm meine Hände in seine. »Die kleinste Affenart, die in Nimbas Urwäldern zu Hause ist, heißt Kwato, mein Junge. Dein Name bedeutet ›kleines Äffchen‹.« Er drückte meine Hände und zog mich an seine Brust. Ich ließ mich schluchzend von ihm halten, während Mutter und Martha mich auch fest umarmten.

»Was bedeuten eigentlich eure Namen?«, fragte ich meine Eltern später, als wir nach dem Essen satt und überglücklich in einer großen Runde an einem Feuer zusammensaßen.

»›Kwle‹ ist eine bittere Frucht. Und mein Name bedeutet, dass das Wachstum nicht aufgehalten werden kann.

›Minyatoniah‹ ist der, der immer weiter wächst«, lachte mein Vater.

Ich musste auch lachen. Aber als ich mich später schlafen legte, dachte ich, dass viel Wahres in den Namen steckte. Mein Vater war tatsächlich an allen Demütigungen und Anfeindungen immer weiter gewachsen, sein Glaube an Gott war immer nur größer geworden und stärkte ihn. Und meine Mutter hatte eine große Ernsthaftigkeit, die sie manchmal hart und verbittert erscheinen ließ. Doch ihrem Wesen nach war sie weich und empfindsam.

Ich war dankbar, dass meine Eltern und meine Geschwister noch lebten und es ihnen in Nimba besser ergangen war als den Gios in der Stadt. Die Rebellen hatten die Gios im Hinterland verschont, und es hatte nur wenige Plünderungen im Dorf gegeben. So besaßen meine Eltern noch etliche Ziegen. Auch die Ernte konnte wie jedes Jahr eingefahren werden. Vor dem Krieg hätte ich dafür Gott gedankt. Jetzt fielen mir keine Worte für ein Gebet ein.

In den nächsten Tagen, die noch immer angefüllt waren mit Feiern und großen gemeinschaftlichen Festessen aus Freude über meine Heimkehr, bat mich mein Vater immer wieder, ihm die Geschichten meiner Rettung zu erzählen. Aber ich winkte jedes Mal ab.

»Ich möchte in meiner Predigt am Sonntag darüber sprechen, als Zeugnis von Gottes Wirken«, erklärte er mir.

»Vater, ich will das nicht«, gab ich kühl zur Antwort. »Ich habe Unglaubliches erlebt, das stimmt. Und es ist ein Wunder, dass ich noch lebe. Aber ich habe mir selbst helfen müssen.«

»Ben«, sagte mein Vater und zog mich näher zu sich heran. »Wir haben jeden Tag für deine Rückkehr gebetet und sogar gefastet. Nur durch das Gebet und Gottes Wirken bist du hier. Du weißt, dass es für einen jungen Mann wie dich zurzeit unmöglich ist, nach Hause in sein Dorf und zu seiner

Familie zu kommen. Gott hat dich hierher gebracht, damit du ihm hier dienen sollst.«

Gott … Wo war Gott, als ich durch den Staub lief und fürchten musste, hinterrücks von Gewehrkugeln durchsiebt zu werden? Wo war er, als ich zusehen musste, wie Menschen grausam gefoltert, Frauen vergewaltigt und Leichname ausgenommen wurden? Wenn Gott dies alles gesehen hatte, wie konnte ich ihn da als Retter preisen? – Ich hatte gelernt, zu kämpfen und mich selbst zu retten. Ich war jetzt ein Krieger. In meiner Brust schlug das kämpferische Herz eines Rebellen.

Als ich nach ein paar Tagen wieder zu Kräften gekommen war, half ich bei der Reisernte. Jeden Tag war ich zehn Stunden mit meinen Schwestern und Brüdern auf dem Feld. Abends nach dem Essen fiel ich erschöpft ins Bett. Morgens quälte mich ein höllischer Muskelkater; die körperlich schwere Arbeit und das viele Bücken war ich nicht gewohnt.

Mit geübten Handgriffen zogen meine Geschwister und die anderen Helfer den Reis aus dem schlammigen Boden. Ich fluchte hingegen oft laut und ließ die Sichel entmutigt fallen, weil ich mich ungeschickt bei der Feldarbeit anstellte. Ich erreichte keinen einzigen Tag das Pensum der anderen – auch weil ich häufiger als sie am Rand des Feldes eine Pause machte. Dann steckte ich meinen Kopf in die Regenwassertonne, die dort stand, und trank mit gierigen Zügen.

Anschließend saß ich neben der Tonne im kühlen Schatten und ließ meinen Blick schweifen. Das satte, dunkle Grün des Urwaldes um mich herum, die kühle Brise im Schatten, das Vogelgezwitscher und das leise Singen der jungen Leute auf dem Feld hätten eigentlich mein Gemüt erfreuen sollen. Aber ich fühlte mich nutzlos. Ich gehörte hier nicht mehr hin.

Immer mal wieder kamen Rebellen ins Dorf und ließen die Landbevölkerung irgendwelche Dienste für sich erledigen. So zwangen sie mich einmal, einen schweren Tisch, den sie irgendwo geplündert hatten, sechs Kilometer ins nächste Dorf zu schleppen, während die Rebellen neben mir herspazierten und über mich Witze machten. Als wir in dem Dorf ankamen, gingen die Krieger einfach in eine Hütte und in die Küche und zwangen die Frau des Hauses, ihnen das Mittagessen der Familie zu geben. Die Frau wollte wortlos tun, was ihr befohlen worden war, und holte einen dampfenden Topf mit Reis. Aber einer der Rebellen rief: »Iss erst einmal selbst davon, damit wir wissen, dass du uns nicht vergiften willst!« Und schon drückte ein anderer Rebell den Kopf der Frau fest in die Schüssel.

Der Reis musste kochend heiß sein. Die Frau schrie auf, aber der Soldat drückte ihren Kopf noch tiefer hinein. Dann riss er sie an den Haaren zurück und stopfte ihr eine Handvoll Reis in den Mund. Ich sah das von Reiskörnern bedeckte Gesicht der Frau. Sie rang nach Luft und versuchte, die Körner hinunterzuwürgen.

»Darf ich jetzt wieder gehen, Sir?«, unterbrach ich diese Demütigung. Ich wollte das nicht länger mit ansehen.

»Hau schon ab, du Hurensohn!«, knurrte der Rebell und stopfte sich nun gierig selbst von dem Reis in den Mund.

Auf dem Weg nach Hause trat ich mit bloßen Füßen gegen eine Mauer. Ich hatte solch eine Wut in mir und fühlte mich zugleich völlig hilflos. Als ich Krieger der Rebellenarmee in Buchanan war, hätte sich niemand getraut, mich so zu behandeln. Ich war geachtet und gefürchtet. Hier war ich der Willkür anderer Rebellen ausgeliefert.

Wenn ich nur ein Gewehr hätte, eine Kalaschnikow, dann könnte ich mich ohne Weiteres zu Wehr setzen … *Und dann könnte ich andere beschützen … Aber meine Familie würde mir niemals erlauben, ein Gewehr mit mir herumzutragen, geschweige denn, damit auf Menschen zu zielen. Dabei könnte ich auch sie beschützen. Wie oft hatte ich schon erlebt, dass sie als Christen gedemütigt wurden und ihre Nächstenliebe schamlos ausgenutzt wurde. Nur wenn der Gegner vor einem Angst hatte, respektierte er einen auch. Ohne Gewalt ging das nicht. Hier auf dem Land erschien mir alles noch viel komplizierter. Ich sehnte mich nach der Stadt – und nach den einfachen Regeln des Krieges, so barbarisch sie auch waren. Zugleich fühlte ich mich dem christlichen Glauben und meiner Familie verpflichtet. Ich war wie zerrissen zwischen diesen beiden Welten.*

Mikel! Die Gedanken an meinen Freund halfen mir, zu einer Entscheidung zu kommen. Ich wollte leben, also durfte ich nicht zurück in den Krieg ziehen, wo mich der sichere Tod erwartete. Ich konnte aber auch nicht länger in Nimba bleiben und ein scheinbar normales Dorfleben führen, während in anderen Teilen des Landes der Bürgerkrieg tobte. Meine Sehnsucht nach Mikel zeigte mir einen anderen Weg. Ich wusste, dass er mit seiner Familie nach Abidjan gereist war. Ich sah Mikel noch einmal vor mir, wie er den Rasenmäher schob, dann zu mir herüberlachte ... Er hatte gesagt, dass er wieder nach Liberia zurückkehren würde. Er wollte mir einfach nicht glauben ... Aber jetzt wusste er bestimmt, was hier los war. Sicher hatte er im Radio gehört, wie viele Menschen in Liberia schon umgekommen waren. Und vielleicht waren er und seine Familie noch immer an der Elfenbeinküste und warteten auf das Ende dieses Krieges. Ich wollte dorthin reisen und Mikel suchen.

Es war ein heißer Tag im Februar 1991, als mich meine Familie mit einer kleinen Feier verabschiedete und ich mit wenig Gepäck auf dem Rücken in Richtung Grenze loswanderte. Meine Eltern ließen mich nur schweren Herzens ziehen.

MICHAEL, NICHT MIKEL

Ich hatte mich die ersten Monate in Deutschland immer mehr in meine Erinnerungen an die Zeit in Liberia zurückgezogen und hatte bald nur noch den einen Wunsch, zu wissen, wie es meinem Freund Ben ging und ob er noch lebte. Mein Vater half mir, bei der Missionsgesellschaft Adressen von Missionaren zu erfragen, die planten, nach Westafrika zu gehen, oder von dort zurückkamen. Ich schrieb ihnen oder rief sie an und befragte auch alle amerikanischen Missionare, die wir in Liberia kennengelernt hatten, ob sie etwas über Ben wussten.

Aber keiner von ihnen konnte mir weiterhelfen, und nur wenige Missionare reisten nach Liberia zurück. Die Bilder von den Gräueltaten und Kindersoldaten in Liberia, die in Zeitungen oder im Fernsehen zu sehen waren, machten meine Hoffnung zunichte. Und es meldete sich auch keiner der Missionare mit Nachrichten von Ben bei mir.

Ich wusste nicht mehr weiter und vertraute mich Torsten aus meiner Klasse an. Er war der einzige Freund, den ich in Deutschland hatte.

»Du bist jetzt hier und nicht in Liberia«, sagte er eines Nachmittags, als er mich besuchte.

Dieser Satz ging mir noch tagelang durch den Kopf.

Torsten hatte Recht. Ich lebte nun in Deutschland und konnte nicht nach Liberia zurück. Ich musste mich mit dieser Tatsache endlich abfinden. Meine Familie, Bremen, die

Schule, Nieselregen und Stadthäuser ... das war nun mal mein Leben. Ich war in Deutschland und nicht in Liberia. Ich war Michael und nicht mehr Mikel oder »GGG«! Auch *»piking«* würde mich hier niemand mehr nennen. Wenn ich nicht völlig verrückt werden wollte vor Sehnsucht, musste ich Afrika, Liberia und ELWA vergessen! Ich durfte nicht länger immer nur an Ben denken und trauern, während ich allein in meinem Zimmer in Deutschland saß.

Wenn mich von nun an jemand auf meine Vergangenheit ansprach, winkte ich barsch ab. Ich wollte nicht nach Afrika gefragt werden und nicht mehr darüber sprechen. Was ich mir jetzt am meisten wünschte, waren Freunde. Da ich aber außer Torsten niemanden hatte und Torsten sich nicht rund um die Uhr um mich kümmern konnte, langweilte ich mich oft und fühlte mich einsam. Doch dann kam ein Lichtblick. Nachdem wir in eine größere Wohnung umgezogen waren, entdeckte ich einen Basketballplatz in der Nähe der neuen Bleibe. Von nun an trainierte ich fast jeden Tag dort.

»Hey, ich hab dich jetzt schon ein paarmal hier gesehen. Komm doch mal zum Training der A-Jugend bei BST Neustadt!«, riet mir eines Tages ein Basketballer von dem Sportverein nach einem packenden Zweikampf.

Bereits zwei Tage später absolvierte ich ein Probetraining und wurde in den Verein aufgenommen.

Ich ließ keinen Trainingstermin der A-Jugend ausfallen und spielte bald immer besser. Mein Trainer lobte mich, und ich genoss es, endlich einmal wieder beachtet zu werden. Das Basketballspielen lenkte mich von meinem Kummer ab und half mir, mich endlich in Deutschland einzuleben und hier einen Platz zu finden. Als Rolf, der Jugendtrainer, mir einen Wechsel in eine Herrenmannschaft vorschlug, willigte ich sofort begeistert ein.

Obwohl ich beim TSV Lesum von den anderen zunächst an die Wand gespielt wurde, schließlich war ich nun gleich mehrere Klassen höher eingestiegen, hielt mein Frust nicht lange an. Ich lernte ständig hinzu und wurde mit der Zeit öfter eingesetzt und auch schon mal in Zeitungsberichten erwähnt. Selbst in der Schule sprach sich bald rum, dass ich ein richtig guter Basketballer war. Ich genoss die anerkennenden Blicke ... und hoffte insgeheim, auch endlich ein Mädchen für mich begeistern zu können. Andere Jungen prahlten mit ihren Erfahrungen und gingen am Wochenende mit ihren Freundinnen ins Kino, während ich allein zu Hause saß oder mit den Klassenkameraden loszog.

Wie überrascht war ich, als mir meine Mutter eines Tages einen Zettel mit einer Adresse aus Schottland hinlegte. Über eine Freundin von der Missionsgesellschaft hatte sie die Adresse von Beths Familie bekommen können. Beth ... Das war so lange her. Ich hatte immer mal wieder an sie gedacht, aber anders als bei Ben war die Erinnerung auch ein wenig verblasst. Das änderte sich nun abrupt. Ich schrieb Beth sofort einen Brief und musste auch nicht lange auf ihre Antwort warten. Beth ging in Edinburgh zur Schule, hatte keinen festen Freund und im letzten Jahr auch oft an mich denken müssen. Ich wollte Beth unbedingt besuchen und nahm einen Job bei einem Reifenhändler an, um mir so das Geld für eine Reise nach Schottland zusammenzusparen. Wenn meine Pläne aufgingen, würde ich in den Sommerferien 1992 Beth endlich wiedersehen. So schuftete ich neben Schule und Basketballtraining in der kleinen Firma, deren Mitarbeiter mich wegen meiner Größe vor allem die Reifen aus den obersten Regalen nach unten wuchten ließen.

Mit Beth schlichen sich die Gedanken an Liberia wieder in meinen Kopf. Nur selten war ich in den Monaten zuvor durch den wiederkehrenden Alptraum an Ben erinnert worden, jetzt dachte ich wieder öfter an ihn. Die Frage, ob er noch lebte, und mein schlechtes Gewissen, ihn im Stich gelassen zu haben, quälten mich nach wie vor.

Die lang ersehnte Reise nach Schottland hielt nicht, was ich mir von ihr versprochen hatte. Ich war mit der festen Absicht nach Edinburgh gefahren, Beth im Sturm zu erobern. Ich wollte endlich selbst erleben, wovon die anderen Jungen sprachen. Beth freute sich zwar über meinen Besuch und ließ es auch zu, dass ich ihre Hand hielt und sie auch mal küsste. Ansonsten war sie eher zurückhaltend, sodass ich nicht weit mit meinen Annäherungsversuchen kam. Dennoch hatte ich das Gefühl, sie wiedergewonnen zu haben, und wir verabschiedeten uns am Ende der Ferien tränenreich. Während ich auf der Rückreise schon überlegte, wann ich endlich wieder nach Schottland fahren könnte, schrieb Beth wohl den Brief, in dem ich kurz nach meiner Rückkehr las, dass es mit uns aus sei. Eine bittere Enttäuschung, die ich nur mit viel Training überwand. Bis zu sieben Stunden am Tag jagte ich nun auf den Korb zu, mit dem festen Ziel, es irgendwann in die National Basketball Association (NBA) zu schaffen. Die Wände meines kleinen Zimmers waren voll mit Postern von meinen Basketball-Idolen, vor allem von Michael Jordan, und ich sah mir so oft wie möglich im DSF ihre Spiele an. Kam ein Spiel mit Michael Jordan, der die 23 trug, analysierte ich jede seiner Bewegungen. Dass seine und meine Initialen identisch waren und ich am 23. August das Licht der Welt erblickt hatte, bedeutete für mich eindeutig, dass ich zu wahrer Größe geboren war.

Mädchen interessieren mich nicht, hatte ich mir nach der Enttäuschung mit Beth eingeredet, bis wir zum Ende des Schuljahres 92/93 die Komödie »Der eingebildete Kranke« als Musical aufführten. Ich hatte eine wichtige Nebenrolle übernommen, nämlich die des Wunschschwiegersohnes und

Jungmediziners Thomas Diafoirus, der seinen ungelenken Heiratsantrag damit krönt, dass er seiner Zukünftigen seine Dissertation schenkt und sie dazu einlädt, beim Sezieren einer weiblichen Leiche zuzuschauen. Mein Auftritt in dieser Szene löste bei einer Person im Publikum einen derartigen Lachanfall aus, dass ich mein Schauspiel für einen Moment unterbrechen musste. Ich fragte mich, wer das war.

Als ich in der Pause mit kleineren Schülern rumalberte, stupste mich jemand an. »Hallo. Ich bin Julika. Der Lacher eben, das war ich, tut mir leid.«

Ich drehte mich um und blickte in ein wunderhübsches Gesicht.

»Du spielst super. Hast du das schon öfter gemacht?«

Ich räusperte meine Schüchternheit weg. »Äh, ja. Aber ist schon etwas her. Ich bin übrigens Michael.«

»Ich weiß.« Sie wedelte mit dem Programmheftchen vor meiner Nase. Da ertönte der Gong, der das Ende der Pause verkündete. »Sehen wir uns gleich nach dem Stück noch? Auf der Party?«

»Ja … Ja, klar.«

An den Rest der Aufführung kann ich mich nicht mehr erinnern. An die Party schon … und dass mein Vater leider kam, um mich abzuholen. Die anderen Jungen und Mädchen übernachteten gemeinsam in der Turnhalle, ich aber musste mit Papa nach Hause …

Julika, deren beste Freundin Heide in meiner Klasse war, schrieb mir in den nächsten Wochen mehrere Briefchen, die sie Heide mitgab. Aber wegen meiner vielen Trainingsstunden hatte ich kaum Zeit für Verabredungen, zumal Julika außerhalb von Bremen wohnte, in Verden. Sie ließ nicht locker, bis wir uns endlich wiedersahen. Und nach diesem Treffen war auch ich richtig verknallt. Da verflog das Schuljahr 93/94 nur so: eine feste Freundin, Basketball und Lernen fürs Abitur.

Mein Schulabschluss gelang nicht ganz so glanzvoll, das Training war mir letztendlich wichtiger gewesen. Das zahlte sich nun aus. Mit drei Mitspielern aus Bremen gewann ich den Deutschen Streetballmeistertitel in der Altersklasse der 18-jährigen Basketballer. Zwei Artikel in der »Bild«-Zeitung, eine Titelstory als »Prinz des Monats« im Bremer Szeneblatt »Prinz« und ein kurzes Feature in den Bremer Fernsehnachrichten »buten und binnen« verhalfen meiner Mannschaft und mir zu viel Aufmerksamkeit. Und mein Trainer war sich sicher, dass noch immer ungeahntes Potenzial in mir steckte. So suchte ich mir eine Zivildienststelle in Bremen und spielte weiterhin beim TSV Lesum Basketball. An diese Zeit erinnere ich mich sehr gern; ich hatte meinen Platz im Leben gefunden und fühlte mich in Deutschland wohl.

Nur die Albträume, die mich in Abständen immer mal wieder einholten, zeigten mir, dass ich mit meiner Kindheit und Jugend in Afrika nicht so einfach abschließen konnte.

DIE SUCHE NACH MIKEL, meine Taufe und Debbie

Ich war nicht der einzige Liberianer, der sich auf den Weg nach Ivory Coast machte, also zur Elfenbeinküste. In Saniquelli, der größten Grenzstadt auf liberianischer Seite, schloss ich mich einer der vielen Flüchtlingsgruppen an. Weil die Landesgrenze geschlossen war, blieb uns nur die Möglichkeit, durch den nahe gelegenen Fluss zu schwimmen. Das Palaver war groß, denn wie ich haben viele meiner Landsleute große Angst vor dem Wasser. Wir glauben, dass böse Geister im Wasser leben. Die meisten Flüchtlinge konnten nicht einmal schwimmen. Mir hatte es Mikel zum Glück beigebracht. So erreichte ich wohlbehalten das andere Ufer und schlug mich mit anderen Flüchtlingen in drei Tagen zur Stadt Danane durch, wo ich in einem großen Flüchtlingslager einen Schlafplatz und Essen zugeteilt bekam. Ich war froh, erst einmal einen Platz zu haben, von dem aus ich meine weitere Suche nach Mikel planen konnte. Nach Abidjan würde ich es ohne Französischkenntnisse und ohne Geld nicht schaffen, das war mir klar. Aber ich konnte versuchen, anderen Flüchtlingen, die diese weite Reise durch das fremde Land wagten, Nachrichten für Mikel mitzugeben. Ich hoffte, dass er und seine Familie bei irgendeiner Missionsstelle untergebracht waren.

Jetzt musste ich mich aber erst einmal im Flüchtlingslager einrichten. Das Leben dort war alles andere als friedlich. Es gab jeden Tag irgendwelche Streitereien und Schlägereien, meist an der Essensausgabe. Ich wunderte mich, warum die

Flüchtlinge einander so missgünstig waren, bis ich feststellte, dass sich auch Ivorianer ins Lager schlichen, um kostenlos an Essen zu kommen. Die Bevölkerung der Elfenbeinküste litt Not, und die ärmeren Einheimischen fanden immer neue Wege, auf die Proviantlisten im Lager zu gelangen. Sie scheuten sich nicht, sich liberianische Namen zu geben und unsere englische Aussprache zu üben. Ich brauchte einige Tage, bis ich die Abläufe im Lager durchschaute.

Gerade als ich mich darum bemühen wollte, Kontakte in die Stadt Abidjan zu knüpfen, denn dorthin hatte Mikel mit seinen Eltern reisen wollen, gab es wegen Platzmangels im Lager neue Unterkünfte für mich und viele andere. Wir wurden, wie uns Mitarbeiter der Hilfsorganisation erklärten, einem »Bürgen« anvertraut, also einem Ivorianer, der für uns verantwortlich war. Er sollte uns für einen Preis, den wir mit ihm aushandeln mussten, Unterkunft und pro Tag ein Essen geben. Ich erhielt in Danane die Adresse eines gewissen Moses Gamay.

Nach etlichen Stunden Fußmarsch fand ich sein Haus in einer Seitengasse. Moses Gamay, ein kleiner, mürrischer Mann mit dickem Bauch, saß vor seiner Haustür und nickte nur abfällig, als ich ihm meine Zuweisungspapiere zeigte. Wortlos führte er mich hinter das Wohnhaus zu einer heruntergekommenen offenen Garage, in der bereits drei Flüchtlinge hausten. Aber ich traute mich nicht, mich zu beschweren, und richtete mir den kargen Schlafplatz ein. Das Geld für die Miete konnte ich mir mit Hilfsarbeiten bei den Bauern in der Nähe verdienen. Zweimal erhielt ich in der ersten Woche eine Mahlzeit. Jetzt wagte ich es doch, meinen Hausherrn zu fragen, was aus den restlichen Essensrationen für mich geworden sei. Moses Gamay lachte nur und beschimpfte mich.

Wütend lief ich am nächsten Morgen noch vor Sonnenaufgang den weiten Weg zum Flüchtlingslager, um dort pünktlich zur Essensverteilung zu erscheinen, um eine Portion zu bekommen. Doch als ich mich in die Schlange vor dem Essenszelt eingereiht hatte, brach vor mir ein heftiger Tumult aus. Viele Liberianer waren anscheinend in der gleichen Lage wie ich. Ich sah meine Chance auf eine warme Mahlzeit schwinden, aber ich wollte nicht mit leerem Magen zurück und versuchte, trotz des Krawalls näher an die Essensausgabe heranzukommen. Schließlich gelang es mir, in dem Durcheinander einen Beutel Reis an mich zu reißen. Zufrieden, wenn auch noch immer hungrig, lief ich den weiten Weg zurück.

Als Moses Gamay mich mit dem Reisbeutel in die Straße einbiegen sah, kam er sofort angerannt und forderte den Sack ein. Ich lachte ihn aus und ging hinter das Haus, als er mir in schlechtem Englisch drohte: »Wenn du nicht sofort den Reis abgibst, werde ich dich mit deinem nächsten Essen vergiften. Ich meine es ernst!«

Ich erschrak, aber ich bebte vor Wut am ganzen Körper. Scheinbar unbeeindruckt lachte ich ihn aus, und er stakste erbost ins Haus.

Die drei anderen Flüchtlinge, die den Streit mitangehört hatten, rieten mir, vorsichtiger zu sein.

»Ich habe schon ein paarmal gehört, dass Flüchtlinge vergiftet wurden. Gib lieber nach, Kwato, der macht sonst noch ernst«, sagte Bulay, mit dem ich bisher nur wenige Worte gewechselt hatte, weil er die meiste Zeit schlief. »Wir haben hier keine Rechte, Bruder. Entweder Gamay profitiert von dir oder du bist tot.« Auch jetzt drehte er sich wieder auf seiner Schlafmatte herum, so als wolle er schlafen.

»Ey, Bulay, du hast vielleicht Recht, aber dieser Reis gehört mir.« Ich rüttelte an seiner Schulter. »Wieso liegst du hier eigentlich nur rum?«

Bulay öffnete nur sein linkes Auge und antwortete: »Wer sich viel bewegt, hat viel Hunger am Ende des Tages, Bruder! Ich schone meine Kraft und spar mir viel Ärger. Nun lass mich in Ruhe.«

Ich setzte mich in den Schatten vor der Garage und dachte darüber nach, ob ich den Reis verkaufen oder selbst essen sollte. Ich entschied mich, ihn erst einmal zu behalten, als laute Stimmen aus dem Haus schallten. Dann hörte ich Schritte, und im nächsten Moment standen drei Polizisten und Moses Gamay vor mir.

Moses schrie etwas auf Französisch. Ich verstand nur das Wort für »Reis«. Überrascht setzte ich mich auf, als die Polizisten mich schon am Hemd und an den Armen packten und hochrissen.

»Warten Sie mal, Sirs, was ist hier los?«, fragte ich auf Englisch.

Ein Redeschwall auf Französisch regnete auf mich ein, und dann fing ich mir eine deftige Ohrfeige ein. Ein anderer Polizist hob den Beutel Reis, den ich neben meiner Schlafmatte abgesetzt hatte, auf und reichte ihn Moses Gamay, der mich jetzt hämisch und triumphierend anblickte. Da ich kein Französisch sprechen konnte, versuchte ich, in Englisch den Polizisten den wahren Gauner zu zeigen. Aber sie ignorierten mich einfach, klopften Moses Gamay auf die Schulter und unterhielten sich freundlich mit ihm. Er schüttete jedem der Polizisten Reis in die Jackentaschen ihrer Uniformen, während sie mich geringschätzig anblickten. Ich gab es auf, um meinen Reis zu kämpfen.

Ich war rechtlos; ich beherrschte nicht die Sprache der Ivorianer; ich war hilflos.

Natürlich erhielt ich nach diesem Vorfall nicht mehr Essen als zuvor. Gamay lebte sehr gut auf Kosten seiner Flüchtlinge. Von meinen Leidensgenossen hörte ich viele Geschichten darüber, wie sie ausgebeutet worden waren. Wer sich traute, seine Bürgen anzuklagen, unterlag stets, da die Richter korrupt waren und ausnahmslos ihren Landsleuten beistanden.

So war es auch einem jungen liberianischen Mädchen ergangen, von dem mir ein Flüchtling erzählte. Die 14-Jährige hatte sich in einen Ivorianer verliebt und sich von ihm mit auf sein Zimmer nehmen lassen. Er hatte sie im dunklen Zimmer verführt und dann nacheinander zwei Freunde zu dem Mädchen gelassen. Als das Mädchen den Betrug merkte und sich wehrte, vergewaltigten die drei Männer sie. Der Fall war fallen gelassen und die Männer freigesprochen worden, da das Mädchen selbst schuld gewesen sei, wie der Richter hatte verlauten lassen.

Das Leben als Flüchtling ließ mir nicht viel Zeit, um nach Mikel zu suchen, zumal ich das kostenlose Angebot wahrnahm, im Lager am Schulunterricht teilzunehmen. So konnte ich meine 11. Klasse doch noch beenden. Immer wenn ein Flüchtling nach Abidjan aufbrach, gab ich ihm Briefe für die Familie Jentzsch mit. Ich hoffte so sehr, dass einer davon in Mikels Hände gelangen würde. Doch ich erhielt nie eine Antwort.

Nach einem Jahr, sieben Monaten und null Rückmeldungen aus Abidjan hatte ich keine Hoffnung mehr, Mikel in der Fremde zu finden. Ich würde warten müssen, bis er und seine Familie nach Liberia zurückkamen. Enttäuscht packte ich meine wenigen Habseligkeiten und machte mich eines Nachts heimlich vom Hof Gamays davon. Nach einem Drei-Tage-Marsch erreichte ich am 16. September 1992 zur Freude meiner Eltern mein Heimatdorf in Nimba.

Viele Flüchtlinge kamen zu dieser Zeit aus den Lagern an der Elfenbeinküste zurück, weil die Kämpfe sich mehr oder weniger aufs Stadtgebiet von Monrovia beschränkten. So füllten sich die verlassenen Häuser des Dorfes wieder. Manche Neuankömmlinge brachten politische Neuigkeiten mit. So erfuhren wir, dass Präsident Doe im September 1990 in eine Falle gelockt und gefangen genommen worden war. Die Rebellen hatten ihn sieben Stunden lang unter Folter verhört. Sie hatten ihm mit stumpfen Messern die Gliedmaßen mehr abgerissen als abgeschnitten – wie man sich auf Videokassetten, die vielerorts zu kaufen waren, ansehen konnte. Doch selbst nach den Verstümmelungen fürchteten die Henker Does schwarze Magie so sehr, dass sie ihn fest an die Wand ketteten.

Nach Does Tod hofften wir alle auf ein Ende des Krieges, zumal die Dorfgemeinschaft wieder so groß war wie zuvor. Um vor der harten Feldarbeit zu fliehen, engagierte ich mich in der Jugendarbeit und versuchte, meinen Glauben an Gott wiederzuentdecken. Und ich war dabei nicht allein. In manchen der Jugendgottesdienste, die ich nun immer öfter besuchte, saßen über 200 Personen. Durch das tägliche Zusammensein mit anderen jungen Menschen, die Gottesdienste und durch die Gebete in der Gemeinschaft kam ich Gott wieder näher. Ich spürte selbst, wie ich innerlich weicher wurde und die Härte, die ich im Krieg und auf der Flucht gelernt hatte, von mir abfiel. »Kwato, du bist fast so wie früher«, sagte meine Mutter eines Tages.

Als mich einer der Kirchenältesten nach meiner Rückkehr einmal fragte, wann ich mich denn taufen lassen wolle, antwortete ich: »Taufen? Bist du wahnsinnig?« Ich hatte immer noch Angst vor den Anfeindungen, die Christen in den Dörfern erfuhren. »Das ist viel zu gefährlich in diesen Zeiten. Das Leben ist schon schwierig genug. Lass diese Worte nie wieder in deinen Mund.«

Meine Antwort hatte Wirkung gezeigt, man ließ mich fortan mit diesem Thema in Ruhe. Trotzdem verspürte ich mit der Zeit selbst den Wunsch, die Taufe zu empfangen. Im November 1992 ließ ich mich mit zwölf anderen jungen Männern taufen. Ich wurde Leiter der Jugendgruppe und gab mir viel Mühe, die Jugendlichen zu beschäftigen. Ich unterbreitete ihnen Angebote, damit sie nicht aus Langeweile auf die Idee kamen, sich den Rebellen anzuschließen, die nach wie vor junge Leute rekrutierten. Ich organisierte Fußballspiele gegen andere Dörfer, ging mit den Jungen angeln und gestaltete Bibelabende. Ich verbrachte meine ganze Zeit mit den jungen Leuten.

»Hey, da gibt es eine Sängerin im Nachbardorf. Sie heißt Debbie, ihr wärt ein schönes Paar«, sagte ein Freund eines Abends zu mir, als wir vor dem Haus mit meinen Brüdern zusammensaßen.

Ich lachte laut auf. »Ey, ich denke noch nicht ans Heiraten! Lass mich damit bloß in Ruhe. Ich bin erst neunzehn, Mann!«

»Aber das Alter kommt schneller, als du denkst, Ben! Irgendwann bist du ein runzliger alter Sack – dann will sie dich nicht mehr.« Er grinste.

Bei einem der nächsten Bibelabende sang eine Mädchengruppe aus Mahplay, dem Nachbardorf, und eine Debbie war auch dabei. Wir unterhielten uns, und ich fand sie sehr sympathisch. Und richtig hübsch war sie auch.

Ohne mein Wissen ging mein Bruder Ralf am Ende des Abends zu Debbie und fragte sie, ob sie mich nicht heiraten wolle. Sie versprach ihm, es sich zu überlegen, wie ich später zu Hause erfuhr.

Ich schimpfte mit meinem Bruder, aber er merkte schnell, dass ich die Verärgerung auch ein wenig spielte. Doch die Zeit verging, und Debbie rührte sich nicht, sodass ich versuchte, nicht allzu oft an sie zu denken. Mir reichte es schon, meinen Freund Mikel zu vermissen. Ich überlegte, nach Monrovia zurückzugehen, um dort auf Mikels Rückkehr zu warten, aber dann erreichte uns die Nachricht aus der Stadt, dass es wieder verstärkt zu blutigen Auseinandersetzungen gekommen war, diesmal zwischen militanten Splittergruppen. Eine Rückkehr nach Monrovia war also ausgeschlossen, da die Zivilbevölkerung gerade dort unter dem neuerlichen Bürger-

krieg zu leiden hatte. Um nicht zu viel zu grübeln, half ich – wenn keine Ausflüge mit Jugendlichen anstanden – tagsüber wieder vermehrt meiner Familie bei der Feldarbeit. Abends erledigte ich dann alles Organisatorische rund um die Bibelabende. So wurde ich beauftragt, die Orte, Inhalte und den Ablauf dieser Abende zu planen. Ich versuchte, so viele Bibelabende wie möglich in Mahplay zu veranstalten, in der Hoffnung, Debbie öfter zu sehen. Ich hatte mich tatsächlich in sie verliebt. Meine Strategie ging auf. Debbie und ich unterhielten uns nun häufiger, und wir stellten Gemeinsamkeiten fest. Wie ich hatte Debbie die meiste Zeit ihres Lebens in der Nähe der Stadt gelebt und fühlte sich hier auf dem Land nicht richtig wohl. Wir sangen beide gern und mochten es, mit jungen Leuten zu arbeiten.

Debbie und ich lernten uns immer besser kennen, aber wir mussten die strengen Regeln unserer Kirchengemeinde ein halten und durften uns nicht allein treffen. Junge, unverheiratete Leute mussten immer einen Aufpasser, einen »Chaperone«, dabeihaben. An eine offene, intime Unterhaltung war vor Schließung einer Ehe nicht zu denken, von körperlicher Nähe ganz zu schweigen. Als Organisator der Bibelkonferenzen durfte ich mich nur im Beisein meines Bruders Ralf mit Debbie unterhalten – und nur an einem öffentlichen Ort wie dem Marktplatz.

So lernten wir uns in Gegenwart meines Bruders gegenseitig kennen und fragten uns vorsichtig nach unseren Vorlieben, Abneigungen und Zukunftsplänen, bevor wir uns entschlossen zu heiraten: Ralf stellte für mich den Heiratsantrag, und Debbie sagte Ja. Drei Monate später, am 26. März 1994, heirateten wir.

An unserem Hochzeitstag brach ein solcher Sturm los, dass ich schon befürchtete, Gott wollte mir ein Zeichen geben. Es fegte nach der Trauung plötzlich ein solcher Wind über das Land, dass ein Baum in Nähe der Kirche umfiel und einige Hochzeitsgäste mit schweren Brüchen ins nächste Krankenhaus gebracht werden mussten. Die geschmückten Tische wurden von den starken Windböen durch die Luft geweht, und das Fest endete in einem Desaster.

Als wir mit unseren Geschenken bei unserer Hütte ankamen, warteten bereits drei Männer mit Kalaschnikows vor dem Haus, um sie in Empfang zu nehmen. So besitzen Debbie und ich kein Andenken an unsere Hochzeit – außer unserer Erinnerung. Ich war aber heilfroh, dass sie uns nicht noch mehr antaten.

EINE SCHULE IN NIMBA

Einige Wochen nach meiner Hochzeit baten mich die Dorfbewohner, eine Schule zu eröffnen, da ich von allen die beste Bildung hatte, Englisch unterrichten und sogar etwas über die europäische Kultur vermitteln konnte. Mein Vater regte an, die Schule Loah Memorial Christian School (LMCS) zu nennen. Loah war der Nachname des Freundes, mit dem er sich zum Christentum bekannt hatte. Samuel Loah war inzwischen gefallen, und die Schule sollte an ihn erinnern. Viele Eltern meldeten ihre Kinder an, und am ersten Schultag standen 70 Jungen und Mädchen vor mir. Jeden Tag kamen mehr dazu. Ich unterrichtete gern. Ich mochte das geordnete Leben und war froh, von der körperlich anstrengenden Feldarbeit verschont zu bleiben. Debbie und ich führten fast ein ganz normales Landleben, als uns der Krieg wieder einholte. Ich gab meiner Klasse, 90 Schülern, an diesem Tag eine Englischstunde unter freiem Himmel, als eine Mutter herbeistürmte: »Lauft weg! Schnell! Die Rebellen kommen! Sie wollen die Kinder holen! Lauft schnell, sie sind gleich da!« Während sie ihre eigenen Kinder packte, brach Chaos aus.

»Folgt mir! – Sofort!«, schrie ich. Ich rannte zwischen ein paar Hütten in Richtung Urwald. Immer wieder warf ich einen Blick zurück und sah, dass meine Schüler gehorchten. Wir hetzten tief ins Dickicht hinein. Ich dirigierte die Kinder durch das unwegsame Gelände und gab stumm Zeichen. Wenn eines hinfiel und sich verletzte, wurde es sofort von

Klassenkameraden aufgehoben und gestützt oder von einem Größeren getragen. Trotz ihrer Todesangst halfen die Kinder einander.

»Weiter! Weiter!«, trieb ich sie an.

Da fielen schon Schüsse im Dorf. Wir blieben stehen und lauschten gebannt. Stille.

»Das waren höchstens zehn Schüsse. AK-47«, sagte ein kleiner Junge neben mir leise.

»Genau. Und es ist noch kein Wehklagen zu hören. Die haben bestimmt nur in die Luft geschossen«, flüsterte ein älterer Junge.

Wie kriegserfahren meine Schüler waren! Manche bangten nun um ihre Eltern und fingen leise an zu weinen. Ich versuchte, sie zu beruhigen, und wir krochen zusammen unter tief hängende Büsche. Konzentriert lauschten wir auf weitere Geräusche und verharrten bis zum Einbruch der Dunkelheit im Urwald. Die Kinder hockten regungslos da. Sie bewegten sich nur, um Ameisen zu vertreiben. Selbst den Toilettendrang unterdrückten sie schweigend. Auch hierin hatten sie durch die wiederholten Angriffe, bei denen sie sich schon mit ihren Eltern versteckt hatten, Erfahrung.

Im Dunklen schlichen wir zurück zum Rand des Dorfes, und ich stellte erleichtert fest, dass keine Hütte brannte und keine Leichen herumlagen. Nun stürzten auch schon die Erwachsenen aus ihren Hütten und rannten lachend und weinend auf uns zu. Die Wiedersehensfreude war bei allen groß, auch Debbie hielt mich fest umklammert, und ich war glücklich, sie unverletzt wiederzusehen.

Bei der Freude bemerkte ich zum ersten Mal ein neues Gefühl. Es war die Sehnsucht nach einem Baby. Ich war der Einzige, der kein eigenes Kind umarmte. Ich begann, mich danach zu sehnen.

Als wir zum Haus gingen, kam mein Vater und drückte mich an sich. Er raunte mir zu: »Wir müssen reden, Ben.«

Und so setzten wir uns etwas abseits vom Haus auf den Boden. Das kalte Mondlicht zeichnete die tiefen Sorgenfalten im Gesicht meines Vaters nach. »Ein Rebellenkommandeur namens Gonda Paye war mit drei leeren Lastwagen hier!«, begann mein Vater leise zu berichten. »Er hatte gehört, dass es hier einen Lehrer gebe, der Kinder unterrichtet. Er wollte alle Kinder mitnehmen und Kämpfer aus ihnen machen. Seine Männer feuerten Warnschüsse in die Luft. Aber niemand verriet euch. Wir behaupteten, dass die Schule schon seit längerem geschlossen sei und leerstehe. Aber, Ben, er hat uns gewarnt!«

Mein Vater ergriff meine Schulter und schüttelte sie. »Wenn er hört, dass es hier doch eine Schule gibt, kommt er wieder und tötet alle Kinder samt ihrem Lehrer!«

Am nächsten Morgen rief ich alle Eltern zusammen, und wir beschlossen, das Schuljahr früher zu beenden. Und tatsächlich blieb es in den nächsten Wochen ruhig. Gonda Paye und seine Männer hielten sich von unserem Dorf fern.

Dennoch gab es in den Sommerferien einen Zwischenfall, der mich beunruhigte. Eine amerikanische Hilfsorganisation kam zufällig in unser Dorf. Als die Bewohner ihnen von der Schule erzählten, spendeten die weißen Mitarbeiter zehn große Säcke Reis für sie. Ich war sehr stolz und freute mich, dass ich endlich auch einmal entlohnt wurde. Ich hatte die Schule ehrenamtlich aufgebaut, die Eltern der Schüler zahlten kein Geld, und meine Eltern brachten mich und Debbie mit durch.

Die Eltern der Schüler eilten nun herbei und begannen, den Reis unter sich aufzuteilen. Freundlich fragte ich sie: »Liebe Eltern, wo ist mein Anteil?« Ich bückte mich, um mir auch etwas Reis in eine Tüte zu schütten, doch der offene Sack wurde schnell weggezogen. »Der ist für die Schüler gedacht!«, schimpften sie.

Ich stand fassungslos da. Nachdem alle Säcke verteilt waren, verschwanden die Dorfbewohner in ihre Hütten. Ich aber bebte vor Wut. Ich tat alles für die Kinder dieser Menschen, und es war ihnen nicht einmal eine Handvoll Reis wert. So konnte ich meine Arbeit nicht fortsetzen.

Schweren Herzens entschied ich, den Unterricht nach den Ferien nicht wiederaufzunehmen. Ich tat dies kund, aber Reaktionen blieben aus.

Als das Ende der Ferien gekommen war, erkannten die Dorfbewohner, dass ich meine Drohung ernst meinte. Sie beschworen meinen Vater, mich umzustimmen.

»Ben, mein lieber Sohn, hilf diesen Menschen, auch wenn sie sich dir gegenüber hartherzig verhalten haben. Lass dein Handeln ein Zeugnis für Christus sein.«

Doch erst die Kinder, die zu mir kamen und bettelten, dass sie wieder zur Schule wollten, schafften es, mich zu erweichen.

Im Oktober 1993 begann ich wieder mit dem Unterrichten. Ich beschwor die Dorfgemeinschaft, niemandem von der Schule zu erzählen, um die Rebellen fernzuhalten. Aber bereits nach einem Monat peitschten Schüsse durch den Hof vor der Schule. Etwa 22 Rebellen standen breitbeinig im Hof. Ich schob die Mädchen in die hinterste Reihe und schickte ein Stoßgebet zu Gott, bevor ich vor meine Schüler trat.

»Was wünschen Sie, Sirs?«, fragte ich demütig und versuchte, den Anführer unter ihnen auszumachen.

»Mein Name ist Jungle Fire, du Stück Scheiße!«, schrie ein fetter, kleiner Mann mit einer schwarzen, zerfetzten Baseballmütze und einem pinkfarbenen Kinderrucksack auf dem Rücken. »Ihr werdet uns jetzt helfen, aus Bahn Essen für unsere Kämpfer zu holen. Alle! Los geht's, kommt mit!«

»Commander Jungle Fire, Sir«, sagte ich höflich, »wir haben hier auch kleine Kinder, die schaffen den Achtstundenmarsch nicht. Lassen Sie sie bitte gehen.«

Sofort murmelten einige meiner Jungen, die auch sonst gern vorlaut waren, was sie von der Sache hielten. Das war ein großer Fehler. Jungle Fire suchte sieben Jungen heraus und befahl sie nach vorn. Die sieben zögerten zuerst, aber er zitierte sie noch einmal brüllend zu sich. Der erste Junge lief direkt in seine Fäuste. Jungle Fire schlug so hart zu, dass der Kleine zu Boden stürzte und regungslos liegen blieb. Erbost sprang ich nach vorn und stellte mich vor die anderen Jungen. Ich sah den Schlag gar nicht kommen.

Als ich aus der Ohnmacht erwachte, lag ich zwischen den sieben Jungen am Boden. Sie alle bluteten aus Platzwunden. Ich spürte ein Stück abgebrochenen Zahn im Mund und spuckte es aus. Ein Schwall Blut tropfte auf den staubigen Boden. Mit der Zunge befühlte ich vorsichtig meine zerplatzte Lippe. Ich schmeckte Blut.

Bevor ich aufstehen konnte, presste sich ein Gewehrlauf in meinen Nacken. Ich hörte die entsetzten Schreie meiner Schüler.

»Aufstehen, Lehrerlein! Und befiehl deinen Schülern, schön zu marschieren! Ihr Scheißprofessoren ruiniert noch unser Land!« Jungle Fire beugte sich hämisch grinsend über mich und packte mich am Kragen. Dann riss er mich hoch. »Los geht's, ihr Zukunft von Liberia!«

Die Rebellentruppe lachte schallend, währen wir im Gänsemarsch losmarschierten – fast acht Stunden in sengender Hitze, bis wir Bahn erreichten.

Reissäcke, Konserven und auch schwere Tüten voller Früchte bekamen die Kinder und ich aufgeschnallt. Ohne Erholungspause hatten wir diese zu einem Rebellenlager zu transportieren, das vier Stunden entfernt lag. Während des Marsches dachte ich an die weißen Kinder von ELWA. Sie hätten diesen Gewaltmarsch bestimmt nicht überlebt. Doch meine Schüler, die harte Arbeit auf dem Feld gewohnt waren, setzten schweigend, aber ausdauernd einen Fuß vor den anderen.

Wir mussten die Nahrungsmittel am Rande des Lagers ablegen. Ins Camp durften wir nicht – ich war froh darüber. Die Rebellen befahlen uns, nach Hause zu gehen, und jagten uns weg. Als wir nachts völlig erschöpft unser Dorf erreichten, hatten die Eltern die sieben schwer verwundeten Kinder schon nach Bahn zu einem Arzt getragen. Alle überlebten ihre Verletzungen.

Ich schloss die Schule, denn ich konnte die Verantwortung nicht übernehmen. Erst wenn wieder Frieden herrschte, wollte ich die Schularbeit fortsetzen.

ZIVILDIENST, STUDIUM, Hochzeit – und trotzdem viele Tränen

Meinen ersten Tag als Zivi werde ich nicht vergessen. Ich hatte auf gar keinen Fall mit körperlich und geistig behinderten Menschen arbeiten wollen. Am liebsten wäre ich in die Sportförderung gegangen oder hätte irgendeinen Bürojob übernommen. Als ich durch die Pforte des Behindertenheims schritt und mich beim Pflegedienst meldete, sprach ich mir selbst Mut zu: *So schlimm wird es schon nicht ... Ich bin ja kein ausgebildeter Pfleger ... Was können die schon von mir verlangen ...*

»Würden Sie Bernie zur Toilette begleiten, Michael?«, sagte Stefanie, eine der Pflegerinnen, nachdem ich allen vorgestellt worden war.

»Komm, Thomas!«, rief Bernie.

»Der letzte Zivi hieß Thomas«, erklärte Stefanie. »Es dauert immer ein bisschen, bis sich die Bewohner umgewöhnen.« Sie lächelte und ließ mich mit Bernie allein. Gleich darauf taperte er los in Richtung WC. Er ging durch den Waschraum und in eine der Toiletten. Ich ließ die Tür angelehnt und setzte mich davor in einen Sessel.

»Thomas! Komm abwischen!«, hörte ich Bernie rufen.

»Mach selber!«, rief ich möglichst freundlich zurück. Ich hörte Klappern und Rascheln und atmete erleichtert auf. Dann stand Bernie vor mir, die Hände mit Kot beschmiert. Ich würgte, aber es half nichts, Bernie musste unter die Dusche.

Bernies Körper bestand nicht aus Muskeln, war nicht sehnig und alles andere als durchtrainiert. Erst nach und nach erkannte ich, dass ich mir durch den Sport einen völlig überzogenen Anspruch an das Äußere eines Menschen angeeignet hatte. Nicht nur an mich selbst, ich hätte mich am liebsten nur mit Spitzensportlern umgeben. Aber ich war nun einmal hier gelandet. Also bemühte ich mich, meine Hemmungen und Vorurteile abzulegen. Und je aufgeschlossener ich wurde, desto vertrauensvoller wurden Bernie und die anderen Bewohner des Heims. Ich entdeckte ihre Stärken, und statt Mitleid und Ablehnung empfand ich bald Bewunderung, Sympathie, Zuneigung, Hilflosigkeit und manchmal auch Wut. Ich war bestimmt nicht der beste Zivi, aber ich hielt die 15 Monate durch und lernte einiges über den Umgang mit Menschen. Am Ende meines Zivildienstes im September 1996 war ich mir sicher, dass Bernie meinen Nachfolger »Michael« rufen würde.

Mein Vater fand nach unserer Rückkehr in Deutschland keine Stelle mehr. Mehrere Male fuhr er als ehrenamtlicher Helfer nach Afrika – in den Tschad, den Sudan und nach Äthiopien. Meine ältere Schwester Angelika lernte Krankenschwester und nahm Bibelunterricht. Für ein paar Jahre arbeitete sie an einer internationalen Schule im Senegal. Ich hingegen hatte keine Ahnung, was ich später machen sollte. Meine Eltern stellten sich »einen ordentlichen Beruf« für mich vor. Bei einer Berufsberatung antwortete ich auf die Frage, wo meine Interessen und Stärken lägen: »Alles, was mit Sport zu tun hat, die englische Sprache und Kontakt mit Menschen.«

»Ein Sport- und Englischstudium auf Lehramt, wäre das nicht etwas für Sie?«, fragte mich der Herr von der Berufsberatung. Ich sagte sofort Ja.

Noch im Oktober 1996 schrieb ich mich an der Bremer Universität für ein Lehramtstudium ein.

Zeitgleich begann eine sportliche Hochphase. Ich hatte einen Basketball-Wettkampf nach dem anderen und genoss es, immer mehr Leute kennenzulernen, die diesen Sport auch liebten. Mit Omar Ba, einem senegalesischen Nationalspieler, dem ich zum ersten Mal beim Wurftraining in den Uni-Sporthallen begegnete, freundete ich mich sofort an. Uns verbanden unsere afrikanischen Wurzeln, und ich war total aus dem Häuschen, als er zum TSV Lesum wechselte. Bald wurden wir ein starkes spielerisches Duo, das das gesamte Team noch mehr nach vorn brachte.

Julika, die nach der Schule eine Ausbildung als Erzieherin begonnen hatte, schaute so oft wie möglich bei den Spielen zu und hatte vollstes Verständnis, wenn ich mal wieder zu spät kam oder eine Verabredung absagte, weil ich trainieren musste. Wir ergänzten uns immer besser, und ich war froh, mit ihr zusammen zu sein. Wenn ich mal wieder von fünf neuen Ideen zugleich besessen war und am liebsten sofort feurig in alle Richtungen losgestürmt wäre, fand sie die richtigen Worte, um mich zu bremsen. Nach der ersten Verliebtheit und einer Sturm- und Drangphase war ich mir inzwischen sicher, dass ich mit dieser Frau mein Leben verbringen wollte. Julika liebte mich so, wie ich war, bei ihr konnte ich Michael *und* Mikel sein. Sie schaute gern mit mir mein Kinderalbum und die Fotos aus dem Niger an, und sie hörte mir zu, wenn ich von Ben und unseren Abenteuern erzählte.

So kam es, dass ich einen heimlichen Plan fasste und Julika, die Smetanas »Moldau« liebte, eine Sylvester-Reise nach Prag schenkte. Nach einem Fünf-Gänge-Menü auf einem Luxusdampfer auf der Moldau machte ich ihr um Mitternacht bei 20 Grad minus, knallenden Sektkorken und unter einem bunten Feuerwerksregen meinen Heiratsantrag. Ich war sehr glücklich und erleichtert, als sie mich zärtlich küsste und Ja sagte.

Unsere Hochzeitsplanungen liefen eher gemächlich an, zumal sich herausstellte, dass wir eine große Feier haben würden. 350 Gäste standen auf unserer Liste. Die Organisation dieses Events brauchte Zeit, zumal das Studium und das Basketballtraining weiterhin an erster Stelle standen.

Im März 1998 war es so weit, Julika und ich heirateten in meiner Heimatgemeinde und feierten ein wunderschönes Fest. Nach der kirchlichen Trauung nahmen wir über eine Stunde lang Glückwünsche entgegen, bevor wir uns an eine reich gedeckte Tafel begaben. Die Jugendgruppe meiner Kirche bediente uns und unsere Gäste. Es war wunderbar, so viele Freunde um sich zu haben, die alles taten, um Julika und mir den schönsten Tag unseres Lebens zu bescheren. Unsere Flitterwochen verbrachten wir in der Dominikanischen Republik in einem traumhaften Hotel mit hauseigenem Strand. Ich war rundum glücklich und bereit, eine Familie zu gründen. Deshalb wollte ich mich voll auf das Studium konzentrieren und kehrte dem Basketballverein erst einmal den Rücken – dabei waren wir inzwischen in die erste Regionalliga aufgestiegen!

Aber ganz abschwören konnte ich den sportlichen Erfolgen dann doch nicht. Als nur ein Jahr später ein Bremer Team zusammengestellt werden sollte, um den Aufstieg der Mannschaft in die zweite Bundesliga zu schaffen, fragte man mich, ob ich dabei sei. Ich willigte sofort ein.

Und wir schafften auch diesen Aufstieg – allerdings um den Preis, dass ich danach völlig ausgebrannt war: der Trainingsstress, die Uni-Prüfungen – und Julikas Schwangerschaft … Ohne Reue beendete ich Anfang 2001 nun endgültig meine Basketballkarriere und kümmerte mich um Nestbau und Familienglück.

Seit langem hatte ich nun wieder Zeit, über einiges nachzudenken. Angeregt durch einen Journalisten, der kurz vor Weihnachten einen Artikel über mich und meine Vergangenheit in Liberia geschrieben hatte, musste ich nun wieder häufiger an Ben denken. Ich hatte so viel Glück im Leben und würde bald eine eigene Familie haben, und ich wusste nicht einmal, ob Ben noch lebte.

Schweißgebadet wachte ich wieder einmal mitten in der Nacht auf. Julika strich mir sanft über das Haar und fragte, was los sei.

Ich versuchte, mich an die Bilder des Traums zu erinnern, aber ich sah immer nur Bens Gesicht, seinen verzweifelten Blick.

»Ich hab schon wieder von Ben geträumt«, seufzte ich, während ich das Nachtlicht einschaltete und ins Badezimmer ging, um mein verschwitztes Gesicht zu waschen. Während ich mir ein frisches T-Shirt anzog, sah mich Julika mit ernstem Blick an.

»Ist schon wieder in Ordnung, schlaf weiter, Schatz.« Wir kuschelten uns aneinander, und ich lauschte ihrem Atem, der bald ruhiger wurde.

Ich aber lag in dieser Nacht noch lange wach und fragte mich, wie ich all die Jahre hatte weiterleben können, ohne zu wissen, wie es meinem besten Freund im Krieg ergangen war. Ich hatte die Nachrichten über Liberia und den Bürgerkrieg all die Jahre verfolgt. Was wird aus einem Menschen, der jahrelang Krieg erlebt und der aufgrund seiner Abstammung *und* seines Glaubens verfolgt und gedemütigt wird? In dieser Nacht versuchte ich zum ersten Mal, mir vorzustellen, wie es Ben in Liberia ging … wenn er überlebt hatte.

An einem warmen Frühlingsabend machte ich mit Julika einen Spaziergang. Wir setzten uns auf eine Bank, genossen die laue Luft und betrachteten Arm in Arm den Sternenhimmel über uns. Auf einmal war Ben wieder in meinem Kopf. Vielleicht saß er gerade am Strand und betrachtete ebenfalls die Sterne und dachte an mich … Ich schlug die Hände vors Gesicht und begann hemmungslos zu schluchzen.

»Hey, was ist los mit dir?« Julika nahm mich in die Arme.

Ich konnte ihr nicht antworten, weil die Tränen nur so nachströmten und meine Stimme erstickten.

»Es wird alles gut«, versuchte mich Julika zu beruhigen. »Ist es wegen Ben?« Sie streichelte meinen Arm und flüsterte: »Gib die Hoffnung nicht auf.«

Als die Tränen endlich nachließen, beteten wir unter dem Sternenhimmel gemeinsam um ein Wunder.

ERNEUTE SUCHE

Lehrer, Pastoren und Ärzte wurden inzwischen immer häufiger Ziel brutaler Angriffe der Rebellen, sodass mir Freunde und meine Eltern zur schnellen Flucht rieten. Ich sprach mit Debbie darüber, und auch sie war sehr besorgt um mein Leben. Der Abschied von ihr fiel mir unendlich schwer.

Ich wanderte 1994 also ein zweites Mal zur Grenzstadt Saniquelli und weiter nach Danane. Abermals meldete ich mich im Flüchtlingslager und wollte es nicht glauben, als mich der junge weiße Mann hinter dem Schreibtisch wieder Moses Gamay zuwies. Ich war noch immer in den Listen registriert, und ein Bürgenwechsel schien aus organisatorischen Gründen zu umständlich. Ich versuchte, dem jungen Mann zu vermitteln, dass ich niemals zu diesem fiesen und hinterhältigen Menschen zurückkönnte, aber es nutzte nichts. Er machte keine Ausnahme und rief den nächsten Flüchtling auf.

Moses Gamay lachte mich gründlich aus und versprach mir unangenehme Zeiten. Deshalb legte ich meine Schlafmatte im hinteren Teil der Garage aus, sodass Gamay erst über die anderen fünf hinübersteigen musste, wenn er mir zu Leibe rücken wollte. Wie schon bei meinem letzten Aufenthalt als Flüchtling an der Elfenbeinküste besuchte ich in den nächsten Monaten die Schule im Lager und konnte so meine 12. Klasse abschließen und sogar einen Workshop für angehende Lehrer besuchen. Da in Liberia Lehrer gebraucht wurden, bildeten die Hilfsorganisationen diesen Beruf verstärkt aus. Ich hatte

Mühe, neben dem Unterricht genug Arbeit zu finden, um die Miete an Gamay zahlen zu können. Meist schuftete ich auf den Feldern bei den Bauern oder fällte Holz. Immer wenn sich die Gelegenheit bot und ein Flüchtling weiter nach Abidjan reiste, gab ich Briefe für Mikel mit.

Im Dezember erhielt ich über einen Flüchtling aus der Nähe von Nimba die Nachricht, dass bald mein erster Sohn geboren werden sollte, und so eilte ich zurück nach Hause.

Am 26. Dezember 1994 kam mein erster Sohn Mantoniah zur Welt – eine Abwandlung des Namens meines Vaters. Ich war überglücklich und wäre gern bei meiner Familie geblieben, aber die Bedrohung in Liberia war noch keineswegs gebannt, sodass ich schweren Herzens zurück nach Danane ging, wo ich meine Lehrerausbildung zu Ende brachte und die restliche Zeit so viel arbeitete, wie mir nur möglich war. Jedes halbe Jahr wanderte ich über die Grenze, um Debbie und unsere Kinder – 1997 wurde unser zweiter Sohn Elezar geboren – zu besuchen und ihnen Geld zu bringen. Die wenigen Tage, die ich dann bei meiner Familie blieb, half ich ihnen, so gut es ging, Vorräte anzuschaffen. Und zum Glück kümmerten sich auch meine Brüder um Debbie und die Kleinen, sodass sie nicht verhungerten. Fünf lange Jahre pendelte ich zwischen Danane und meinem Heimatdorf. Liberia befand sich in einem nicht enden wollenden Krieg, der Familien wie die unsere auseinanderriss. Und vielleicht wäre ich noch die nächsten Jahre Flüchtling an der Elfenbeinküste geblieben, wenn nicht auch hier mein Leben zunehmend bedroht worden wäre.

Als ich eines Abend nach einem abendlichen Workshop auf dem Rückweg war, wir hatten uns auf unsere nächste Prüfung vorbereitet, kam mir in einer verlassenen Straße eine Gruppe ivorianischer Jugendlicher entgegen. Ich wechselte die Straßenseite, um ihnen keinen Grund für Provokationen zu geben. Aus dem Augenwinkel sah ich aber, dass sie die Seite ebenfalls wechselten und sich Stöcke und Steine suchten. Ich beschleunigte meine Schritte, und dann prasselten auch schon die ersten Steine auf mich ein … Ich rannte so schnell ich konnte … Ein Stein traf mich im Kreuz … Ich rannte weiter … Ein Stein traf mich an den Beinen … Ich rannte und rannte … Ein Stein verfehlte um Haaresbreite meinen Kopf … Ich wurde zu Boden gestoßen. Johlend schlugen und traten sie auf mich ein, bis ich zusammengekrümmt und blutend dalag.

»Geh zurück in dein Land, du Affenarsch!«, schrien sie, bespuckten mich und machten sich aus dem Staub. Ich konnte mich nicht bewegen und blieb erst einmal liegen. Ich stöhnte vor Schmerzen, als ich mich endlich zwang, aufzustehen und mich nach Hause zu schleppen – keiner der Stadtbewohner, die mich sahen, half mir.

Am nächsten Tag waren meine Augen zugeschwollen, und es dauerte fast eine ganze Woche, bis ich sie wieder öffnen konnte. Als ich zur Schule ging, sah man mir noch immer an, was geschehen war.

»Benjamin, was ist passiert?«, rief John, einer meiner Lieblingslehrer.

Ich erzählte von dem Überfall.

»Oh, Ben, das tut mir so leid.« Er senkte betroffen den Kopf. »Es kommt seit einiger Zeit immer häufiger vor, dass unsere liberianischen Freunde verprügelt und beschimpft werden.« Zwei andere Lehrer, die bei uns standen, nickten.

»Du musst diese Bande anzeigen! Geh heute noch hin, damit die Polizei dich so sieht.« John legte seine Hand vorsichtig auf meine Stirn und zog sanft mein linkes Auge weiter auf, um meine Pupille zu prüfen. »Wenigstens ist das Auge noch heil.«

»Welche Nationalität?«, fragte der Polizist am Empfang. Er saß in einem großen Raum an einem Schreibtisch.

»Ich komme aus Liberia, Sir!«, antwortete ich höflich.

Er pfiff verächtlich durch die Zähne und deutete barsch in eine Ecke, wo ich warten sollte. Nach einer Stunde erschien endlich ein anderer Polizist. Er unterhielt sich kurz mit dem Beamten am Empfang, dann redete er auf Französisch auf mich ein.

»Sir, sprechen Sie bitte langsam. Ich verstehe Französisch nicht so gut«, bat ich ihn auf Englisch.

»Lerne erst einmal die Sprache des Landes, in dem du wohnst, bevor du unser Rechtssystem beanspruchst«, herrschte er mich in schlechtem Englisch frech an. »Wenn du Französisch verstehst, helfe ich dir.« Er wandte mir den Rücken zu und plauderte vergnügt mit seinem Kollegen. Ich stand auf und verließ in ohnmächtiger Wut das Polizeigebäude.

Ich wollte nur noch fort von hier, fort von Danane und zurück in mein Land. Doch bevor ich meine Sachen packte, wollte ich noch einmal intensiv nach Mikel suchen. So schrieb ich wieder Briefe und gab sie befreundeten Flüchtlingen mit, die nach Abidjan gingen.

Einige Tage später wollte ich einen letzten Nachmittag zum Briefeschreiben nutzen und saß vor der Garage auf dem Boden. Da fiel plötzlich ein Schatten über mich. Ich zuckte zusammen und duckte mich instinktiv. Aber es war nicht Gamay, sondern Mura, ein Flüchtling, mit dem ich mich angefreundet hatte und der vor einiger Zeit nach Abidjan gegangen war. Ich hatte ihn gebeten, dort nach Mikel zu suchen.

»Ben, wie geht's?«, fragte er und lachte mich an. Ich stand auf, und wir begrüßten uns mit Fingerschnalzen. »Fleißig wie immer? Ist das dritte Baby schon da?«, scherzte er.

Ich musste grinsen. »Schön wäre es. Da ich hier die Schule besuche, ist das kaum möglich. Wie war deine Reise? Und hast du etwas über Mikel erfahren?«

Mura nickte.

»Los. Red schon. Hast du etwas herausgefunden?« Ich war so aufgeregt, dass sich meine Stimme überschlug.

Mura nickte wieder.

»Ey, jetzt erzähle endlich!«

Mura setzte sich seelenruhig hin, während ich ihn erwartungsvoll anstarrte. »Setz dich, Ben.« Er deutete auf den Boden, und ich ließ mich neben ihn sinken.

»Ich habe alle deine Briefe abgegeben. Und ich habe mich bei allen Liberianern, die ich in der Stadt traf, umgehört. Du weißt doch, da kennt jeder jeden. Viele sind schon seit Jahren da. Als ich ein junges Mädchen nach Missionaren in Abidjan fragte und den Namen deines weißen Freundes erwähnte, wurde sie hellhörig. Die Familie ihres Freundes, ein Ivorianer, kümmert sich um die Gästewohnungen von Missionaren in Abidjan. Die haben schon viele kennengelernt. Das Mädchen versprach, ihren Freund zu fragen. Ich sagte ihr, dass diese weiße Familie im Jahr 1990 nach Abidjan gereist sei.« Mura nickte mich an und lächelte.

»Und? Weiter, Mura!« Er trieb mich noch in den Wahnsinn. Wenn er Mikel gefunden hatte, dann, dann …

»Du glaubst es nicht, Ben! Dieser Freund von dem Mädchen konnte sich an die Familie Jentzsch erinnern, auch an Mikel, weil sein Haar so weiß wie die Sonne am Mittag war.«

Ich sprang auf, hüpfte vor Freude auf und ab und schrie immer nur: »Du hast Mikel gefunden! Du hast ihn gefunden! Wo ist er?« Ich schüttelte Mura, der noch immer am Boden saß.

Erst jetzt bemerkte ich, dass Mura nicht mehr nickte. Er hielt seine Augen gesenkt. Er hatte einen kleinen Stein aufgehoben, mit dem er Striche in den Staub kratzte.

»Mura!«, rief ich nun leiser. Die Hoffnung und die Freude, die eben noch wie eine Welle in mir aufgestiegen waren, legten sich, als Mura weitersprach:

»Leider muss ich dich enttäuschen, Ben.« Ich wandte mein Gesicht von Mura ab. Ich wollte seine Worte nicht hören,

aber ich musste erfahren, was geschehen war. Ich blickte in den Sonnenuntergang, während ich seine Worte vernahm.

»Ich habe den Freund des Mädchens getroffen. Er erzählte mir, dass dieser Mikel und seine Familie nach ein paar Wochen abgeflogen sind. Wohin genau, wusste er nicht. Es gibt dazu auch keine Notiz in den Gästebüchern. Die meisten Missionarsfamilien sind wohl in ihre Heimat zurückgeflogen …«

Ich spürte Muras Hand auf meiner Schulter. »Es tut mir leid, Ben. Dieser weiße Freund muss dir sehr wichtig gewesen sein.«

Enttäuschung, Traurigkeit und auch Wut trieben mir Tränen in die Augen. Ich wollte nicht wahrhaben, dass Mikel schon lange nicht mehr in Afrika war. Hatte dieser Ivorianer Mikel und seine Familie wirklich gekannt? Es gab vielleicht noch andere Missionare mit einem Mädchen und einem weißblonden Jungen. Und wer wusste, ob Mura die Wahrheit sagte. Ich wäre nicht das erste Mal belogen worden!

Ich blickte Mura prüfend an. Aber außer Mitgefühl konnte ich nichts entdecken. Schon gar keine Falschheit. Er umarmte mich und richtete meine hängenden Schultern auf.

Ich hatte einen Moment lang geglaubt, Mikel wiedergefunden zu haben, und jetzt schien ich ihn für immer verloren zu haben. Mikel war meine Hoffnung gewesen, meine Hoffnung auf eine bessere Zukunft. Sie war mit einem Mal zerschlagen. Still flossen Tränen über meine Wangen, während ich in der Dunkelheit allein in der Garage saß.

Es war das Jahr 1999, als ich die Suche nach Mikel an der Elfenbeinküste beendete und zurück nach Nimba und zu meiner Familie wanderte – jedoch nicht, ohne Moses Gamay beim Abschied eine saftige Ohrfeige zu verpassen.

KAMPF UMS ÜBERLEBEN

Unter dem Präsidenten Charles Taylor, mit dessen Wahl der Bürgerkrieg 1997 hatte enden sollen, gab es immer neue Auseinandersetzungen zwischen den verschiedenen Stämmen, die in Liberia beheimatet sind. Es herrschte nach wie vor Hungersnot. Regelmäßig tauchten Rebellengruppen in den Dörfern auf und plünderten die Ernte und die Vorräte. Meine Familie besaß kein Vieh mehr, Reis anzubauen lohnte sich nicht, weil die Ernte jedes Mal in anderen Mündern landete; die Landwirtschaft lag brach. Wir ernährten uns hauptsächlich von Pflanzen, Früchten und Tieren aus dem Urwald. Wir lernten neue essbare Pflanzen kennen, litten aber auch häufig an Magen-Darm-Erkrankungen, weil wir giftige Pflanzen oder Insekten verspeist hatten.

Es dauerte nach meiner Rückkehr nach Nimba mehrere Monate, bis meine beiden Söhne Vertrauen zu mir fassten, denn für sie war ich ein fremder Mann. Im April 2000 kam dann unser dritter Sohn Kwakor Chester auf die Welt. Die Freude war groß, aber Debbie und ich sorgten uns auch um die Zukunft unserer Kinder. Eine fünfköpfige Familie zu ernähren, wenn so gut wie kein Geld und keine Lebensmittel vorhanden sind, ist eine schwierige Aufgabe. Wir hatten kaum Kleidung zum Wechseln für die Kinder, statt Schuhwerk trugen sie »Armen-Adidas«, so nannten wir die mit Seilresten um die Füße gebundenen Gummistreifen aus alten Autoreifen. Debbie und ich trugen monatelang Tag für Tag unsere

Hochzeitskleidung. Der Stoff von meinem schwarzen Anzug war an manchen Stellen fast durchgescheuert, und Debbies Kleid glich einem Fetzen. Vor dem Zubettgehen wurde alles gewaschen, zum Trocknen ausgelegt und am Morgen wieder angezogen.

Wir versuchten, so gut es ging, trotz der Armut ein geordnetes Familienleben zu führen. Aber es fehlte an allem, und dabei fühlte ich mich jung und kräftig. Ich wollte irgendetwas tun, um uns aus diesem Elend herauszuholen.

»Ich möchte nach Monrovia und Mikel suchen!«, sagte ich eines Abends zu Debbie, als die Kinder schon schliefen.

»Meinst du, die Familie deines weißen Bruders ist wirklich dort?« Debbie sah mich skeptisch an.

»Ich weiß es nicht, Debbie. Aber wenn sie dort sind, werden sie uns helfen. Das weiß ich. Ich kann nicht mehr länger hier herumsitzen und warten, dass das Land endlich befreit wird und wir wieder ein menschenwürdiges Leben führen können. Es sind schon so viele Jahre vergangen, und noch immer herrscht Krieg. Ich muss es versuchen. Für uns.«

Debbie nickte, und ich nahm sie in die Arme. Noch eine ganze Weile saßen wir so vor dem Haus.

Am nächsten Morgen nahm ich die letzten liberianischen Dollar, die wir noch besaßen, und machte mich zu Fuß auf den Weg in die Stadt. Ich hatte bereits mehrere Kontrollpunkte passiert, als ich an einen Checkpoint der gefürchteten Anti-Terrorist Unit (ATU), einer Abteilung von Charles Taylors persönlicher Leibgarde, gelangte. Als ich die Leichen am Straßenrand sah, war ich gewarnt, konnte aber nichts tun, außer ebenfalls vorzutreten, um mich durchsuchen zu lassen. Ich wollte die Soldaten freundlich grüßen, um sie milde zu stimmen, da riss mir einer von ihnen auch schon die Jacke vom Leib. Mein Geld, mein Anzug, meine alten Schuhe, alles wurde mir abgenommen. Die Soldaten lachten und schickten mich nackt zurück in die Richtung, aus der ich gekommen war.

Wütend und enttäuscht ging ich durch den Wald nach Nimba zurück. Ich ließ die Tränen einfach laufen und haderte laut mit Gott. »Wie soll ich hier überleben, Herr, wenn mir jedes Mal alles weggenommen wird!«, schrie ich wutentbrannt zum Nachthimmel hinauf. Aber nur fröhliches Vogelgezwitscher antwortete mir. In meinen Ohren klang es hämisch.

Als ich im Morgengrauen zu Hause ankam, besorgte ich mir alte Kleidung von einem meiner Brüder, und Debbie badete meine zerschundenen Füße. Erst nach einigen Wochen kehrte mein Lebensmut langsam zurück, und nach einem langen Gespräch mit Debbie bat ich einen meiner besten Freunde, von dem ich wusste, dass er noch ein wenig Geld besaß, um einen Kredit. Er lieh mir 500 US-Dollar. Ich sollte ihm dafür 600 zurückzahlen.

Nachts schlich ich mit dem Geld über die Grenze zur Elfenbeinküste und kaufte dort in einem Supermarkt Büroartikel, die ich auf den Wochenmärkten in Nimba, Bahn und Saniquelli weiterverkaufen wollte.

Mein kleiner Büroartikelhandel lief ein paar Monate lang richtig gut, und ich freute mich, dass ich endlich wieder Kleidung für meine Familie und Nahrungsmittel kaufen konnte. Doch das Schicksal meinte es nicht gut mit mir. Ende der Sommerferien 2002, kurz vor Schulbeginn, hatte ich alle meine Waren bis auf ein paar Radiergummis verkauft und vollführte leise singend ein Freudentänzchen, zu dem die anderen Standbesitzer lachend klatschten. Plötzlich tauchten wie aus dem Nichts zwei junge Rebellen vor mir auf. Sie trugen zerfetzte Hemden, zerrissene Jeans und alte Flip-Flops. Jeder war mit einer Kalaschnikow bewaffnet. Ich ahnte Böses.

»Meine Herren, bitte nehmen Sie ein kleines Geschenk für Ihre wertvolle Arbeit im Befreiungskampf entgegen!«, rief ich rasch und streckte ihnen die letzten Radiergummis

entgegen. Die anderen Straßenverkäufer packten hastig ihre Sachen zusammen.

Die Rebellen lachten nur hämisch über mein Angebot. »Mein Name ist Death Road, und das ist mein Freund Pray For Death!«, knurrte der Größere der beiden. »Heute ist kein guter Tag für dich. Gib alles her, was du hast.«

Ich legte hastig die Radiergummis zusammen und bückte mich unter den Tisch, um eine Plastiktüte zu greifen, da streckte mich ein Schlag von hinten nieder. Ich fiel in meinen eigenen Verkaufsstand, der sofort zusammenkrachte.

»Wenn wir ALLES sagen, meinen wir auch ALLES, du Hund!« Ich sah einen Stiefel auf meine Nase zufliegen, dann spürte ich plötzlich nichts mehr.

Als ich aufwachte, drehte sich alles in meinem Kopf. Ich versuchte, mich zu erinnern, was passiert war, und öffnete vorsichtig die Augen. Aber es blieb dunkel um mich herum. Panisch wollte ich an meine Augen fassen. Dabei streifte ich meine Nase. Ich schrie vor Schmerz auf.

»Gott sei gedankt – du lebst!«, rief eine Stimme, die mir vertraut war. Dahn, mein Bruder, hatte am anderen Ende des Marktes ebenfalls einen kleinen Stand, an dem er Bananen und Mangos verkaufte.

»Was – was ist passiert?«, stammelte ich. »Ich kann nichts sehen. Und mir tut alles weh, mein Mund, meine Nase, der Bauch, die Beine …«

»Bleib ganz ruhig, Ben. Beweg dich nicht. Du wurdest von zwei Rebellen übel zugerichtet. Sie haben dir deine Einnahme geraubt. Ben, es ist ein Wunder, dass du noch lebst.«

Plötzlich spürte ich etwas Kaltes an meiner Wange. Ein Gewehrlauf? Mit einem Mal kam die Erinnerung wieder. Waren die Rebellen zurückgekehrt, um mich doch noch hinzurichten?

»Nein. Tut das nicht!«, schrie ich.

»Ruhig, Ben. Ich habe hier eine Flasche Cola, das kühlt. Willst du auch mal trinken?«

Dahn hielt mir die Flasche vorsichtig an die aufgeplatzten Lippen, und ich schmeckte die süße Flüssigkeit. Gierig trank ich, aber meine aufgerissenen Lippen brannten dabei höllisch.

»Ey, die haben dich richtig fertiggemacht, Ben. Dein Gesicht sieht aus, Mann! Selbst als du bewusstlos am Boden lagst, haben die weiter auf dich eingetreten und dir mit dem Kolben ins Gesicht geschlagen. Hast du die gekannt? Oder provoziert?«

Ich versuchte, den Kopf zu schütteln, aber die Schmerzen steigerten sich ins Unermessliche. Jetzt drehte sich auch noch alles um mich.

»Ich schieb dich mit der Schubkarre zum Krankenhaus in Saniquelli, Ben. Hörst du?«, sagte Dahn und half mir behutsam auf die Karre.

Mein ganzer Körper war ein einziger großer Schmerz. Und während ich leise wimmerte, erzählte Dahn noch einmal, was die Rebellen mit mir gemacht hatten. Er redete die ganz Strecke bis zum Krankenhaus, so als wolle er sich selbst dadurch beruhigen.

Mein Stand, meine Ware, mein Geld – alles weg. Ich war schwer verletzt und ruiniert. Die Platzwunden in meinem Gesicht wurden mit 26 Stichen genäht. Meine inneren Verletzungen konnten nicht einmal diagnostiziert werden. Vier Wochen lang durfte ich nicht aufstehen. Insgesamt verbrachte ich sechs Wochen im Krankenhaus. Die Rechnung bezahlten meine Verwandten, die alle zusammenlegten. Ich dachte in dieser Zeit immer nur an meine armen Kinder, die ich schon wieder nicht versorgen konnte. Debbie musste jetzt wieder im Urwald Früchte für die Jungs suchen. Und dann mussten meine Eltern und Geschwister ihr letztes Geld für mich ge-

ben, von den Schulden bei meinem Freund ganz zu schweigen … Gott – wie soll ich an dich glauben? Immer wieder lässt du zu, dass mir alles zerstört wird! Du sagst, dass du für uns sorgen willst! Ist das dein Schutz? Welchen Sinn macht das alles? Lohnt sich mein Leben überhaupt noch?

KINDER, SCHULE
und ein eigenes Häuschen

Mit der Geburt meiner Tochter Kiara im Mai 2000 änderte sich Julikas und mein bisheriges Leben als Paar schlagartig. Jetzt waren wir Eltern, hatten ein Kind zu versorgen und machten uns Gedanken um die Zukunft. So schnell wie möglich und so gut wie möglich wollte ich nun mein Studium beenden und verbrachte den ganzen Tag an der Uni und lernte bis zum Umfallen. Nach einem guten Jahr bestand ich die Abschlussprüfungen. Mit einem Durchschnitt von 1,1 hoffte ich, nicht allzu lange auf einen Referendariatsplatz warten zu müssen.

Im November erhielt ich einen Anruf vom Direktor einer neu gegründeten privaten amerikanischen Eliteuniversität, der »International University Bremen«. Er lud mich zu einem Bewerbungsgespräch ein. Er hatte den Zeitungsartikel über mich gelesen und fand, das meine internationale Vergangenheit und mein Sportlehrerabschluss gute Voraussetzungen seien, um das Sportprogramm seiner Uni aufzubauen und zu organisieren. Ich nahm diese Herausforderung gern an. Gemeinsam mit sechs Studenten richtete ich ein Sportstudio auf dem Campus ein, plante das Sportangebot der Hochschule, entwarf Trainingspläne für jeden Studenten und organisierte Wettbewerbe. Ein Highlight war die monatliche Inline-Skate-Night, bei der die Sporthalle bis spät in die Nacht für die Studenten geöffnet war und sie zu Musik skaten oder Basketball spielen konnten.

Es gab unter den internationalen Studenten auch einige afrikanische. Mit jedem von ihnen verstand ich mich auf Anhieb gut. Ich hatte einen besonderen Draht zu ihnen. Und doch spürte ich auch die kulturellen Unterschiede. Immerhin lebte ich nun schon seit gut zehn Jahren in Deutschland.

Bei einem Wasserskikurs in Cuxhaven drohte ein nigerianischer Student, den ich zu dem Kurs persönlich motiviert hatte, zu ertrinken. Nachdem ich ihn aus dem Wasser gezogen hatte, beichtete er mir, dass er gar nicht schwimmen könne, aber meine Einladung nicht habe ausschlagen wollen. Das war eben afrikanische Höflichkeit.

Neben der Tätigkeit an der Privatuni arbeitete ich als freier Übersetzer und Englischtrainer. Ich ließ mir von einem Freund dafür eine eigene Internetseite erstellen. Von diversen Bremer Firmen erhielt ich immer mal wieder kleinere und größere Jobs. Alle meine bisherigen Honorare konnte ich toppen, als ich bei einem Werksbesuch eines amerikanischen Daimler-Chrysler-Managers als Simultanübersetzer für den erkrankten Kollegen einsprang. Ich verlangte tausend Euro für den Tag und bekam das stattliche Honorar!

Im Februar 2001 erhielt ich einen Referendariatsplatz am Kippenberg Gymnasium in Bremen. Eigentlich hätte ich erst einmal nur den Unterricht anderer Lehrer beobachten sollen, bevor ich eigene Schritte wagte. Doch die Direktion bot mir an, vertretungsweise die Leitung einer 5. Klasse zu übernehmen, da eine Kollegin erkrankt war und länger ausfiel. Ich sagte zu, ohne lange zu überlegen.

Welche Arbeit solch eine Klassenführung bedeutet, zumal wenn man noch nicht viel Erfahrung im Unterrichten hat, das bekam ich sofort zu spüren. Einige der Eltern beschwerten sich anfangs darüber, dass ein Referendar Klassenlehrer ihres Kindes war, aber ich hielt durch und lernte viel durch diesen Sprung ins kalte Wasser. Ich behielt die Klassenleitung auch im nächsten Jahr und führte meinen ersten Englischgrundkurs durchs Abitur.

2003 schrieb ich dann meine Staatsexamensarbeit über die Möglichkeit, Streetball im Unterricht einzusetzen, und legte kurz darauf die mündliche Prüfung ab. Pünktlich zum zweiten Staatsexamen, das ich mit 1,0 bestand, erblickte unsere zweite Tochter Laura das Licht der Welt.

Das Gymnasium wollte mich gern übernehmen, sodass ich alle anderen Jobs an den Nagel hängte und mich als Gymnasiallehrer verbeamten ließ. Julika und ich kauften ein kleines Reihenhaus in Ritterhude, einer ruhigen Dorfgemeinde in Niedersachsen, wo Kinder auch noch die Natur entdecken können. Es schien, als sei ich nun endgültig in Deutschland angekommen: Mit 27 Jahren hatte ich eine eigene Familie, eine wunderbare Frau und zwei süße Töchter. Ich war als Sport- und Englischlehrer anerkannt, meine Arbeit erfüllte mich, und wir fühlten uns wohl in unserem eigenen Heim mit kleinem Garten und Grillplatz. Ich hatte alles erreicht, was ein Mann sich wünschen kann. Und dennoch schreckte ich nachts immer wieder hoch aus schlechten Träumen und dachte an meinen Freund Ben.

DAS INFERNO

Im Sommer 2003 kamen vermehrt schlechte Nachrichten aus Monrovia. Flüchtlinge erzählten von der Hölle in den Straßen der Hauptstadt. Es herrschte das Gesetz der Waffe. Jeder Zivilist wurde sofort ausgeraubt – wenn nicht von den Regierungssoldaten und Taylor-Anhängern, dann von einer der Rebellengruppen. Ständig landete irgendwo eine Panzergranate, und Gewehrfeuer hallte Tag und Nacht durch die Stadt. Es gab keinen sicheren Ort mehr. Schwere Geschütze zerstörten die letzten großen Steinhäuser, und Monrovia glich einem Trümmerhaufen.

Nur für kurze Zeit schöpften wir Hoffnung, als es hieß, dass internationale Schutztruppen zur Friedenssicherung in Liberia eingesetzt würden. Tatsächlich entbrannte jetzt die grausamste Phase des Bürgerkrieges. Alle Soldaten hatten nun nur noch ein Ziel: sich vor seinem Ende noch so schnell wie möglich zu bereichern.

Nun kehrte der Krieg auch in den Alltag der Landbevölkerung zurück. Erste Anzeichen dafür waren, dass auf dem Markt von Bahn kaum mehr Waren angeboten wurden und dass das Reisen so gut wie unmöglich wurde. Zu allem Übel mischten sich jetzt auch unsere Nachbarländer in den Konflikt ein. Im November 2003 wurde Nimba zur Kriegszone dreier Parteien erklärt:

Vom Stützpunkt Klomiah an der Grenze im Norden marschierten guineische Truppen in Liberia ein. Diese Truppen bestanden zum größten Teil aus Mandingos, die wegen ihrer Stammesgeschichte als kriegerisches Volk gefürchtet waren.

Andere militante Gruppen griffen von Stützpunkten an der Elfenbeinküste an und überfielen Grenzdörfer, plünderten sie und zogen sich blitzschnell zurück, bevor die Rebellen antworten konnten. Diese »Hit and retreat«-Taktik bescherte uns Leid und Tod.

Aus dem Süden des Landes kam die größte Rebellenkämpfergruppe namens Movement for Democracy in Liberia (MODEL) um den Anführer Roosevelt Johnson, einem skrupellosen Warlord, den selbst seine engsten Anhänger wegen seiner willkürlichen Gewaltausbrüche fürchteten.

So saß die Landbevölkerung in Nimba im Fadenkreuz dreier unmenschlicher Kampfparteien.

Debbie und ich hatten eine Tasche mit unseren wenigen Habseligkeiten immer griffbereit. Wir versteckten uns manchmal tagelang mit unseren Kindern im Wald, während Rebellenbanden das Dorf verwüsteten oder Soldaten willkürlich eine Rakete nach der anderen auf es abschossen. Als es immer häufiger bereits im Morgengrauen angegriffen wurde, flüchteten wir mit unseren schlafenden Kindern schon nachts um vier Uhr in den Urwald. Zitternd kauerten wir unter großen Bäumen, während wir dem Zischen und Einschlagen der Raketen und Granaten lauschten. Bei einem Raketenhagel gab es solche Explosionen, dass die Erde bis in den Wald hinein bebte. Wir konnten unsere weinenden Söhne kaum trösten. »Papa, werden wir jetzt sterben?«, fragten sie immer wieder voller Angst, und ich versuchte, sie und auch mich selber mit brüchiger Stimme zu beruhigen. Wir waren gefangen in diesem Dreieck des Todes und konnten nicht fliehen.

Es herrschten rohe Gewalt, Gesetzlosigkeit, Hunger. Wir litten ständig Todesangst, denn es gab keinerlei Schutz mehr.

Schwangere Frauen mussten ganz besonders um ihr Leben fürchten, denn die Rebellen hatten sich ein grausames Spiel ausgedacht, das sie »Baby betting« nannten. Wenn ihnen eine werdende Mutter begegnete, wetteten sie auf das Geschlecht des Fötus, schlitzten den Bauch der Frau auf und rissen das Kind heraus.

Vor allem die Rebellenkämpfer von Roosevelt Johnson waren gefürchtet, da sie sich immer neue Gewaltspiele ausdachten, um uns Zivilisten zu demütigen und zu quälen, um ihre Macht zu demonstrieren und ihren Stumpfsinn zu befriedigen. Frisch verheiratete Paare plünderten sie nicht nur aus – wenn es überhaupt noch etwas zu holen gab –, sondern sie zwangen die Eheleute, sich auszuziehen und vergewaltigten die Frau auf dem Rücken ihres Mannes. So geschah es auch meinem Onkel Barrator und seiner Braut, die seit dieser Tat von schlimmsten Alpträumen und Ängsten verfolgt werden.

»Baby betting«, »Matratzendienst«, »Body Cut« – Zerstückelungsspiele im Losverfahren, die den Tod oder entsetzliche Entstellungen zur Folge hatten –, Massenvergewaltigungen, Folterungen und Misshandlungen ganzer Dorfgemeinschaften – Abhacken der Unterarme, damit die Bewohner nicht an Wahlen teilnehmen konnten – es gab keine Gräueltat, auf die die Rebellen nicht verfielen. Selbst neunjährige Kindersoldaten verübten grausamste Taten. Kein Dorf, kein Haus, keine Familie blieb verschont. Jeder hatte Schlimmstes zu beklagen.

DIE VERGANGENHEIT holt mich ein

Es war ein schwüler Sommerabend im August 2003. Julika brachte die Kinder zu Bett, während ich den Grill abbaute.

»Und was machen wir mit diesem schönen Abend noch?«, fragte Julika, als sie zurück auf die Terrasse kam.

»Ich könnte uns einen Film ausleihen«, schlug ich vor.

»Aber keinen Thriller, okay?« Julika grinste.

Im DVD-Verleih schlenderte ich zuerst zu den Neuerscheinungen und entdeckte sofort einen Film mit Bruce Willis, der mich interessierte. »Tränen der Sonne« hieß er, spielte in Nigeria und erzählte laut Filmbeschreibung auf der Hülle die Geschichte der Befreiung von Flüchtlingen. Da Julika aber weder ein Fan von Action noch von Kriegsgeschichten war, suchte ich außerdem noch eine romantische Komödie aus.

Zu Hause angekommen, schaffte ich es dann aber doch, Julika zu dem Bruce-Willis-Streifen zu überreden, und so kuschelten wir uns gemeinsam auf die Couch.

Doch schon als der Vorspann begann, war es aus mit dem gemütlichen Zusammensitzen: Angespannt verfolgten wir die Berichte über den Bürgerkrieg in Afrika, sahen eine zerstörte Stadt, Brandherde, Staub, Chaos, Militärs mit Waffen, einen schwarzen Jungen, der über eine Straße flüchtete – und im nächsten Moment erschossen wurde, dann einen weinenden Jungen in Nahaufnahme, der von einem Rebellen abgeführt wurde.

Mein Magen krampfte sich zusammen, und ich musste tief durchatmen, um mich zu beruhigen. *Bestimmt fiktiv, alles gestellt,* versuchte ich mir einzureden. Aber während des Films klopfte mein Herz immer lauter. Dabei berührten mich noch mehr als die Story die Bilder von den unzähligen Gräueltaten. Julika hatte sich bereits nach einer halben Stunde zum Lesen ins Schlafzimmer verabschiedet, und ich saß nun allein im Wohnzimmer und starrte fassungslos auf den Bildschirm. Ich wünschte mir sehnlichst, dass Bruce Willis und seine Mannen die Rebellen töteten und endlich für Gerechtigkeit sorgten. Am Ende hockte ich zutiefst erschüttert da und lauschte aufgewühlt der dramatischen Abspannmusik, während mir meine Vergangenheit vor Augen trat.

Wie konnte ich im eigenen Haus – in dem in Liberia dreißig Menschen zusammenleben würden – auf der Couch sitzen und einen Spielfilm über den Bürgerkrieg in Afrika anschauen, während meine Freunde in diesem Land tatsächlich solchen Gräueltaten ausgeliefert waren und um ihr Leben kämpfen mussten? Noch um Mitternacht, nur der Mond schien ins Zimmer, saß ich da und ließ die Tränen, gegen die ich so lange angekämpft hatte, einfach laufen.

Ich sah den ELWA-Strand vor mir … den lachenden Ben, der seine Leine einzog, weil ein Fisch angebissenen hatte … ich schmeckte noch einmal die Salzkrusten, die sich an meinen Fensterscheiben bildeten … ich hörte das Kreischen der Vögel im Urwald … und ich sah immer wieder Ben vor mir, der mich anflehte, ihn mitzunehmen, fort aus Liberia …

In dieser Nacht wurde mir klar, dass ich alles tun musste, um Ben wiederzufinden. Wenn er noch am Leben war, dann musste ich ihm jetzt helfen. Ich könnte nicht mehr weiterleben, ohne meinen Bruder in Sicherheit zu wissen. Ich hatte ihn im Stich gelassen, ich hatte über seine Angst sogar noch gelacht. Ich hätte doch nur meine Eltern bitten müssen, ihn mitzunehmen. Stattdessen hatte ich nichts getan. Ich war feige geflohen und hatte Ben zurückgelassen! Zitternd wischte ich mir die Tränen aus dem Gesicht und schwor mir, wiedergutzumachen, was jetzt noch möglich war.

Ich wusste, dass ich nicht länger vor dieser Schuld flüchten konnte. Sie wurde immer größer und lastete schwer auf meiner Seele. Auch wenn ich damals selbst noch fast ein Kind war … Der Alptraum würde mich nie mehr loslassen, wenn ich nicht endlich tat, was längst überfällig war.

Ich telefonierte die nächsten Tage mit Missionaren, die in den letzten Jahren in Liberia gewesen waren. Meine schlimmsten Befürchtungen wurden noch übertroffen, Liberia, das Land der Freiheit, das einst meine Heimat war, lag in Schutt und Asche, und die Menschen dort hatten keine Hoffnung mehr.

Der Bürgerkrieg spitzte sich gerade jetzt derart zu, dass auch in Deutschland Schreckensbilder von Kindersoldaten, Massakern und Leichenbergen vor der amerikanischen Botschaft in Monrovia durch die Nachrichten gingen. Aber was konnte ich tun? Wenn sich schon Reporter kaum mehr ins Land trauten, dann war eine private Reise völlig undenkbar. Ich brauchte einen Verbindungsmann, der für mich in Liberia nach Ben suchte. Aber ich hatte keinerlei Verbindungen mehr nach Liberia. Alle Weißen waren geflüchtet. Ich zermarterte mir mein Hirn, wusste mir aber nicht zu helfen.

»Michael, du kannst Ben jetzt nicht finden! Es ist Krieg in Liberia!« – »Harre aus, bis diese schlimmen Zeiten vorbei sind.« – »Quäle dich nicht so, du kannst im Moment nur warten.« Diese und andere gut gemeinte Ratschläge bekam ich von allen Seiten zu hören.

Ich wusste wirklich nicht weiter und betete inbrünstig zu Gott, damit er mir bei der Suche nach Ben half. Ich hoffte auf ein Wunder.

Die Tage verstrichen, ohne dass irgendetwas passierte. Meine Hoffnung sank von Tag zu Tag. Ich ging wie gewöhnlich meinem Alltag nach und versuchte, mir nichts anmerken zu lassen. Aber in mir herrschte Verzweiflung. Nur noch gewohnheitsmäßig checkte ich jeden Abend die E-Mails, in der Hoffnung, dass sich einer der Missionare, die ich um Hilfe gebeten hatte, mit einer Nachricht melden würde.

Nach zwei Wochen erhielt ich plötzlich eine E-Mail von einer fremden Adresse mit dem Betreff: »Save us in Liberia!«

Nervös öffnete ich sie und las zu meinem großen Erstaunen, dass unser ehemaliger Gärtner und Hausangestellter Paul Gante mir aus Monrovia schrieb.

Lieber Mikel,
ich habe Deine E-Mail-Adresse im Internet auf Deiner Seite gefunden. Ich hoffe, dass Du es bist und dass Du Dich an mich erinnern kannst. Mikel, wir sterben. Meine Kinder verhungern. Wir essen inzwischen Gras und Blätter von den Bäumen. Bitte hilf uns! Wir haben kein Geld, um Nahrungsmittel zu kaufen. Der Krieg hat alles teuer gemacht. Bitte schick uns etwas Geld, sonst sterben wir.

Dein Paul Gante

Laut jubelnd sprang ich vom Sessel auf und tanzte durchs Zimmer. *Das Wunder war da! Paul war der Kontaktmann, den ich so dringend brauchte! Meine Gebete waren erhört worden!* »Julika, ich habe Kontakt nach Liberia!«, rief ich durchs Haus. Dann rannte ich zum Telefon und wählte die Nummer meiner Eltern.

Sie waren sprachlos – und freuten sich mit mir. Ich antwortete Paul, dass ich ihm Geld schicken würde und er mir seine Kontoverbindung mitteilen solle. Und fragte ihn, ob er in den letzten Jahren Kontakt mit Ben gehabt habe. Paul hatte Ben und mich aufwachsen sehen und kannte ihn so gut wie mich.

Am nächsten Morgen hob ich sofort 500 Euro ab. Anschließend überwies ich das Geld und freute mich zwei Tage später über Pauls überglückliche E-Mail. Ich hörte aus seinen Nachrichten heraus, dass er selbst viele Probleme zu bewältigen hatte, sodass ich ihm erst einmal jeden Monat Geld schickte, damit er und seine Familie wieder auf die Beine kamen. Und tatsächlich lebte er von Woche zu Woche auf, sodass ich ihm nach zwei Monaten mein Anliegen eröffnete und ihn bat, Ben zu suchen. Paul war die Schlüsselfigur in meinem Puzzle – da war ich mir sicher.

Er antwortete mir, dass er zu große Angst habe, die Stadt zu verlassen und nach Nimba zu gehen. Überall mordeten und plünderten führungslose Rebellentruppen. Paul schlug vor, noch eine Weile zu warten, bis sich die Lage beruhigt hätte. Ich konnte nichts anderes tun, als ihm zustimmen, und so überwies ich weiter Monat für Monat Geld an ihn, um den Kontakt zu ihm nicht zu verlieren. Hin und wieder fragte ich, ob er irgendetwas über Ben erfahren habe, damit er wusste, wie ernst mir die Sache war. In dieser Zeit wechselte ich an das bilinguale Hermann-Böse-Gymnasium in Bremen und war beruflich stark gefordert, was mich tagsüber von meinem Kummer ablenkte. Abends jedoch überfiel mich die Traurigkeit, sodass sich Julika und meine Familie um mich sorgten.

Doch dann kam ein Anruf von Paul. Es war schon spät am Abend.

»Hey, *my man*, wie geht´s dir?«, sagte Paul.

»Es geht mir gut, danke. Wie geht´s deiner Familie?«, fragte ich zurück. In Afrika ist es üblich, sich nach allen Familienmitgliedern und sogar nach der Farm oder dem Geschäft zu erkundigen.

Aber da Paul anrief und das Gespräch bezahlte, kam er schnell zum Punkt. »Mikel, ich habe traurige Neuigkeiten …«

Mir schnürte sich der Hals zu, und ich wollte Pauls weitere Worte am liebsten gar nicht hören. Trotzdem fragte ich: »Was ist los? Hast du Nachricht von Ben?«

»Ja, Mikel. Ein Freund von mir war im Flüchtlingslager in Danane. Das liegt an der Elfenbeinküste. Ein Riesenlager. Dort war auch Ben eine Zeit lang. Aber keiner weiß, was aus ihm geworden ist. Er ist wahrscheinlich dort gestorben. Es tut mir leid, Mikel.«

Erschüttert schwieg ich. Dann lauschte ich meinem Herzen. Innerlich fühlte ich diese Nachricht nicht bestätigt. Ich spürte mit absoluter Gewissheit, dass Ben noch lebte. »Paul, tut mir leid, aber ich glaube nicht, dass Ben tot ist. Hey, ich kann es nicht begründen, aber ich spüre, dass er lebt. Gibt es irgendeinen Zeugen, der Ben sterben sah?«

»Äh, nein! Was denkst du? Es war schwierig, überhaupt etwas rauszufinden.« Er schwieg für einen Moment. »Aber Mikel, wenn Ben tot ist, kannst du doch auch mich als Freund nehmen.«

Ich konnte nichts darauf sagen. Aber in meinem Kopf arbeitete es. Wollte Paul vielleicht Bens Platz einnehmen? Kamen wir mit der Suche deshalb monatelang nicht voran!? Gab es überhaupt irgendeinen Hinweis darauf, dass Ben wirklich verstorben war?

Jetzt nichts Falsches sagen, redete ich mir selbst zu. *Paul ist mein einziger Kontakt in Monrovia, der mir wirklich nutzen kann.* Ich durfte ihm nicht mehr vertrauen, aber ich durfte ihn auch nicht verlieren!

»Lass mich erst mal deine Nachricht verdauen, Paul«, antwortete ich, um die unangenehme Stille endlich zu durchbrechen. »Ich ruf dich wieder an. Sorge dafür, dass dein Handy immer aufgeladen und angeschaltet ist«, bat ich ihn noch.

»Gern, mein Freund. Ich freue mich schon auf deinen Anruf«, klang es zu freundlich aus der Leitung.

Ich legte schnell auf.

Wie sollte ich jetzt vorgehen? Ich sprach mit Julika, die mich warnte, dass ich mich nicht von Paul ausnehmen lassen solle. »Er ist bedürftig, aber wenn er ein wahrer Freund ist, dann hilft er dir, Ben zu finden. Und dann tut er alles dafür, dass du Sicherheit hast.«

Als sie schon lange ins Bett gegangen war, kam mir eine Idee. Paul war geldgierig, keine Frage. Damit musste ich ihn ködern. Paul wollte unbedingt mehr Bares. Ich wollte unbedingt Ben! Wie ich es aus den Karl-May-Büchern kannte, würde ich eine Art Kopfgeld aussetzen. So könnten mehr Personen in die Suche nach Ben einbezogen werden, und ich war nicht nur von Paul abhängig! Gleich am nächsten Tag würde ich Paul wieder anrufen.

Nach einem kurzen Schlaf war der folgende Schultag eine einzige Qual. Sobald ich zu Hause eingetroffen war, hallo gerufen und meine Tasche im Flur abgestellt hatte, rannte ich zum Telefon. Ich nahm es mit ins Schlafzimmer, um ungestört zu telefonieren.

»*Hello?*«, hörte ich seine mürrische Stimme.

»Hey, Paul, ich bin's, Mikel. Ich hoffe, es geht dir und deiner Familie gut?« Ich bemühte mich um einen freundlichen Einstieg.

»Oh, hallo, Mikel. Das freut mich aber!« Pauls Stimme hatte sich erstaunlich aufgehellt. »Was gibt's Neues von dir? Hast du schon eine Entscheidung getroffen?«

Ich bemerkte die angespannte Neugierde in seiner Stimme. »Paul, ich habe eine richtig gute Idee. Hast du Lust, dir 700 US-Dollar zu verdienen?«

Die kurze atemlose Pause am anderen Ende der Leitung bestätigte meine Vermutung.

»O ja, Mann. Immer her damit«, lachte Paul erfreut.

»Nun, Paul. Da es so viel Geld ist, habe ich ein paar Bedingungen. Erstens, falls Ben wirklich tot sein sollte, will ich einen Beweis dafür. Zweitens – für den Fall, dass er lebt und du ihn findest – will ich Ben am Telefon sprechen. Drittens muss er mir dann drei Fragen beantworten. Und viertens – es gibt das Geld nur nach erbrachter Leistung.« Gespannt wartete ich auf Pauls Antwort.

Er schwieg erst einmal. Dann sagte er mit erkennbarer Enttäuschung in der Stimme: »Ich sehe, dass du immer noch Liberianer bist. Nur ein Liberianer stellt solch clevere Bedingungen. Okay, ich versuch es weiter. Bis jetzt hat es doch auch nicht geklappt … Du weißt ja gar nicht, wie schwer das alles ist, Mann!«

»Doch, doch, Paul, deshalb habe ich folgende Idee: Verbreite mein Kopfgeldangebot auf dem Marktplatz. Dort treffen sich die Menschen, und dort werden Neuigkeiten ausgetauscht. Wer Ben findet, kriegt das Geld. Keine Sorge, das wird sich schon herumsprechen.« Ich stellte mir dabei Pauls Gesicht vor, wie er sich überlegte, möglichst schnell an die 700 Dollar zu kommen.

»Oh, Mann, Mikel. Du gibst auch nie auf«, stöhnte er laut. »Nichts als Ärger habe ich mit dieser Suche.«

»Komm schon, Paul. 700 Dollar haben oder nicht haben …« Er biss an.

»Okay, ich gehe heute sowieso einkaufen. Schaden kann es ja nicht. Ich halte dich auf dem Laufenden, Mann.«

Wir verabschiedeten uns und legten auf.

WIE SICH GLÜCK ANFÜHLT

Die letzte der großen Bananenstauden fiel krachend auf den Urwaldboden. Reiche Ernte! Nur eine Stunde vom Dorf entfernt hatte ich bei der täglichen Nahrungssuche mehrere Bananenstauden entdeckt und sie nacheinander mit meiner Axt gefällt. Ich lehnte mich an einen Stamm, schälte eine reife Frucht nach der anderen und stärkte mich gierig. Endlich wieder genug Essen für die ganze Familie nach Hause bringen! Ich bückte mich und legte mir zwei Bananenstauden über die Schultern. Abends saßen Debbie und die Kinder um ein flackerndes Lagerfeuer herum und ließen sich das Obst schmecken.

»Langsam, Jungs, lasst euch Zeit!«, bremste ich sie schmunzelnd. Sie nickten nur und verschlangen auch schon die nächste Frucht. Lachend strich ich ihnen übers Haar. Ich war stolz auf meine Söhne, sie waren gut gewachsen, vielleicht etwas menschenscheu und sehr still … Aber wer konnte es ihnen verübeln, nach allem, was sie schon erlebt und gesehen hatten. Ich wollte mich nicht beklagen, wir lebten alle noch, hatten noch alle unsere Gliedmaßen, Debbie war noch nie vergewaltigt worden, und heute hatten wir sogar satt zu essen. Ich war seit langem mal wieder froh.

Dem Anschein nach ebbte der Krieg langsam ab, und man hörte, dass endlich die lange versprochenen internationalen Interventionstruppen nach Liberia kommen sollten. Ich war mir sicher, dass nur ausländische Truppen für Frieden in unserem Land sorgen konnten, und hoffte daher inständig, dass diese Hilfe bald nahte. Frieden ... welch ein schönes Wort.

Ich konnte mich kaum mehr an friedliche Zeiten erinnern. Seit 13 Jahren tobte der Bürgerkrieg. Die Zeit davor lag wie in einem Nebel versunken.

Schritte näherten sich im Dunklen unserem Haus. Ich schrak aus meinen Gedanken auf. Mein Herz schlug schneller. Rasch stand ich auf. Im Flackern der Flammen erkannte ich Madu, einen unserer Nachbarn.

»Bleib sitzen, Ben!«, sagte er und begrüßte uns höflich. Madu setzte sich zu uns ans Feuer und fragte erst mich und dann Debbie, wie es uns gehe. Nachdem wir ihn ebenfalls nach seinem Befinden und dem seiner Familie gefragt hatten, nannte er den Grund für seinen Besuch. »Ich bin heute aus Monrovia zurückgekommen, Ben. Ich habe neue Vorräte geholt. Und stell dir vor, was ich auf dem Marktplatz erfahren habe.« Er sah mich mit großen Augen an.

»Was?«, fragte ich und machte auch große Augen.

»Dein weißer Freund Mikel, von dem du uns immer so viel erzählst, der sucht dich! Fahre am besten gleich nach Monrovia, und melde dich bei ihm.«

Mikel ... Mein Bruder ... Er sucht mich ... Sofort nach Monrovia ... Ich sprang auf. »Debbie, Jungs, Mikel sucht mich! Er hat mich nicht vergessen! Hört ihr? Er hat mich nicht vergessen!« Ich begann, ums Feuer zu tanzen, hielt dann aber noch einmal inne. »Wo genau ist Mikel?«, fragte ich. »Erzähl mir alles, was du weißt!«

Aber Madu wusste nicht viel. Er hatte gehört, wie zwei Männer sich an einem Stand unterhielten. Mein Name sei gefallen. »Die Männer wussten auch nicht mehr, nur, dass dieser Weiße nach dir sucht. Tut mir leid, Ben!«

»Schon gut, ich werde nach Monrovia fahren!«, rief ich übermütig. »Jetzt wird alles wieder gut, meine Lieben!«

Lachend umarmte ich Debbie und die Kinder. Von meinem Jubel angesteckt, tanzten wir alle fünf ums Feuer, während Madu freudig mitlachte und sich einige Bananen gönnte.

An diesem Abend spürte ich, wie die Angst und Verzweiflung, die der Krieg tief in mein Herz eingebrannt hatte, einem warmen, befreienden Gefühl wich. Lange nachdem die Kinder und Debbie schon schliefen, saß ich noch immer in Gedanken versunken neben der Glut und starrte in den Sternenhimmel. Dieser Moment war einer der schönsten meines Lebens, und meine Seele saugte diesen Moment des Glücks auf wie ein ausgetrockneter Schwamm. Die ganzen Jahre lang hatte ich Mikel erfolglos gesucht und kaum noch einen Hoffnungsschimmer gehabt. Jetzt bekam ich eine Chance. Die guten alten Zeiten würden wieder beginnen. Der Krieg war hoffentlich bald vorbei, und Debbie, ich und die Kinder würden eine lebenswerte Zukunft vor uns haben.

Ich hatte Angst vor der Fahrt in die Stadt, aber ich brach gleich am nächsten Tag auf. Da ich kein Geld für die Busfahrt hatte, nahm ich so viele Bananen mit, wie ich tragen konnte, und stellte mich an die Straße. Tatsächlich kam nach sieben Stunden ein Minibus, der nach Monrovia fuhr. Ich sprang sofort auf die Straße, sodass der Bus anhalten musste.

»Nehmen Sie mich mit«, bettelte ich die Fahrerin an. »Ich habe kein Geld, aber ich zahle mit Bananen!«

»Na gut, aber dafür kriege ich dann alle Bananen!«, feilschte sie mit mir.

»Madam, ich brauche ein bisschen Geld, um in Monrovia zu überleben, und für die Rückfahrt. Wir machen halbe-halbe. Einverstanden?«

Sie willigte ein, und ich bestieg den Bus. Als die Dörfer an mir vorbeizogen, überlegte ich, wann ich das letzte Mal in einem Fahrzeug gesessen hatte. Mir fiel die Reise auf dem Dach des Busses ein, den ich und die anderen Fahrgäste in dieses unheimliche Voodoo-Dorf geschoben hatten. Es waren Jahre vergangen ... Ich staunte wie ein Kind über die Geschwindigkeit, mit der wir unterwegs waren.

Wir fuhren die ganze Nacht durch, und am nächsten Tag stieg ich, um die Hälfte der Bananen erleichtert, an der Red-Light-Kreuzung in Monrovia aus.

Ich lief zu dem Markt, auf dem Madu gehört hatte, dass Mikel nach mir suchte, und fragte Händler und Käufer. Sie schüttelten alle nur den Kopf. Keiner hatte von dem Gerücht gehört. Nach zwei Stunden gab ich auf und verkaufte meine Bananen, um Geld für die Rückfahrt zu haben. Die Früchte waren schnell weg, eine seltene Ware in der Stadt. Enttäuscht suchte ich ein Taxi. Wer wollte mich so böse reinlegen? Hatte ich so gemeine Feinde? Oder hatte sich Madu einen Scherz mit mir erlaubt? Mich wunderte in diesem Krieg nichts mehr. Ich betete zu Gott: »Vater im Himmel – hilf mir! Gib mir diese Chance! Bitte!«

Als ich endlich ein freies Taxi fand, fragte ich den Fahrer, wie viel es kosten würde, wenn er mich nach Nimba bringen würde. Die Antwort des Fahrers überraschte mich.

»Über den Preis werden wir uns schon einig. Ich muss heute sowieso noch in den Norden. Mein Sohn lebt da in einem Dorf ... Er ist bei uns zu Besuch, und ich will ihn zurückfahren. Ich wohne am Rand vom ELWA-Campus.«

Ich traute meinen Ohren nicht. Hatte er ELWA gesagt? Das konnte kein Zufall sein. Ich stieg in den Wagen ein, der Fahrer steckte sich eine Zigarette in den Mundwinkel.

»Kennst du den ELWA-Campus? Ist mal eine Radiostation gewesen.«

Ich zuckte jedes Mal, wenn er ELWA sagte, zusammen. »Ja, ich habe dort auch einmal gelebt.«

Der Fahrer entzündete ein Streichholz und hielt es an die Zigarette. Eine Flamme flackerte auf und erlosch sofort wieder, als der Fahrer das Hölzchen aus dem Wagen warf.

»Ich werde mein Feuer nicht so leicht löschen lassen ... Ich werde Mikel finden«, flüsterte ich.

»Was hast du gesagt?«

»Ach, nichts, fahr los«, sagte ich freundlich.

Knatternd und in eine blaue Abgaswolke gehüllt setzte sich der Wagen in Fahrt. Ich schaute erwartungsvoll aus dem Fenster. Ich war gespannt, ob ich überhaupt noch Straßen wiedererkennen würde, denn ich war so viele Jahre nicht hier gewesen. Der Krieg hatte der Stadt ein anderes Gesicht gegeben. Und dann hielt der Wagen an einer Kreuzung kurz vor der ELWA-Einfahrt, von wo aus ich einen guten Ausblick über einen Teil des Geländes hatte.

Ich sprang aus dem Wagen.

»Hey, nicht weglaufen, ich bin gleich wieder da, Mann! Ich hole nur meinen Sohn ab!«, rief der Fahrer mir nach.

Ich schaute mich um. Das Gras wucherte hüfthoch, und es waren kaum noch Häuser zu sehen. Nur den alten Fußballplatz mit der roten Erde erkannte ich gleich wieder. Tiefe Traurigkeit packte mich.

Hier würde ich Mikel sicher nicht finden. Das war nicht mehr das ELWA-Dorf unserer Kindheit und Jugend. Denn das ELWA, das vor mir lag, glich einer Ruine.

Was sollte ich meinen Kindern sagen, wenn ich zurückkam? Wir hatten vor Glück getanzt ... und jetzt?

Ich schrak zusammen, als mir eine Hand auf die Schulter schlug.

»Ben? Benjamin Kwato Zahn? Bist du es wirklich? Ey – was für ein Glück.«

Ich drehte mich um und erblickte einen Mann mit einem bulligen Gesicht.

Wir starrten uns gegenseitig sekundenlang an.

»Benjamin Zahn? Ja, du bist es!«, rief der Mann jetzt.

»Ja, aber wer bist du?« Ich konnte mich an dieses fleischige Gesicht nicht erinnern.

»Ich bin es. Blackie. Wir haben doch nur ein paar Häuser von euch entfernt gewohnt. Kennst du mich nicht mehr? Mann – du bist mein größter Glücksfall! Dein Freund Mikel sucht dich. Er hat über Paul Gante ein Kopfgeld auf dich ausgesetzt. Und ich werde es mir verdienen! Ich habe dich gefunden! Wahnsinn! Komm mit! Mann – ich krieg 700 Dollar!«

Bevor ich etwas dazu sagen oder fragen konnte, hatte er mich schon mit festem Griff gepackt und zog mich hinter sich her. Jetzt kam langsam die Erinnerung an Blackie wieder, der sich in all den Jahren sehr verändert hatte. Er war ein schlanker, sportlicher Junge gewesen, nicht zu vergleichen mit der gedrungenen Gestalt, die jetzt vor mir herlief.

Blackie eilte mit mir im Schlepptau über die kaputten Straßen von ELWA und rief immer wieder, was das für ein Zufall sei und welch ein Glück er habe. »Ich bin nur noch ein paar Tage hier. Ich will in den nächsten Wochen zu meiner Familie aufs Dorf, ich kann das Geld so gut gebrauchen.« Blackie war außer sich vor Freude. Ich dankte leise Gott, dass er mir den Gedanken eingegeben hatte, aus dem Taxi zu steigen.

Vor einem heruntergekommenen Haus machte Blackie halt und hieb mit der Faust gegen die Tür, dass mir angst und bange um diese wurde.

Im nächsten Moment wurde sie auch schon aufgerissen, und ich starrte in ein mir bekanntes Gesicht.

»Paul Gante!«

»My people, come for me!«

Mit offenem Mund sah mich Paul an.

Blackie lachte und schlug uns beiden auf die Schultern. »Hey, Jungs. Wo bleibt mein Geld?«, rief er.

Ich wusste nicht, ob er mein Geld meinte. Und ich hatte auch noch immer nicht verstanden, was hier vor sich ging.

Meine Hilflosigkeit stand mir offensichtlich ins Gesicht geschrieben, denn jetzt begannen Blackie und Paul schallend zu lachen.

»Alter, Ben! Das gibt's ja gar nicht. Mikel sucht dich. Aber nun komm erst mal rein«, sagte Paul und zog mich und Blackie ins Haus. »Setzt euch erst einmal. Ich kann es gar nicht glauben ... Da wird Mikel staunen!«

DAS GRÖSSTE
aller Wunder

Drei Tage waren vergangen, seit ich das letzte Mal mit Paul telefoniert hatte, als während der Nachhausefahrt auf der Autobahn mein Handy klingelte.

Auf dem Display sah ich die Nummer meiner Frau.

»Hallo, Schatz, ich bin doch gleich zu Hause. Was gibt's?«

»Es hat ein Freund von dir aus Liberia angerufen. Ich konnte ihn kaum verstehen, aber ich glaube, er hat Ben gefunden.«

Vor Schreck verriss ich das Lenkrad und sah mich schon in der Leitplanke hängen. Erst nachdem ich den Wagen auf dem Standstreifen zum Stehen gebracht hatte, hörte ich dumpf Julikas panische Rufe aus dem Handy, das irgendwo auf dem Boden liegen musste. Zitternd beugte ich mich nach unten und fand das Gerät vor dem Beifahrersitz.

»Schatz, ganz ruhig. Das Handy ist mir nur aus der Hand gefallen. Alles okay. Ich bin gleich zu Hause.«

Ich legte auf und atmete erst einmal tief durch. Wenn das stimmte und jemand Ben gefunden hatte … Wahnsinn! Ich musste nach Hause und Paul anrufen.

»Wirklich alles in Ordnung?«, fragte Julika besorgt, als ich durch die Tür kam.

Ich nickte und nahm sie in die Arme.

»Ruf am besten gleich zurück, deine Freunde warten darauf. Hier ist die Nummer.«

Es war Pauls Handy.

»Verdammt! Ich bekomme keine Verbindung! Keinen Empfang! Mist!« Ich versuchte es wieder und wieder.

Auch in den nächsten Tagen erreichte ich die Nummer nicht. Immer dachte ich an Ben. Ob sie ihn wirklich gefunden hatten? Wie es ihm wohl ging? Wo lebte er? Hatte er auch Familie? Meine Fragen blieben unbeantwortet.

Am Wochenende reiste ich auf eine Männerfreizeit meiner Kirchengemeinde in den Harz. Dort stellte ich zu meinem Entsetzen fest, dass es absolut kein Funknetz gab. Keiner der Teilnehmer hatte Empfang, und während sich die älteren Männer über die Ruhe freuten, drehte ich innerlich fast durch! Ich fuhr abends nach den Seminaren ins nächste Dorf und rief von einer Telefonzelle aus Julika an. Sie berichtete, dass Ben schon dreimal angerufen hatte.

Ben! Er selbst war am Apparat gewesen! Ob das stimmte? Wieder und wieder versuchte ich, Paul von der Telefonzelle aus anzurufen. Aber ich bekam auch hier keine Verbindung.

Es war zum Verrücktwerden. Ich war meinem größten Wunsch so nah und ... Völlig verzweifelt fuhr ich zurück zum Freizeitheim. An diesem Abend gab es um 23 Uhr Gelegenheit, in einer Gesprächsrunde über Themen, die einen gerade bewegten, zu sprechen. Ich stand sofort auf und erzählte von meiner Suche nach Ben. Ich endete mit meinem Telefonproblem. Da erhob sich Günther und sagte: »Mikel, draußen steht mein Geschäftswagen mit einer Riesenantenne. Damit kann ich eigentlich immer telefonieren. Hier ist der Empfang zwar schlecht, aber probier es doch mal.« Er gab mir den Autoschlüssel, und ich lief sofort auf den Parkplatz und zu dem Geländewagen.

Nach nur zehn Sekunden nahm Paul ab.

»Hello?«

»Hello, this is Mikel calling from Germany!« Diesmal sparten wir uns die Höflichkeiten.

»Oh, Michael, hello, let me get Ben for you!«

Dann hörte ich ein fremde Stimme. *»Michael? GGG?«*

»Ben, bist du es?«, fragte ich unsicher.

»Oh, ja, ich bin es, mein Bruder!«

»Bitte beantworte mir drei Fragen, damit ich sichergehen kann, dass du es auch wirklich bist«, bat ich den Mann.

»Kein Problem. Stelle deine Fragen.«

»Welche Farbe hatte der Schirm im Fußballstadion beim Spiel Lone Star gegen Barrow? Und wozu wurde der Schirm benutzt?«

Einen Moment lang befürchtete ich, dass die Leitung unterbrochen worden war, aber dann hörte ich Ben lachen. »Oh ja, an den Schirm kann ich mich gut erinnern, Mikel. Bei dem Spiel verursachte irgend so ein Idiot eine Massenflucht, weil er dachte, dass das Stadion einstürzen würde. Unser kompletter Sitzblock rannte auf die Ausgänge zu. Jeder rempelte jeden an. Ein Mann hatte einen gelben Schirm dabei, mit dem er panisch versuchte, sich zu schützen. Er stach auf jeden ein, der ihm zu nahe kam. Mich hat er am Rücken erwischt. Die Narbe habe ich heute noch! Gute Frage! Gib mir die nächste!«

Ben! Das konnte nur Ben wissen! Ich sah ihn im Geiste mit den Händen gestikulieren, während er von früher erzählte. Aber ich wollte wirklich sicher sein und stellte die nächste Frage. »Welche außergewöhnlichen Haustiere hast du mir einmal aus Nimba mitgebracht? Nenne drei!«

»Ein Zwergreh, einen schwarz-gelben Leguan und einen Baumschliefer! Die restlichen verrückten Haustiere wie die Schildkröte muss ich, glaube ich, nicht erwähnen …«

»Korrekt«, freute ich mich. »Letzte Frage: Beschreibe unser letztes Gespräch!«

Stille. Schweigen.

Mein Herz schlug wie verrückt! Ich fürchtete mich davor, dass ich auf einen Betrüger reinfiel. Nur mein liberianischer Bruder konnte diese Frage beantworten.

»Camp Lawana, du hast Rasen gemäht! Ich hab dich gebeten, mich mitzunehmen, und du hast mich ausgelacht. Ich war wütend und bin weggerannt. Danach haben wir uns nicht mehr gesehen.«

Ich konnte kaum sprechen, so berührt war ich, so stark waren die Gefühle, die mich jetzt überwältigten.

»Du bist es wirklich, mein Freund und Bruder!«, sagte ich leise. Wir weinten und lachten und wollten am liebsten gar nicht mehr aufhören zu telefonieren – Ben in dem zerstörten ELWA-Dorf bei Paul und ich mitten in den Bergen im Harz.

»Was bist du jetzt?« Ich merkte kaum, wie unsinnig und typisch deutsch diese Frage war.

»Heh? Wie meinst du das?«, fragte Ben auch prompt.

»Ich meine, beruflich!«, sagte ich.

»Ehm … ich bin gelernter Flüchtling, GGG. Ich kenne jede essbare Wurzel in West-Afrika, kann in jeder Situation trinkbares Wasser finden, kann jede Waffe nach ihrem Klang auf Bauart und Entfernung einschätzen, und ich habe es geschafft, dass meine Frau noch nicht vor meinen Augen vergewaltigt wurde und dass die Soldaten meinen Kindern ihre Finger und Ohren nicht abgehackt haben. Das ist doch schon was, oder?« Seine Stimme klang bitter.

»Es tut mir leid, mein Freund. Ich wollte dich nicht verletzen«, sagte ich leise.

»Hast du nicht. Ich sage nur, wie es ist. Und was ist bei dir alles passiert?«

Und so erzählten wir uns gegenseitig unsere Lebensgeschichten der letzten 14 Jahre. Ich lauschte seinen Worten und sah meinen Freund von damals vor mir. Wie hatte ich ihn vermisst!

»Ben, *my man*, ich möchte dich unbedingt wiedersehen. Ich lade dich herzlich nach Deutschland ein! Ich und meine Familie würden sich wahnsinnig freuen. Ich will dich mal richtig verwöhnen, *my piking!*«

Ben lachte laut. »Ich weiß nicht wie, aber ich möchte euch gern besuchen.«

Wir machten erste Pläne, dann versprachen wir uns, bald wieder zu telefonieren.

Nachdem ich aufgelegt hatte, betrachtete ich noch lange schweigend, wie sich die Tannen im Mondlicht wiegten, und versuchte, mein Gefühlschaos zu ordnen. Welch ein unglaubliches Wunder!

PAULS GELDGIER

Ich hielt Pauls Handy noch in meinen zitternden Händen. Ich konnte es nicht fassen, dass ich soeben tatsächlich mit Mikel gesprochen hatte. Und wer weiß, vielleicht würde ich ihn schon bald sehen.

»Jetzt hör mir mal zu, Ben …« Mit diesen Worten riss mich Paul aus meinen Gedanken. Seine Stimme klang scharf. »Mikel hat 700 US-Dollar als Finderlohn auf dich ausgeschrieben. Und die stehen mir zu und nicht Blackie, diesem Dummkopf.«

Blackie hatte die letzten Tage immer mal wieder vorbeigeschaut und gefragt, ob wir Mikel inzwischen erreicht hätten, und war jedes Mal, nachdem wir es verneinen mussten, enttäuscht wieder abgezogen.

»Also, erzähl Mikel, dass ich dich im Busch aufgespürt habe.« Paul sah mich drohend an. »Falls du dich nicht an meine Anweisungen hältst, breche ich die ganze Sache ab und du landest ohne einen Cent auf der Straße. Alleine findest du Mikel nie wieder – denn nur ich habe seine E-Mail-Adresse und Telefonnummer. Und du kannst ja nicht mal mit einem Computer umgehen.«

»Aber das lässt sich Blackie doch niemals gefallen«, traute ich mich einzuwenden.

»Ach, der ist doch ein Schwachkopf. Ich werde ihm erzählen, dass Mikel kein Geld überwiesen hat. Das kann er ja nicht überprüfen.« Paul blickte mich an, als erwartete er meine Zustimmung.

Ich war nicht fähig, zu antworten, und senkte unglücklich meinen Blick. Paul genügte diese Geste. Er lehnte sich entspannt zurück. »Dann ist ja alles klar.«

Ich musste noch mehrere Tage bei Paul bleiben, da ich kein Geld für ein Zimmer oder Essen hatte. Es gab noch einiges mit Mikel zu besprechen. Wir telefonierten jeden Tag, manchmal wurde die Verbindung aber unterbrochen, und wir konnten uns erst am nächsten Tag weiter unterhalten.

»Du musst dir einen Pass ausstellen lassen, und ich versuche, für dich ein Visum zu beantragen«, sagte Mikel. Dann fragte er nach, wo Paul mich denn aufgespürt habe. Ich wich diesen Fragen aus und sagte immer wieder, wie froh ich sei, dass Mikel mich gesucht hatte und wir nun miteinander telefonieren konnten. Meine Angst, dass unsere Verbindung wieder abreißen könnte, war größer als mein Mut, ihm über Paul die Wahrheit zu sagen.

Schließlich erklärte Mikel, dass er Paul nun den Lohn zahlen werde. Ob ich dazu noch etwas sagen wolle? Ich traute mich nicht, die Wahrheit zu sagen, zumal Paul bei jedem Telefonat neben mir saß. »Nein, nein. Alles okay«, sagte ich und schämte mich zutiefst für meine Feigheit.

»Hey, Ben. Ich sende dir auch schon mal Geld für deinen Flug. Da du kein eigenes Konto hast, muss ich es Paul überweisen, also pass gut auf, dass er dich nicht übers Ohr haut.«

Ich freute mich im ersten Moment so sehr, dass Mikel mich wirklich nach Deutschland holen wollte, dass ich nichts dagegen einwendete. Doch als ich auflegte und Paul davon erzählte, sah ich seine leuchtenden Augen und ahnte nichts Gutes.

MEIN RÜCKFLUG nach Liberia 2004

Ich trinke von dem Wasser, das mir die Stewardess gereicht hat. Dieser Traum, der mich seit Jahren verfolgt, belastet mich. Wie gern würde ich wiedergutmachen, was ich damals versäumte. Ob Ben mir verzeihen kann?

Als ich ihm gesagt hatte, dass er kein Visum für Deutschland bekäme, weil die Behörden fürchteten, dass er dort politisches Asyl beantragen würde, hatte Ben am anderen Ende der Leitung geschwiegen.

»Na, dann muss ich eben nach Liberia kommen!«, hatte ich in den Hörer gerufen. Jetzt sprudelte es nur so aus Ben heraus.

»Ey, Mikel, ist das wahr? Du kommst? Du kommst, obwohl hier kein Stein mehr auf dem anderen steht? Ist es nicht zu gefährlich für dich?«

Ich hatte mich natürlich erkundigt. Das Auswärtige Amt empfahl, von Privatreisen nach Liberia abzusehen, aber immerhin war der Bürgerkrieg seit drei Monaten beendet, und die UN-Truppen sorgten in Monrovia für den Erhalt eines wackligen Friedens.

Julika und meine Eltern hatten mich unterstützt, weil sie wussten, wie wichtig es für mich war, Ben zu treffen und mich mit ihm auszusprechen. Ich musste ihnen versprechen, äußerst vorsichtig und umsichtig zu sein, schließlich gab es immer noch Übergriffe von versprengten Rebellengruppen. Ich hatte nur zwei Wochen Zeit bis zum Beginn der Sommerferien. Ich organisierte mir das Visum, veranstaltete einen Trödelmarkt und eine Spendenparty, um für Ben und seine Familie Geschenke zu kaufen und ihnen etwas Geld mitzubringen. Da ich selbst mein ganzes Erspartes in den letzten Monaten nach Liberia geschickt hatte, legten meine Eltern und meine Schwester, die inzwischen nach Deutschland zurückgekehrt war, für meinen Flug zusammen.

»Wir befinden uns 5 000 Meter über liberianischem Boden. Bitte schnallen Sie sich für den Landeanflug an«, holt mich die Stimme des Piloten zurück aus meinen Gedanken. Ich blicke aus dem Fenster und sehe den tiefgrünen Regenwald unter mir, dann die Dächer einiger Wellblechhütten, die in der Sonne glänzen …

Bewaffnete UN-Soldaten und ein großer Panzer sind das Erste, das ich entdecke, als ich die Maschine verlasse. Ein Kampfhubschrauber donnert über unsere Köpfe hinweg, und als ich hochschaue, sehe ich das schwere Geschütz. Die Hitze verschlägt mir den Atem. Ich öffne erst einmal die beiden oberen Hemdknöpfe, bevor ich in meiner Reisetasche nach meiner Videokamera suche. Als ich sie herausziehe, schlägt mir ein liberianischer Soldat das Gerät aus der Hand. Ich kann den Aufprall mit dem Fuß gerade noch etwas vermindern.

»Hey, weißer Mann, du bist nicht mehr in deinem Land. Jetzt bist du hier und hast keine Sonderrechte mehr. Pass bloß auf, und lass den Touristenquatsch. Du bist im Kriegsgebiet«, weist mich der Soldat barsch zurecht.

»Yes, Sir!«, stammele ich und stecke die Kamera schnell wieder ein.

In der Abfertigungshalle reihe ich mich in die lange Schlange müder und schwitzender Reisender ein und lasse meinen Blick schweifen. Doch die vielen rauchenden Soldaten, die herumstehen, versperren den Blick.

Endlich darf ich zum Schalter des Zollbeamten vortreten und schiebe meine Papiere durch die Öffnung im Glasfenster, hinter dem er sitzt. Der Beamte stellt mir seine Standardfragen. Um ihn zu beeindrucken, antwortete ich in liberianischem Englisch. Er lacht sichtlich erfreut, hebt den Stempel und fragt dann grinsend: »Hast du was für mich, *my man?*«

Ich tue so, als wüsste ich nicht, was er meint, und zucke mit den Achseln.

»Hey, ein bisschen Geld, um den Stempel springen zu lassen. Er ist sonst so müde, und dann dauert das alles so lange«, raunt er mir zu.

Es hat sich nichts geändert. Nach wie vor gibt es diese korrupten Beamten. Ich nestle zwei Dollar aus meiner Hosentasche, worauf er enttäuscht dreinblickt, mir aber dennoch die Papiere mit Stempel zurückgibt. »Nächstes Mal mehr, mein Freund!«, sagt er frech.

In der Gepäckhalle, die zu meinem Erstaunen zur Straße hin komplett offen ist, schaue ich mich rasch nach meinem Koffer um, als ich auch schon Paul Gante auf mich zukommen sehe. Er hat sich kaum verändert. Er umarmt mich, nimmt meinen Koffer und schiebt mich durch die Menschenmassen auf die Straße hinaus – etwas abseits vom Gewühl entdecke ich Ben.

Ich erkenne ihn sofort, obwohl er abgemagert und sein Gesicht sehr scharf gezeichnet ist. Er lacht mir entgegen und entblößt seine Zahnlücke. Wie lange hatte ich mich danach gesehnt, in dieses lachende Gesicht zu blicken.

Wir umarmen uns. Inzwischen bin ich ein Zwei-Meter-Hüne, und er mit seinen vielleicht einen Meter fünfundsechzig passt locker unter meine Achselhöhle. Ich drücke ihn sanft, denn seine Rippen pressen sich durch das bunte Hemd bis auf meine Haut durch. Ich bin tief berührt, die Freude über das Wiedersehen vermischt sich mit dem Schock über seinen ausgemergelten Zustand. Wir lassen uns erst wieder los, als eine Frau schüchtern an unsere Seite tritt.

»Mikel, das ist Debbie!«, stellt Ben mir seine Frau vor. Ich begrüße sie herzlich, doch dann werden wir auch schon von zwei Polizisten aufgefordert, weiterzugehen und das Flughafengelände zu verlassen.

»Bombengefahr!«, erklärt Paul und grinst schulterzuckend. »Hier ist alles anders als früher.«

Er verstaut meinen Koffer in einem alten Missionsjeep von ELWA, den er als Mitarbeiter ausleihen durfte. Paul ist, wie ich weiß, inzwischen ein leitender Angestellter auf dem Gelände und genießt gewisse Vorrechte.

Ben, Debbie und ich steigen zusammen hinten ein. Während der Fahrt mustern wir uns grinsend. Wir reden nur wenig, vermutlich sind sie genauso sprachlos wie ich.

Ich bin wieder zurück, und Ben ist bei mir! Durch das offene Seitenfenster sehe ich zerstörte Dörfer, während mir der warme Wind übers Gesicht streicht und der Geruch von Rauch, getrocknetem Fisch und verrottendem Abfall in meine Nase dringt. Es beginnt zu regnen. Nackte Kinder am Straßenrand winken uns lachend zu, wenn Paul hupend an ihnen vorbeifährt. Wir kurven um tiefe Löcher herum, die selbst einem Jeep sofort die Achse brechen könnten. Die staubige Straße verwandelt sich in eine einzige Schlammpiste. Ich bin überwältigt von den Erinnerungen, die in mir aufsteigen. Es ist wie damals – und doch so völlig anders.

Als wir endlich von der Hauptstraße links abbiegen, erkenne ich den alten ELWA-Campus sofort wieder. Schon von weitem bemerke ich, wie zerstört und heruntergekommen er ist. Ich bin entsetzt. Beim Anblick des durchlöcherten Willkommensschildes kann ich meine Gefühle nicht länger zurückhalten. Ich wische mir die Tränen schnell aus den Augen.

Wir fahren an verwilderten Grasflächen vorbei. »Warum schneidet das keiner?«, frage ich.

Paul blickt sich kurz um – erstaunt über meine Frage – und schüttelt den Kopf. »Wenn keiner dafür Geld gibt, warum sollen wir es schneiden?« – »Wie wollt ihr hier irgendetwas aufbauen, wenn ihr alles bezahlt haben wollt?«, frage ich barsch zurück.

»Mikel, du verstehst das noch nicht. Wir müssen arbeiten, um Geld zum Überleben zu verdienen. Wir können uns den Luxus unbezahlter Dienste nicht erlauben! Jeder Tag hier ist ein Kampf.«

Ich schweige. Ich sollte erst einmal den Alltag kennenlernen, bevor ich mir ein Urteil erlaube.

Paul stoppt den Wagen vor dem ehemaligen Gästehaus. Ich bin erschüttert, wie zerfallen und schäbig alles ist. Meine Mutter legte viel Wert darauf, dass das Haus und der Garten einladend aussahen. Was würde sie wohl zu dem jetzigen Zustand sagen? Trostloser kann eine Ankunft nicht sein, denke ich und gebe mir Mühe, mir nichts anmerken zu lassen, um die Gefühle meiner Freunde nicht wieder zu verletzen.

Es dämmert bereits, als Ben mir hilft, mein Gepäck in ein Zimmer zu tragen, in dem auch er schläft. Da es keinen Strom gibt, packe ich bei Kerzenschein nur das Nötigste aus und freue mich auf das kleine Begrüßungsmahl, das wir alle gemeinsam einnehmen.

Nach einem Nachtgebet gehen wir schließlich alle schlafen, und ich lausche Bens Atem und dem Rauschen der Brandung, bis ich in einen tiefen und traumlosen Schlaf falle.

VERLORENE HEIMAT
ewiger Freund

Leise Schritte wecken mich. Ich schrecke aus tiefem Schlaf hoch. Im schwachen Licht des Mondes, das ins Zimmer fällt, sehe ich Ben wie einen Schatten auf und ab gehen.

»Ben, es ist noch nicht mal hell. Schlaf doch noch«, murmele ich müde.

»Ich kann nicht schlafen, Mikel. Ich wache immer um diese Zeit auf.«

Ich blicke auf meine Armbanduhr; es ist gerade mal 5 Uhr. Ich setze mich trotzdem im Bett auf, denn ich spüre, dass Ben reden will. Leise beginnt er zu erzählen, von den Rebellengruppen, die vor der Dämmerung das Dorf stürmten, von der Flucht der Familien in den Wald, der Angst, dem Raketendonnern und den Schüssen.

Bis zum Morgengrauen erzählt Ben stockend und mit rauer Stimme von seinem Leben im Krieg. Ich bin stumm vor Entsetzen. Es ist unvorstellbar, was die Menschen in diesem Land mitgemacht haben. Ich bin hergekommen, um meinen Freund, meinen Blutsbruder, endlich wiederzusehen – und um mein Gewissen zu entlasten von der Schuld. Doch an diesem Morgen tritt das alles in den Hintergrund. Meine Gefühle erscheinen mir so banal und unbedeutend gegenüber dem, was Ben auszuhalten und zu überstehen hatte.

Ich habe Geld für Ben dabei, Geschenke, Nützliches, aber das alles kann niemals den Schmerz und das Leid vergessen machen. Ich frage mich, wie es wäre, wenn Ben nach

Deutschland gekommen wäre. Der hohe Lebensstandard hätte ihn vermutlich überwältigt, vielleicht genauso überwältigt wie mich dieses Chaos und die Trümmer. Während ich Ben, der erschöpft vom Erzählen den Kopf auf die Brust gesenkt hält, über den Rücken streiche, spüre ich den Nieselregen, der durch die glaslosen Fenster weht.

Als es hell ist, fragt Ben zaghaft: »Ist das ein Computer?«, und zeigt auf die Laptoptasche, die ich neben meinem Koffer abgestellt habe.

»Ja, das ist mein alter Laptop, den lass ich dir hier.«

»Ich habe hier in Monrovia so eine Wunderkiste zum ersten Mal gesehen. Kannst du mir zeigen, wie ich damit umgehe?«

Ich springe auf, nehme den Laptop aus der Tasche und setze mich neben ihn. »Klar. Hier machst du ihn an.« Ich zeige ihm die wichtigsten Handgriffe, und er übt sie begeistert, aber mit unsicheren Fingern. »Ey, das Ding ist cool!« Ben lacht, dann verdüstert sich sein Blick. »Zivilisation gab es hier seit Jahren nicht mehr!«

»Bok, Bok!«, unterbricht uns Debbies Stimme von draußen. »Kommt ihr essen?«

»Ah, Frühstück ist da.« Nur ungern schaltet Ben den Laptop aus.

Es gibt Fufu mit einer scharfen Fischsoße, und Ben und ich können uns kaum halten vor Lachen, weil wir beide an mein erstes Fufu-Mahl denken müssen, bei dem ich fast an einer Fufukugel erstickt wäre. Paul schmunzelt nicht über diese Geschichte, sondern sucht konzentriert nach Fischgräten in der Soße. Aber so kenne ich ihn auch, mürrisch und humorlos. Ich misstraue ihm, denn zwischen ihm und Ben stimmt irgendetwas nicht. Sie gehen sich aus dem Weg.

Nach dem Frühstück brenne ich darauf, endlich das ELWA-Gelände zu besichtigen, und Ben und ich ziehen gemeinsam los, während Debbie das Geschirr wegräumt.

Zuerst führt mich Ben zu dem kleinen Haus, in dem er früher mit Martha und Steven wohnte. Ich traue meinen Augen nicht, als ich die schwarz verkohlte Ruine sehe. Die ganze Straße liegt in Schutt und Asche.

»Erinnerst du dich noch, wie wir vor dem Haus gespielt haben? Dahinten stand unsere Regentonne«, sagt Ben wehmütig, und wir lassen unseren Blick über das Trümmerfeld schweifen.

»Dahinten ist der Wald, in dem wir gejagt haben.« Ben lacht auf. »Steven hat immer gesagt, dass er für meinen weißen hungrigen Bruder mitjagen muss, weil du immer alles probieren wolltest.«

»Wollt ihr das Haus wieder aufbauen?«

»Würden wir gern! Aber Steven lebt und arbeitet inzwischen in Venedig. Er hat Martha vor zwei Jahren zu sich holen können. Wenn sie genug Geld gespart haben, kommen sie zurück.«

»Venedig?« Ich bin überrascht.

»Ja. Steven konnte nach Frankreich flüchten. Irgendwann schlug er sich nach Italien durch, wo ihm Freunde Arbeit besorgen konnten. Er und Martha hatten Glück. Sie haben überlebt und eine neue Zukunft aufgebaut. Nicht wie hier in Liberia …« Schweigend zieht mich Ben weiter.

Jede Hauswand, die noch steht, ist mit Einschusslöchern übersät. Wo früher eine grüne Oase voller Palmen war, liegt jetzt ein rotes Staubfeld vor uns. Ich verlangsame meine Schritte, als ich bemerke, dass wir in unsere alte Straße einbiegen. Kurz darauf stehen wir vor unserem Haus. Im heruntergekommenen Garten sitzen die jetzigen Bewohner, eine afrikanische Familie. Ich gehe auf sie zu, begrüße sie und erzähle, dass ich als Kind in dem Haus gelebt habe. Einer der Männer springt auf. Er schaut mich finster an.

»Ey, keine Sorge!« Ben kommt mir zu Hilfe. »Der weiße Mann will nicht sein Haus wiederhaben – er ist nur kurz zum Gucken hier!«

Ich darf mir das Haus noch einmal ansehen und fühle mich fremd. Mein Jugendzimmer kommt mir viel kleiner und bedrückend karg vor, gar nicht, wie ich es in Erinnerung hatte. Das Haus macht einen trostlosen und verwahrlosten Eindruck. Ich stelle fest, dass mich nichts mehr mit diesen Räumen, diesen Wänden verbindet. Als wir wieder hinaus auf den mit Rissen übersäten Verandaboden treten, atme ich die Beklemmung, die sich in mir breitgemacht hat, erst einmal aus, bedanke mich schnell bei den Bewohnern und wende mich ab.

»Lass uns endlich zum Strand gehen, Ben«, bitte ich meinen Freund. Auch hier sind nur noch abgehackte Stümpfe von den Palmen übrig geblieben. Ich blicke hinaus über das weite Meer. Das Blau und die schäumenden Wellen haben nach wie vor eine berauschende Wirkung auf mich. Ich schließe die Augen und sehe für einen Moment noch einmal alles vor mir, wie es früher war. Ich höre uns lachen, sehe uns auf den Wellen reiten und beim Lagerfeuer ... Doch als ich die Augen wieder aufschlage, weiß ich, dass all das, was ich an Liberia liebte, verloren ist.

»Ein trostloser Ort jetzt, oder?« Ben scheint meine Gedanken zu erraten.

Ich nicke traurig.

»Es fehlen die Menschen von damals.«

Ich nicke wieder.

Wir setzen uns in den warmen Sand, und ich spüre Bens dünnen Arm an meinem. Nach einer Weile beginnen wir, uns gegenseitig aus unserem Leben zu erzählen. Wir lauschen einander gebannt. Ich höre Bens ausgeschmückten Geschichten gern zu, obwohl die meisten mehr als traurig sind. Ich sehe auch gern, wie er beim Erzählen lebhaft gestikuliert.

Diesen Teil seiner Persönlichkeit hat ihm der Krieg nicht genommen, darüber bin ich froh.

Am dritten Tag kommt uns Paul zum Strand nach. Ben wirkt plötzlich wieder angespannt und nervös, wie immer, wenn Paul in der Nähe ist.

»Ich habe Durst, Mikel. Ich hol uns schnell Wasser«, sagt er, springt auch schon auf und läuft zum Gästehaus zurück.

»Hallo!«, begrüße ich Paul zurückhaltend.

»Hey, Mikel. Bist du zufrieden mit deinem Zimmer? Ich konnte es für nur 15 Dollar am Tag für dich kriegen.« Paul lässt sich neben mich in den Sand fallen. Ich weiß von Ben, dass die Zimmer des Gästehauses ohnehin alle 15 Dollar kosten, sage aber nichts.

»Habt ihr euch über die Tüten gefreut?«, frage ich. Ich hatte Barbiepuppen und Spielzeug für Pauls Kinder, diverse Computersoftware für den ELWA-Computer und 500 Dollar für Paul mitgebracht.

»Oh ja! Vielen Dank! Die Kinder waren begeistert.«

Wir blicken einen Moment lang stumm auf die tosenden Wellen vor uns.

»Aber Mikel, du hast mir nur 500 Dollar gegeben ... Ich habe Ben gefunden, und jetzt überschüttest du ihn bestimmt mit Geld. Und ich? Bin ich dir nicht wichtig?«

Jetzt ist es raus, denke ich. So etwas hatte ich längst vermutet.

»Findest du das nicht ein bisschen dreist, Paul? Ich schenke dir ein Jahresgehalt, und du bist noch unzufrieden? Und außerdem hast du doch 700 Dollar Finderlohn für deine Suche bekommen. Wie lief das eigentlich genau ab? Ben rückt nie so richtig mit der Geschichte raus. Erzähl doch mal genauer.« Fordernd sehe ich ihn an.

»Ey, Mikel. War doch nur ein Witz. Natürlich bin ich sehr dankbar für deine ganzen Geschenke. Du verstehst auch keinen afrikanischen Humor mehr.« Er lacht kurz auf. Es klingt künstlich. »Hier bist du doch damals viel gesurft, oder?«

»Nicht ablenken, Paul! Was ist los mit dir und Ben? Immer ist dicke Luft, wenn ihr zusammen seid.«

»Ey, Mikel – dein Freund ist ein Gio. Die Gios sind unzuverlässig und faul. Ich kann einfach nicht mit Gios. Ich bin ein Krahn, Mann. Du kannst ihm nicht so viel Geld anvertrauen, Mikel.« Paul redet immer schneller und eindringlicher auf mich ein. »Der legt dich doch nur rein. Er nutzt eure Freundschaft von damals aus, um sich zu bereichern. Ich kann es sogar verstehen. Wir alle würden das tun, um hier rauszukommen.«

Ungläubig starre ich Paul an. »Was redest du da für einen kompletten Mist, Paul? Du hast eine Buchhalter- und Bibelschulausbildung in Kenia genossen, du arbeitest seit Jahren für ELWA und bist jetzt hier sogar leitender Angestellter. Trotzdem redest du immer noch so einen Quatsch? Wie soll der Krieg denn jemals enden, wenn selbst gebildete Leute wie du und Ben sich nicht vertragen? Mann, ich fasse es einfach nicht!« Wütend packe ich eine Handvoll Sand und werfe ihn in die Wellen.

»Mikel, es ist nun mal so, wie es ist. Du darfst Ben nicht vertrauen. Der versäuft nur dein Geld, glaub mir.«

»Paul!«, ich stehe auf, und meine Stimme ist messerscharf, »rede nie wieder abfällig über Ben! Niemals wieder! Hast du mich klar verstanden? Ich bin dir sehr dankbar für deine Hilfe. Aber du wurdest reichlich belohnt. Ich habe dir Tausende Dollar gegeben. Wo sind die alle gelandet? Warum hast du dir damit keine Existenz aufgebaut? Ich kann dir nicht immer mehr Geld geben. Und nun zu Ben: Er ist mein Freund, und daran wird sich nichts ändern!«

»Oho, so läuft das hier. Immer nett Christ sein und dann das«, verhöhnt mich Paul. »Du wirst dich noch wundern, Alter. Du hast keine Ahnung von Liberia. Wach auf, Mann!

Hier ist Krieg, und hier passieren immer noch böse Unfälle! Pass bloß bei deinem nächsten Besuch auf, Mikel!«, zischt er mir drohend zu.

Zu meiner Erleichterung nähert sich Ben mit einer Wasserflasche. Auch Paul sieht ihn, wirft mir noch einen wutentbrannten Blick zu und verschwindet.

Als Ben wieder neben mir sitzt, fragt er leise: »Und?«

Aufgebracht lasse ich meiner Empörung freien Lauf. »Paul ist ein Rassist. Er wollte Misstrauen säen zwischen uns beiden. Mit 500 Dollar und zwei Tüten voller Geschenke ist der Kerl immer noch unzufrieden – ich glaub's einfach nicht!«

Erst jetzt bricht Ben sein Schweigen und erzählt von Blackie und Pauls Lüge. »Es tut mir so leid, GGG. Ich hatte keine Wahl. Sonst hätte ich dich nie wiedergesehen. Ich habe dich belogen. Ich habe so ein schlechtes Gewissen, wenn du mich beschenkst.« Ben legt entschuldigend seine Hand auf meine Schulter.

»Oh, Ben. Das ist doch nichts gegen das, was ich dir angetan habe … damals.« Ich bin froh, dass ich endlich darüber sprechen kann. Jetzt bricht es aus mir heraus: »Ich hätte dich bestimmt retten können, aber … ich war zu feige. Jahrelang habe ich an diesen Abschied gedacht und ein schlechtes Gewissen und Alpträume gehabt. Ich danke Gott, dass wir heute hier sitzen und alles klären können.«

»GGG, was meinst du, wie oft ich an dich gedacht habe in all den Jahren. Du warst meine einzige Hoffnung.«

Ich sehe ihn lange an. »Verzeihst du mir, Ben?«

»*Piking*, natürlich! Ich habe dir längst verziehen. Ich hätte damals doch auch gar nicht weggehen können. Was wäre dann aus Martha geworden?«

Er reicht mir die Hand. »Freunde fürs Leben, GGG?«

»Blutsbrüder, *piking!«*, antworte ich und schlage voller erlösender Dankbarkeit ein.

Es wird dunkel, und die Sonne berührt feuerrot den Horizont. Wie viele Sonnenuntergänge haben wir zusammen erlebt? Mein Alptraum wird bestimmt verschwinden. Die Nacht macht mir keine Angst mehr. Mein Freund Ben aber hat eine schwere Zukunft vor sich. Auf ihn und sein Volk warten harte Jahre ... Ich lege einen Arm um Bens dünne Schultern, und er greift nach meiner Hand. So sitzen wir schweigend im warmen Sand, bis die Dunkelheit alles um uns verschluckt.

ENDE

NACHWORT
von Michael Jentzsch

Ich denke heute immer noch an meinen Abschied von Ben im Jahr 2004: Weinend umklammerte er mich, und auch ich wollte ihn nicht wieder loslassen. Der Landrover-Fahrer hupte ungeduldig. Schweren Herzens löste ich mich aus Bens Umarmung und stieg ein. Meine Freunde blieben winkend zurück, und als der Wagen anfuhr, flossen mir hemmungslos die Tränen über die Wangen. Ich blickte zurück. In der roten Staubwolke stand mein weinender Bruder. Ich schluchzte laut und trauerte um meine Vergangenheit, um die unwiederbringlich verlorene schöne Zeit, die ich hier erlebt hatte. Während die Reifen über die Schlaglöcher rumpelten, hörte ich innerlich die Stimmen meiner Freunde, die nach mir riefen und mich zum Toben am Strand einluden. Aber mein altes Leben war vorbei. Mein neues Leben wartete in Deutschland auf mich – mit allen Verantwortungen, Pflichten und Freuden eines Erwachsenen.

Diese Reise nach Liberia war vielleicht die wichtigste in meinem Leben. Erst jetzt schaffte ich es, mich meiner afrikanischen Vergangenheit zu stellen und meine Kindheitsgeschichte aufzugreifen und abzuschließen.

Wie sehr freute ich mich deshalb, als Ben mich nach meiner Rückkehr anrief und mir erzählte, dass Debbie inzwischen für den Lebensunterhalt der Familie sorgen kann. Ich hatte ihr bei meinem Besuch eine alte Nähmaschine besorgt, weil Ben erzählt hatte, dass Debbie sehr gut nähen könne. Wenn die Hilfe zur Selbsthilfe immer so gut funktionieren würde, müssten die Menschen in Liberia leicht zu unterstützen sein. Doch seit meinem Besuch hat sich noch immer nicht wirklich viel getan. Nimba hat kaum Stromversorgung, kein Telefonnetz … Es fehlt noch immer an allem. Mein persönlicher Wunsch ist, dass dieses Buch einige Leser motiviert, beim schwierigen Aufbau Liberias mitzuhelfen.

Michael (Mikel »GGG«) Jentzsch, Februar 2009

NACHWORT
von Benjamin Kwato Zahn

Liebe Leserinnen und Leser, mein Land ist nach 13 Jahren Bürgerkrieg(1990–2003) zerstört. Präsident Charles Taylor floh mit zwei Flugzeugen voller Gold, Diamanten und Geld ins Asyl nach Nigeria. Bei seinem Abschied weinten viele Menschen. Während seines Prozesses vor dem Internationalen Gerichtshof in Den Haag, wo er sich wegen Verbrechen gegen die Menschlichkeit und Kriegsverbrechen zu verantworten hatte, fragten sich alle: Wie war das alles möglich? Wie kam es zu diesem Krieg?

Zum einen ist wohl der Tribalismus anzuführen: Die Herrscher und Tyrannen der letzten Jahre hoben immer nur eigene Stammesgenossen in wichtige Positionen, um ihre Herrschaft zu sichern. So bestanden die Armed Forces of Liberia zum größten Teil aus Krahn-Männern, weil Präsident Samuel K. Doe ein Krahn war. Wir Gios wurden zu Beginn des Bürgerkrieges noch von den Rebellen verschont, dafür aber von den Regierungssoldaten grausam verfolgt und hingerichtet. Später beuteten die Rebellen uns Gios ebenso aus wie die anderen Ethnien. Der Hass zwischen den Volksgruppen lebt bis heute fort; Handel wird meist nur mit Angehörigen des eigenen Stamms betrieben, und Misstrauen und Vorurteile prägen die Stimmung auf den Märkten Monrovias.

Zum anderen spielt der Aberglaube in Liberia eine große Rolle. In einem Land zu leben, in dem führende Po-

litiker immer noch selbst Menschenopfer bringen und diese Praktiken bei anderen heimlich unterstützen, ist nicht leicht. Die uralten okkulten Bräuche und die Opfer an Götter und die Natur geben den Menschen in Liberia immer noch Halt. Viele Menschen greifen zurück auf den Glauben ihrer Ahnen. Die Berichte über die geheimen Joojoo-Praktiken und das Joojoo-Dorf Bunna Lian in diesem Buch werden mein Leben in Gefahr bringen. Aber darüber muss berichtet werden, wenn sich endlich etwas ändern soll.

Mikel erzählte mir viel von den Europäerinnen und ihren Rechten. Die Liberianerinnen haben es bis heute besonders schwer. Dorfbewohnerinnen werden beschnitten, manchen wird sogar die Vagina zugenäht. Vielerorts herrscht immer noch Polygamie, und die Männer kümmern sich nicht um ihre Kinder. In Liberia ist die Frau zum Arbeiten, zum Kinderkriegen und für die Erziehung des Nachwuchses da. Immerhin wählte Liberia als erstes afrikanisches Land eine Präsidentin. Die Frauen erhalten hoffentlich mehr Rechte und Freiheiten.

Damit der Fortschritt in Liberia wächst, brauchen wir eine gute Bildung. Die Kinder, die eine Schule besuchen können, gehorchen den Lehrern aber meist nicht, denn sie haben keine Achtung vor ihnen. Wie auch, wenn die Lehrer betrunken unterrichten und Schülerinnen sexuell belästigen? Dabei klagen die Lehrer über die Unterbezahlung und sind nicht motiviert. Viele Schüler sind suchtkrank, schon 10-Jährige können sich Alkohol und Zigaretten kaufen. Die Händler kümmern sich nur um ihren Profit. Die Kinder in den Städten verbringen ihre Freizeit in Videotheken, wo auch Filme gezeigt werden. Gewaltfilme und Pornos laufen dort ohne Altersbegrenzung, sie zeigen vertraute Bilder von Überfällen, Vergewaltigungen und Tötungen. Es gibt keine einzige Bibliothek in unserem Land, die der Öffentlichkeit zugänglich ist. Die meisten Menschen sind ohnehin Analphabeten.

Das Feilschen und Handeln hat vielleicht immer schon unsere Kultur mitbestimmt, aber was ist das für eine Gesellschaft, die einen Händler feiert, der einem Kunden die Ware für den zehnfachen Preis verkauft? Betrug, Unehrlichkeit und Egoismus verdrängen die menschlichen Werte; sie ermöglichen Krieg, und der Krieg fördert sie.

Unsere Politiker spielen das Spiel mit – mit den Fördergeldern aus dem Ausland. Moral spielt keine Rolle. Jeder nutzt jeden schamlos aus.

Die Korruption ist das größte Übel und die größte Gefahr. Die Regierung gibt ihren Beamten wenig Gehalt. Diese Beamten sorgen für Nebeneinkommen, indem sie sich Schmiergelder zuschieben lassen. Viele Liberianer zahlen statt Steuern lieber Schmiergelder, also fließt das Geld am Staat vorbei in private Taschen. Da der Staat wenige Einnahmen hat, gesteht er den Beamten aber nur wenig Lohn zu – ein Teufelskreis.

Ich persönlich glaube, das nur eine innere Umkehr Liberia noch retten kann. Wir müssen lernen, dass wir nur gemeinsam unser Land aufbauen können. Der schwierige Prozess der Heilung und des Vergebens der Kriegsgräuel beginnt, er wird Jahrzehnte dauern. – Wie soll man jemandem vergeben, der die eigene Frau vergewaltigt und die Kinder zu Krüppeln gemacht hat? – Diese innere Umkehr ist meiner Erfahrung nach nur durch den christlichen Glauben möglich.

Die christliche Religion hält dazu an, den Feind zu lieben. Das Wissen um die unglaubliche Macht Gottes, die ich persönlich so oft im Krieg erlebt habe, und die Gewissheit, dass sie irgendwann Rechenschaft vor Gott ablegen müssen, könnten meine Landsleute verändern. Ich hoffe und bete für eine Erweckung unserer Kirchen, für mutige Missionare, die das Wort Gottes in Liberias dunkelsten Wäldern verbreiten, und für mutige Pädagogen, die den Lehrern, die ich beschrieben habe, Vorbilder sind. Nur so wird Liberia seinen Namen wirklich verdienen: Freiheit. Ich danke Ihnen, dass Sie meine Geschichte gelesen haben.

Benjamin Kwato Zahn, Februar 2009

DANKSAGUNG

Ich danke Gott, dass er mich aus der Hölle geführt hat, und Debbie für all ihre Unterstützung. Anthony Duo, Onkel »Hopeless« Johnson und Augustin, danke für eure Rettung im Krieg. Meinen Eltern und meiner Großmutter danke ich für ihre Gebete für mich und Cassrous Bah, und Zain Jackson danke ich für ihre Hilfe in meinem Alltag hier im Dschungel. Mikel, möge Gott dich segnen für alles, was du für meine Familie getan hast. Ich danke auch Frau Overath und dem Deutschlandradio-Team, die unsere Geschichte ins Radio brachten. Den Mitarbeitern von Bastei Lübbe danke ich von Herzen dafür, dass sie an unsere Geschichte geglaubt haben.

Benjamin Kwato Zahn

Ich danke meinen Eltern, die mir dieses besondere Leben ermöglicht haben und mich durch ihr stilles Vorbild Nächstenliebe lehrten. *My people, thank you!* Angelika, wir vergessen ELWA-Beach nie! Julika, danke, dass du an meine Träume glaubst und mich so liebst, wie ich bin. *Dom Rep forever!* Kiara und Laura, eure kindliche Lebenslust ist immer eine geniale Kraftquelle für mich. Ein ganz herzliches Dankeschön an Lee Sonius, mein großes Vorbild, an Thorsten Bischoff, der mir den Wiedereinstieg hier ermöglichte, und an Heide Wiechens, die Kupplerin der Herzen. Onkel Erich, du hast mich ermutigt, groß zu denken. Danke für alles! Ein riesiges Dankeschön an meine Lektorin, Ann-Kathrin Schwarz! Danke für dein Vertrauen. Ich freue mich auf weitere Abenteuer. Dank auch an die Mitarbeiter des Lübbe Verlages, die alle mitkämpfen. Sylvia Gredig danke ich für die liebevolle Bearbeitung meines Rohmanuskriptes und Margot Overath, Potentialerkennerin und Radiogenie, für Espresso, Apfelkuchen und Günther Jauch. Herzlichen Dank und sportliche Grüße an Willi Lemke, der Afrika im Herzen trägt. Meinem Basketballvater Werner »Papa Lesum« Maas und allen Lesumern danke ich für die gemeinsame Zeit in der Halle. Marten Bruns, danke für deine Hilfe auf unserer Mission. Franziska, du bleibst immer in unseren Herzen.

Last but not least möchte ich dem Schöpfer danken für all die wertvollen Freunde in meinem Leben und dass er meinen größten Wunsch erfüllte.

Michael Jentzsch